日々の仕事とつなげて理解する行政法

適正な対応を求められる自治体職員のために

名古屋学院大学教授
元四日市市会計管理者
松村 享

第一法規

はじめに

自治体職員のみなさんは、日常的に行政法にかかわっています。もちろんそのかかわり方は、所属する部署あるいは職務の内容によって、大きく異なります。日常的に行政処分等を行い、まさに行政法に基づいて仕事を行っている人もいます。そんな人は、今さら行政法なんか勉強しなくても十分に仕事はできると思っているかもしれません。しかし、そんな人でも、自分が日常的に行っている事務、行為が行政法的にどのような位置づけで、どのような効果を持つかを理解していない場合もあります。

一方では、会計処理等内部的な事務がほとんどで、行政法はもちろん法律にはかかわっていないと思う人もいるかもしれません。しかし、そんな人でも何らかの形でかかわっているのが行政法です。行政法の知識なしでは、公務員として適正に仕事ができないといっても過言ではありません。

本書では、まず第１講から第４講までは、行政法の基本的な解説を行っています。ここで、行政処分の概念や適正な手続、あるいは住民の福祉、安全を守るための様々な方法等の理解を図ります。

第５講では、近年さらに重要性を増している地方公共団体の情報管理について、情報公開制度と個人情報保護制度の理解を図ります。今やこの二つの制度の理解がなければ、地方公共団体において適正な事務の執行ができないということができます。

第６講では、国家賠償と損失補償の国家補償制度を取り上げます。自治体職員のみなさんは、特にこの分野の法律を学ぶ機会は少ないと思います。しかし、国家補償制度の理解は、地方公共団体として賠償責任を負わないようにするとともに、必要な損失補償を適正に行うという意味で、地方公共団体のリスクマネジメントとして不可欠な知識だということができます。

最後に、第７講では、第１講から第６講までの行政法の理解を踏まえて、廃棄物処理法、地方税法など法律を通じて、地方公共団体の様々な事務がどのような法的意味を有しているのかを確認します。まさに、日々の仕事とつなげて、行政法の理解を図ります。

本書を通じて、日常の業務を振り返りながら、行政法を理解していただきたいと思います。

令和６年５月31日　著者

目　次

第2講　行政主体と適正な手続について学ぼう

第3講　住民の福祉、安全等を守る方法を学ぼう

第4講　多様な行政活動
—行政調査、行政計画、行政契約—

第 5 講　行政の情報管理を学ぼう

第6講 行政活動に対する救済方法を学ぼう

第7講　自治体実務を法的に学ぶ

装丁・デザイン：篠 隆二
本文レイアウト：照山 裕爾（有限会社ミニマム）

第 1 講

住民の安全、健康等を守る方法を学ぼう

国や地方公共団体は、様々な方法で住民の安全、健康等を守るなど、住民の福祉の増進を図っています。ここでは、行政機関が行政処分等の権限を行使することによって、住民の安全、健康等を守る方法を学ぶことにしましょう。

行政処分の概念と成立過程

1　行政処分

(1)　行政処分の概念

一般的に、行政処分とは「行政庁が、法律に基づき、公権力の行使として、直接・具体的に国民の権利義務を規律する行為」[1]などと説明されます。また、リーディングケースとされる**東京都ゴミ焼却場設置事件判決**[2]では、行政機関の行為のうち「直接国民の権利義務を形成しまたはその範囲を確定することが法律上認められているもの」が処分に該当するとされています。なお、行政訴訟に関して、行政処分に当たるということを「処分性」があるといいます。

行政処分に当たる行為に関しては、**行政手続法（54頁）**、**行政不服審査法（156頁）**、**行政事件訴訟法（180頁）**等の適用を受けることになります。

行政処分と行政行為

行政行為については、その行為の内容が「行政庁が私人に対して行う権力的かつ具体的な法律行為」に当たるかというように行為の内容から判断されます。一方、行政処分は取消訴訟等の対象とすべきかという視点から判断されています。

自治体職員にとって、行政処分とその他の行為との大きな違いは、行政手続法に基づく審査基準の設定等、あるいは行政事件訴訟法等に基づく教示に関しての手続においてです。その意味では、「行政処分」と「行政行為」を区別することなく、行政手続法や行政事件訴訟法の対象として「行政処分」のみを一元的に捉えておけば十分だと考えます。

---

1)　櫻井敬子、橋本博之「行政法（第6版）」弘文堂、2019年、73頁

2)　最判昭和39年10月29日民集18巻8号1809頁。行政事件訴訟法制定前の行政事件訴訟特例法に基づく判決ですが、今でもリーディングケースとされています。

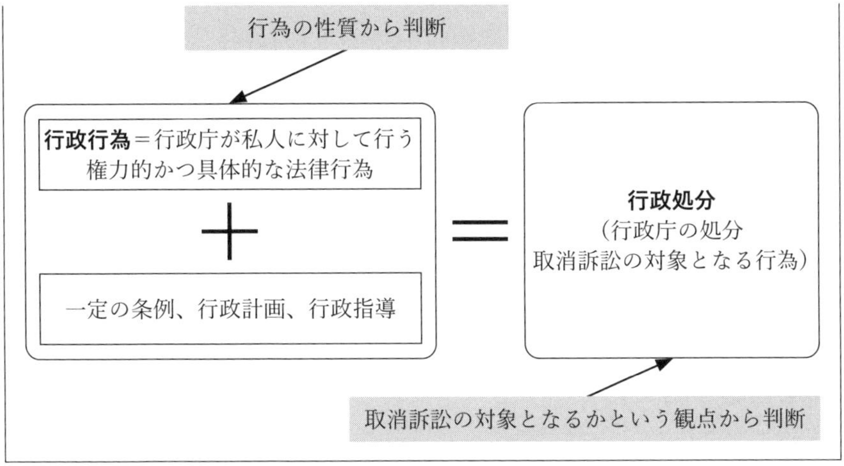

⑵　行政処分の４つのポイント

東京都ゴミ焼却場設置事件判決では、行政処分に関して①公権力性、②直接性、③外部性、④法効果性の四つの基準が示されています。

①　公権力性

当該行為が相手方（国民、住民）の同意に基づかないで、法律の規定に従って一方的に行われることになっていることです。行政契約については、相手方の同意を要するため、公権力性は認められません。

図表1-1　行政処分と契約との違い

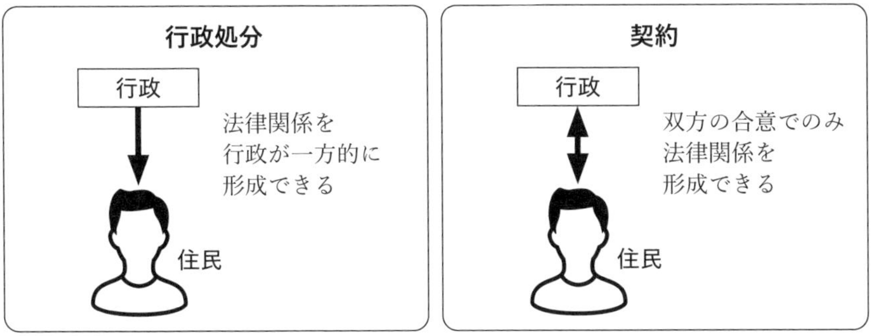

たとえば、地方公共団体が設置し管理する老人福祉施設の移管先公募において、**決定に至らなかった旨の通知が行政処分に当たるかが争われた事案**において、最高裁は「本件通知は、上告人が、（略）事業者の募集に応募した者に対し、その者を相手方として当該契約を締結しないこととした事実を告知するものにすぎず、公権力の行使に当たる行為としての性質を有するものではない」としました[3)]。

同意を要する行政処分

行政処分は行政庁の一方的な判断で行われますが、飲食店の営業許可や公務員の任用等は、本人の申込を前提として行われる行政処分であり、当然に当事者の同意を前提とします。行政処分の中には、そのように相手方の同意を必要とする行政処分もあるのです。同意を要する行政処分については、契約との違いが明確ではありません。申請に基づく許認可や公務員の認容等のように同意を要する行政処分と契約との違いは、同意に基づく「行政処分」はその具体的な内容が法律等で定型的に定められているのに対して、「契約」は当事者が合意すれば様々な内容を定めることが可能であるという点です。たとえば、地方公共団体が設置している文化ホールの使用時間や料金は条例等で定型的に決められており、その範囲内で使用許可がなされます。一方、民間のホールを借りる場合は、貸付期間や料金について一定の基準が決まっていてもお互いの合意で異なる内容を決めることができます。つまり行政処分は、法律という枠の範囲内でしか注文することができないレディメード（既製服）のようなものです。これに対して、契約は交渉次第で変更することが可能なオーダーメードということができます。

②　直接性

当該行為が行われることで、間接的にではなく、直接的に、個別具体的な国民の権利義務の変動が生じることです。たとえば、行政立法は一般的抽象的な規範であり、それによって直ちに個別具体的な国民の権利義務の変動が生じる

---

3)　最判平成23年6月14日集民237号21頁

のではないため、直接性は認められません。

図表1-2　行政処分と行政立法との違い

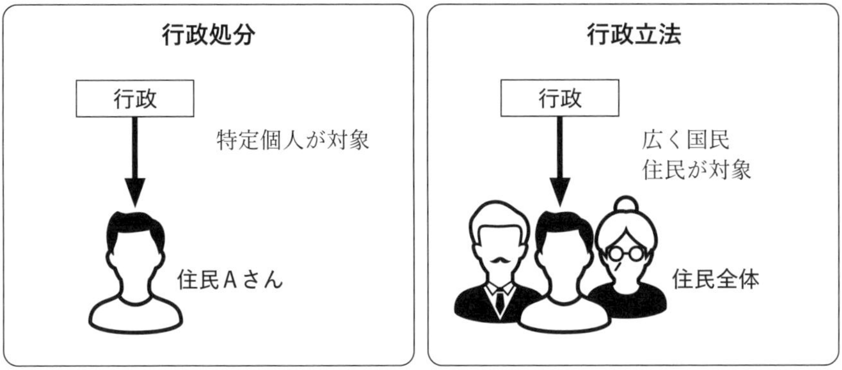

なお、法律は、行政機関ではなく立法機関により制定されますが、一般的抽象的という点では、行政立法と同様です。理解を深めるために、法律の一般的抽象性と行政処分の直接性を理解することも有益です。

図表1-3　法律による規制と行政処分（食品衛生法に基づく営業許可の場合）

法律制定前 ➡	法律制定 ➡	許可
自由に 営業できる	一般的抽象 飲食店の営業を禁止	直接的 飲食店の営業禁止を解除　➡ 適法な営業

直接性については、様々な行為について問題となりますので、それぞれについて判例を見ていきましょう。

❶ 告示

奈良県知事が、**告示によって建築基準法42条２項のみなし道路**[4]**として一括指定を行った行為の処分性が問題となった事案**[5]です。判決では、本件の告示は「幅員４ｍ未満1.8m以上の道を一括して２項道路として指定するものであるが、これによって、（建築基準）法第３章の規定が適用されるに至った時点において現に建築物が立ち並んでいる幅員４ｍ未満の道のうち、本件告示の定める幅員1.8m以上の条件に合致するものすべてについて２項道路としての指定がされたこととなり、当該道につき指定の効果が生じるものと解される」から「このような指定の効果が及ぶ個々の道は２項道路とされ、その敷地所有者は当該道路につき道路内の建築等が制限され（法44条）、私道の変更又は廃止が制限される（法45条）等の具体的な私権の制限を受けることになる」。そのため、「特定行政庁による２項道路の指定は、それが一括指定の方法でされた場合であっても、個別の土地についてその本来的な効果として具体的な私権制限を発生させるものであり、個人の権利義務に対して直接影響を与えるものということができる」から「本件告示のような一括指定の方法による２項道路の指定も、抗告訴訟の対象となる行政処分に当たる」としました。

❷ 条例制定

千代田区内に設置されていたすべての区立小学校を廃止し、新たに８校を設置すること等を内容とする**条例の制定について取消が求められた事案**[6]において、「上告人らの子らが通学していた区立小学校の廃止後に新たに設置され就学校として指定を受けた区立小学校は、上告人らの子らにとって社会生活上通学することができる範囲内にないものとは認められないというのである。これによれば、本件条例は一般的規範にほかならず、上告人らは、被上告人東京都千代田区が社会生活上通学可能な範囲内に設置する小学校においてその子らに法

4)　建築基準法では、敷地が幅員４ｍ以上の道路に接していなければ建物の建築は認められません。しかし、古くからあるまちでは４ｍ未満の道路が多く、建物の建築（建替え）ができないため、４ｍ未満の道路を「みなし道路」として、道路の中心線から水平距離２ｍ後退した線を道路の境界線とみなすことによって、建築（建替え）を認めるものです。

5)　最判平成14年１月17日民集56巻１号１頁

6)　最判平成14年４月25日判例地方自治229号52頁

定年限の普通教育を受けさせる権利ないし法的利益を有するが、具体的に特定の区立小学校で教育を受けさせる権利ないし法的利益を有するとはいえない」とし、本件条例が抗告訴訟の対象となる処分に当たらないとしました。

一方、横浜市が市立保育所のうちの４つを廃止するという内容の**条例制定をもってした処分の取消しを求めた事案**[7]において、「本件改正条例は、本件各保育所の廃止のみを内容とするものであって、他に行政庁の処分を待つことなく、その施行により各保育所廃止の効果を発生させ、当該保育所に現に入所中の児童及びその保護者という限られた特定の者らに対して、直接、当該保育所において保育を受けることを期待し得る上記の法的地位を奪う結果を生じさせるものであるから、その制定行為は、行政庁の処分と実質的に同視し得る」。また「市町村の設置する保育所で保育を受けている児童又はその保護者が、当該保育所を廃止する条例の効力を争って、当該市町村を相手に当事者訴訟ないし民事訴訟を提起し、勝訴判決や保全命令を得たとしても、これらは訴訟の当事者である当該児童又はその保護者と当該市町村との間でのみ効力を生ずるにすぎないから、これらを受けた市町村としては当該保育所を存続させるかどうかについての実際の対応に困難を来すことにもなり、処分の取消判決や執行停止の決定に第三者効（行政事件訴訟法32条）が認められている取消訴訟において当該条例の制定行為の適法性を争い得るとすることには合理性がある」としました。

図表1-4　保育所廃止手続の流れ

一般的な行政処分は条例を適用して個別具体的な事案ごとになされるが、公の施設の廃止は条例の廃止のみによって行われ、個別具体的な行政処分等の行政機関の行為は行われない。

この二つの判決の違いは、小学校について「具体的に特定の区立小学校で教育を受けさせる権利ないし法的利益を有するとはいえない」としたのに対し、

7)　最判平成21年11月26日民集63巻９号2124頁

保育所については「当該保育所における保育を受けることを期待し得る法的地位」を有すると認めた点に違いがあります。

・行政計画

行政計画には、住民に対する法的拘束力を有するものと有さないものとがあります（**97頁**）。法的拘束力を有さないものについては、行政処分ではないため、取消訴訟で争うことはできないとされます。

かつての最高裁は、土地区画整理事業計画の公告による土地所有者等に対する制約は、「当該事業計画の円滑な遂行に対する障害を除去するための必要に基づき、法律が特に付与した公告に伴う附随的な効果にとどまるものであつて、事業計画の決定ないし公告そのものの効果として発生する権利制限とはいえない」としていました[8)]。

その後、最高裁は、**浜松市土地区画整理事業計画事件**[9)]において、この判断を変更しました。判決では、土地区画整理事業の施行地区内の宅地所有者等はこの都市計画決定によって土地の形質の変更が制限されるなど具体的に権利が制限されたり、事業計画の決定がされることによって規制を伴う土地区画整理事業の手続に従って換地処分を受けるべき地位に立たされるものということができ、その意味で、その法的地位に直接的な影響が生ずるため、事業計画の決定に伴う法的効果が一般的、抽象的なものにすぎないということはできないとして、都市計画決定が取消訴訟の対象となると判断しました。本件は、計画の後に事業等が予定される、いわゆる**非完結型行政計画**（**286頁**）に関する判決です。

一方、同様に都市計画決定であっても処分性を否定した判決[10)]もあります。この事案は、用途地域の指定について争われたものですが、判決では用途地域の指定によって「右決定が、当該地域内の土地所有者等に建築基準法上新たな制約を課し、その限度で一定の法状態の変動を生ぜしめるものであることは否

8）　最判昭和41年２月23日民集20巻２号271頁
9）　最判平成20年９月10日民集62巻８号2029頁
10）　最判昭和57年４月22日民集36巻４号705頁

定できないが、かかる効果は、あたかも新たに右のような制約を課する法令が制定された場合におけると同様の当該地域内の不特定多数の者に対する一般的抽象的なそれにすぎず、このような効果を生ずるということだけから直ちに右地域内の個人に対する具体的な権利侵害を伴う処分があつたものとして、これに対する抗告訴訟を肯定することはできない」として、処分性を否定しました。本件は、計画の後に事業等が予定されない、いわゆる**完結型行政計画**（**286頁**）に関する判決です。

このように、判例は、非完結型行政計画は具体的に法的強制力を伴うことから取消訴訟の対象となるとしています。一方、完結型行政計画による制約は一般的抽象的なものであり、取消訴訟の対象とならないとしています。

図表1-5　法律の執行過程における行政計画等の位置づけ

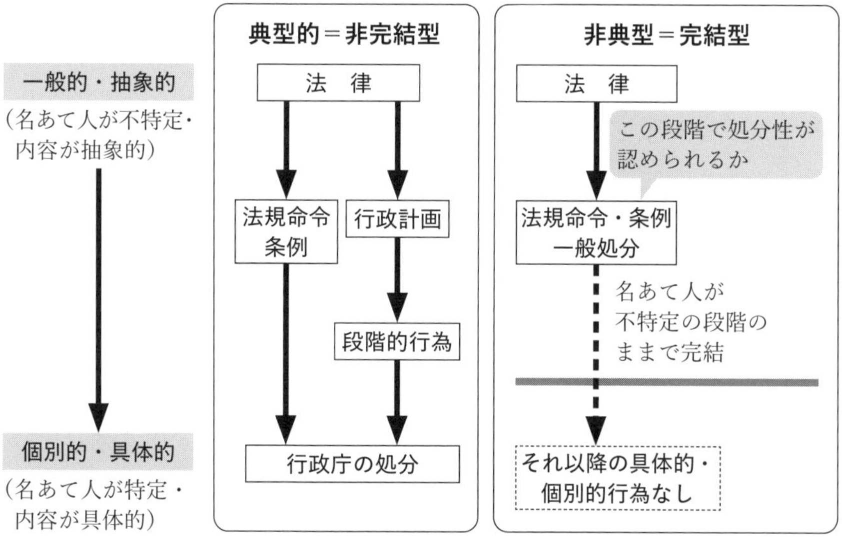

神橋一彦「行政救済法（第３版）」信山社、2023年、57頁

③　外部性

行政機関の内部行為は行政処分に当たらないため、当該行為の主体と当該行為の名あて人の関係が行政機関相互の関係ではないことが必要です。たとえば、知事から局長への職務命令は、行為の主体たる知事と行為の名あて人たる局長

との関係が行政機関相互の関係といえるため、一般的に、外部性が認められません。ただし、知事等が職員に対して行う人事異動の発令行為については、身分に変動を生じることから、行政機関内部の行為とはされず、外部性を有するものと解されます。

外部性が問題となった事案としては、**消防長不同意事件**[11]があります。煙火工場を設け、始発筒の製造販売を営んでいた者が、当時の臨時建築制限規則に基づいて福岡県知事に対して建築許可を申請しました。この許可には消防法7条による消防長の同意が必要であったため、知事は東山村の消防長に同意を求めましたが、消防長は、一度は同意したものの、翌日、同意を撤回しました。この同意の撤回について処分性が争われました。最高裁は、「本件消防長の同意は、知事に対する行政機関相互間の行為であつて、これにより対国民との直接の関係においてその権利義務を形成し又はその範囲を確定する行為とは認められないから」行政処分ということはできないと判示しています。

図表1-6　消防長同意の位置づけ

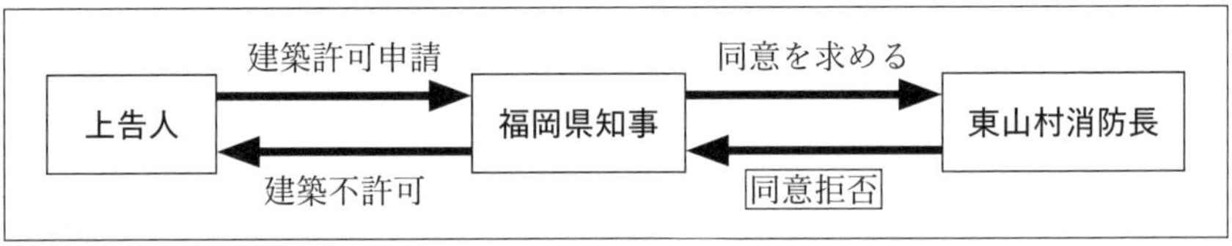

④　法効果性

法効果性とは、当該行為によって権利義務の発生・変動・消滅があることです。たとえば、行政指導は、相手方の任意の協力を前提とするもので、国民に権利義務を生じさせるものではないため、通常、法効果性は認められません。

11）　最判昭和34年1月29日民集13巻1号32頁

図表1-7　行政処分と行政指導との違い

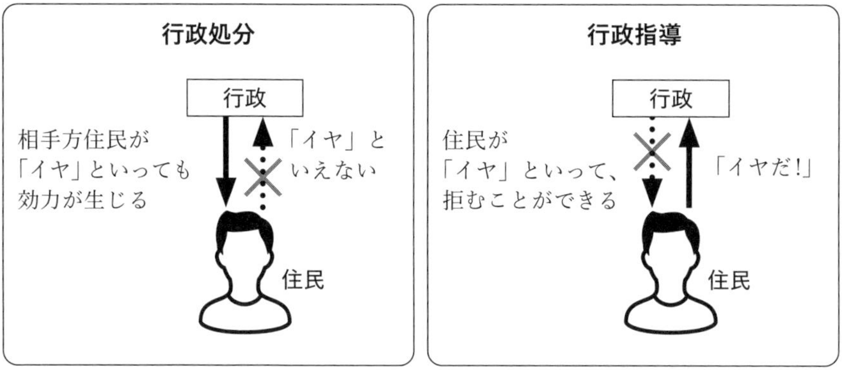

ただし、行政指導である勧告に例外的に処分性を認めた判例もあります。上告人医師が、富山県知事に対して、病院開設許可申請を行いましたが、知事は高岡医療圏の病院の病床数は、富山県地域医療計画に定める必要病床数に達しているという理由で、開設を中止するよう勧告しました。この勧告について、**取消訴訟が提起された事案**[12]です。判決では、「(旧) 医療法30条の７の規定に基づく病院開設中止の勧告は、(略) 行政指導として定められているけれども、当該勧告を受けた者に対し、これに従わない場合には、相当程度の確実さをもって、病院を開設しても保険医療機関の指定を受けることができなくなるという結果をもたらすものということができる。(略) 保険医療機関の指定を受けることができない場合には、実際上病院の開設自体を断念せざるを得ないことになる。このような医療法30条の７の規定に基づく病院開設中止の勧告の保険医療機関の指定に及ぼす効果及び病院経営における保険医療機関の指定の持つ意義を併せ考えると、この勧告は、行政事件訴訟法３条２項にいう『行政庁の処分その他公権力の行使に当たる行為』に当たる」としました。つまり、開設の中止を求める勧告を受けた者は、病院を開設することはできても、保険医療の給付はできず、受診した患者は全額自己負担をすることになります。実際には受診する患者はおらず、事実上、病院を開設することはできないことになりま

12)　最判平成17年７月15日民集59巻６号1661頁

す。この判決は、勧告の持つ事実上の事実上の効果を踏まえて、処分性も認めたのです。

また、**検疫所長から受けた食品衛生法6条に違反する旨の通知の取消しを求めた事案の判決**[13]では、「食品衛生法違反通知書による本件通知は、（食品衛生）法16条に根拠を置くものであり、厚生労働大臣の委任を受けた被上告人（検疫所長）が、上告人に対し、本件食品について、（食品衛生）法6条の規定に違反すると認定し、したがって輸入届出の手続が完了したことを証する食品等輸入届出済証を交付しないと決定したことを通知する趣旨のものということができる。そして、本件通知により、上告人は、本件食品について、関税法70条2項の『検査の完了又は条件の具備』を税関に証明し、その確認を受けることができなくなり、その結果、同条3項により輸入の許可も受けられなくなるのであり、上記関税法基本通達に基づく通関実務の下で、輸入申告書を提出しても受理されずに返却されることとなる」ことから、本件通知は、取消訴訟の対象となると判示しました。届出済証が交付されないことによって、輸入することができないという事実上の効果を踏まえて、通知に処分性を認めています。

さらに、知事から受けた土壌汚染対策法3条2項（現行3項）に基づく通知について、行政手続法所定の弁明の機会が付与されていないとして、通知の取消しを求める抗告訴訟を提起した事案があります。判決では、「都道府県知事は、有害物質使用特定施設の使用が廃止されたことを知った場合において、当該施設を設置していた者以外に当該施設に係る工場又は事業場の敷地であった土地の所有者、管理者又は占有者が（略）あるときは、当該施設の使用が廃止された際の当該土地の所有者等（略）に対し、当該施設の使用が廃止された旨その他の事項を通知する（略）。その通知を受けた当該土地の所有者等は、（略）当該土地の土壌の法2条1項所定の特定有害物質による汚染の状況について、環境大臣が指定する者に所定の方法により調査させて、都道府県知事に（略）その結果を報告しなければならない（略）。これらの法令の規定によれば、法3条2項による通知は、通知を受けた当該土地の所有者等に上記の調査及び報告の義務を生じさせ、その法的地位に直接的な影響を及ぼすものというべきである。

13）　最判平成16年4月26日民集58巻4号989頁

都道府県知事は、法３条２項による通知を受けた当該土地の所有者等が上記の報告をしないときは、その者に対しその報告を行うべきことを命ずることができ」るが、「通知を受けた当該土地の所有者等は、これに従わずに上記の報告をしない場合でも、速やかに法３条３項による命令が発せられるわけではないので、早期にその命令を対象とする取消訴訟を提起することができるものではない。そうすると、実効的な権利救済を図るという観点から見ても、同条２項による通知がされた段階で、これを対象とする取消訴訟の提起が制限されるべき理由はない」として、通知による義務の発生あるいは実効的な権利救済という観点から本件通知が行政処分に当たるとされました[14)]。

これらの判決のように、単に個々の行為の法的効果のみでなく、関連する制度全体の法的効果が個人の権利義務に影響を与える場合には、法効果性が認められる傾向があります。自治体職員としても、個々の事務のみならず制度全体を理解しておくことが重要です。

2　行政処分の分類

⑴　命令的行政処分と形成的行政処分

行政処分は、まず、命令的行政処分と形成的行政処分とに分類されます。

①　命令的行政処分

住民が生まれながらに有している権利や自由について、義務を命じたり、あるいは法律や条例により権利や自由を制限しその制限を解除するものを、命令的行政処分といいます。さらにこの命令的行政処分は、「下命及び禁止」、「許可」それに「免除」の３つに分類することができます。

❶　下命及び禁止

下命とは、名あて人に対し一定の作為義務を課すことです。一方、禁止とは、名あて人に対し一定の不作為義務を課すことをいいます。作為義務とは一定の

14)　最判平成24年２月３日民集第66巻２号148頁

行為を行う義務をいい、不作為義務とは一定の行為を行わない義務をいいます。たとえば営業禁止処分では、対象者に対して「営業しない」という不作為を命じるものです。

例：

- 下命＝租税賦課処分（地方税法41条等）、ばい煙処理方法の改善命令（大気汚染防止法14条）、違法建築物の除却命令（建築基準法９条）
- 禁止＝営業停止命令（食品衛生法60条等）、道路の通行禁止（道路法46条）、違法建築物の使用禁止（建築基準法９条）

❷　許可

許可とは、法律や条例によって特定の行為について原則的な禁止として、その禁止を特定の場合に解除し、一定の行為を行うことを適法と認めることです。本来、住民は様々なことを自由に行うことができますが、自由に行うことを認めたのでは知識・経験のない者が行うことなどで公共の安全を著しく害するなどの弊害が生じる場合があります。そのような行為を法律や条例により原則として禁止して、一定の基準を満たした場合のみ禁止を解除することとしています。そのように原則的な禁止を解除することを許可といいます。

たとえば、運転免許について考えてみると、特に免許がなくても車を動かすことは可能です。しかし、道路交通法規の知識がなかったり運転技術が十分でなかったりすると、危なくて安心して道を歩けませんね。そのため自動車の運転は原則的には禁止として、試験の合格など一定の基準を満たした場合だけ、禁止を解除し運転免許を与え道路で運転することを認めるものです。

例：風俗営業の許可（風俗営業等の規制及び業務の適正化等に関する法律３条）、宅地建物取引業の免許（宅地建物取引業法３条）、公衆浴場の許可（公衆浴場法２条）、自動車運転免許（道路交通法84条）、都市計画区域内の土地についての開発許可（都市計画法29条）、飲食業の営業許可（食品衛生法55条）

❸ 免除

免除とは、法令等により課せられた作為義務を一定の条件が備わった特定の場合に解除することです。たとえば、税の場合、住民には一般的に所得に応じて納税義務がありますが、災害を受けたときなどは、この納税義務を解除することがあります。

例：税の納付義務の免除・猶予（地方税法323条等)、児童就学義務の免除（学校教育法18条)、国民健康保険保険料の免除（国民健康保険法77条）

② 形成的行政処分

形成的行政処分とは、住民が本来有していない特殊の権利や能力その他法的地位を与えたり奪ったりするものです。行政庁の行為で一定の法律関係を発生させる、つまり法律関係の「形」を「成」すことから「形成的行政処分」といわれています。

❶ 特許

特許とは、生まれながらには有しない新たな権利を設定し、法律上の地位を付与することです。「許可」は一般的に禁止されたものの解除であり、基準を満たす場合には禁止を解除するものです。これに対して、「特許」はその権利について公益に資する者を選んで付与するものです。対象となる権利の数量などが限られる場合（河川の占有許可：河川区域が有限。無線局の免許：電波が有限）に、公益の観点から最も望ましい者を選考して権利（特許）を与えるものです。

例：鉱業権設定の許可（鉱業法21条１項)、河川の占有許可（河川法23条)、公有水面埋立免許（公有水面埋立法２条)、公務員の任命（地方公務員法17条)、外国人の帰化の許可（国籍法４条）

❷ 認可

認可とは、不完全な法律行為を補充して、その法律上の効力を完成させるものです。契約などは当事者が自由に行えますが、当事者間の力関係が不均衡な場合等に弊害が生じないようにするため、行政が間に入ってその弊害を是正しようとします。たとえば、鉄道の料金は、鉄道会社と利用者の契約で決まるはずですが、両者の力関係に差異があるため、そのままでは鉄道会社の思うとおりに決めることが可能です。それでは、利用者が不当に高い料金を請求される可能性があるため、行政機関が後見的介入を行うものです。

例：鉄道料金の認可（鉄道事業法16条）、農地の権利移転の許可（農地法３条）、河川占有権譲渡の認可（河川法34条）

⑵　準法律行為的行政処分

今日では、行政処分については、前述のとおり命令的行政処分と形成的行政処分に分類することが一般的です。しかし、かつては行政処分を法律行為的行政処分と準法律行為的行政処分にも分類し、解説されていました。この分類を理解しておくことも行政実務における行為の意義の理解につながる点もあるため、ここでは補足的に説明しておきます。

法律行為的行政処分は、その内容が意思表示（一定の法律効果の発生を意欲する意思を外部に表示すること）を要素とし、法的効果の内容が行政庁の意思（判断）によって定められる行為のことをいい、命令的行政処分と形成的行政処分がこれに当たります。これに対して準法律行為的行政処分は、行政庁の意思（判断）に基づくものではなく、法の規定によって一定の効果が生じる行為のことを意味します。準法律行為的行政処分には、確認、公証、通知、受理があります。

①　確認

確認とは、特定の法律事実又は法律関係の存否について疑いあるいは争いがある場合、行政庁が公の権威をもってこれを確定し、公に宣言する行為です。

例：土地収用における事業認定（土地収用法16条）、発明特許（特許法29条）、公職選挙法に基づく公の選挙における当選人の決定（95条）等。

②　公証

公証は、特定の法律事実又は法律関係の存在を、公に証明する行為です。

例：戸籍簿への記載（戸籍法13条）、住民基本台帳法に基づく住民票への記載〔住民登録〕（住民基本台帳法７条）等

③　通知

通知とは、特定の事項を知らせる目的で行われる行為で、その後続の行為を適法とする行為です。たとえば、租税の滞納者に対する督促は、その後の強制徴収を適法に行うことができるという効果を有しており、通知にあたります。

例：租税滞納者に対する督促（地方税法371条）、行政代執行の戒告（行政代執行法３条）等。

④　受理

受理とは、届出、願書、審査請求書などの他人の申出を有効な行為として受領する行為で、そのことによって一定の法的効果が生じるものをいいます。たとえば、婚姻届は受領によって婚姻の効果が生じることになります。行政処分としての受理は単に受領するのみでなく、そのことによって婚姻のような法的効果が生じるものや届出義務の履行となるものをいいます。

例：戸籍法に基づく婚姻届の受理（民法739条、740条、戸籍法74条）等

図表1-8　行政処分の分類

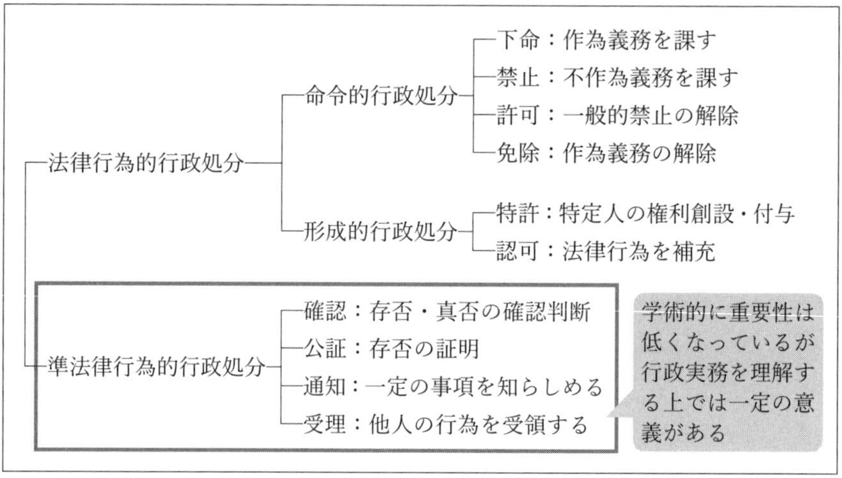

3　行政処分の附款

行政処分の効果を制限したり、あるいは付加的な義務を課するため、行政処分の主たる内容に行政庁が付加する定めを行政処分の附款といいます。行政処分の附款は、主たる意思表示に付加させるものです。このため、附款を付すことができるのは、意思表示を要素とする法律行為的行政処分のみで、準法律行為的行政処分には付することができません。

(1)　附款の種類

①　条件

行政処分の効果を、将来発生することが不確実な事実の発生にかからせるものを「条件」といいます。条件には、条件の成就によって行政処分の効果が発生する「停止条件」と行政処分の効果が条件の成就で終了する「解除条件」とがあります。たとえば会社の成立を条件とするバス事業の免許は、停止条件に当たります。一方、一定期間内に工事に着手しないと許可の効力を失わせるという条件は、解除条件に当たります。

② 期限

行政処分の効果を、将来発生することの確実な事実の発生にかからせるものを「期限」といいます。期限には、事実の発生により効果が発生する「始期」と事実の発生により効果が消滅する「終期」とがあります。

③ 負担

行政処分の主たる内容に付随して相手方に何らかの義務（作為、不作為）を課する附款を「負担」といいます。たとえば、運転免許証に付された「眼鏡の使用の義務付け」などがこれに当たります。

④ 撤回権の留保

行政処分をする際に、撤回する権限を行政庁が留保する旨を表示した附款を「撤回権の留保」といいます。たとえば、行政財産の使用許可を行う場合に、「公益上の必要が生じた場合、使用許可を取り消します」などというものです。

ただし、撤回権の留保を附款として付したことのみによって撤回をすることはできず、撤回権の行使に関しては法律上の根拠規定等が必要になります。特に授益的行為の撤回については、一定の制約があると考えられています（85頁)。

⑤ 法律効果の一部除外

「法律効果の一部除外」とは、主たる行政処分によって一般的に生じる効果の一部を発生させない附款をいいます。この附款を付けることによって、法律が定める効果を行政庁が排除することになるので、法律の根拠がある場合にのみ認められます。たとえば、自動車道事業免許の際に通行できる自動車を制限するようなものがその例です。その他にも公務員に対する旅行命令について、通常発生する旅費の支給はしないというような場合もこの例に当たります。

図表1-9　附款の例

河川占用許可書

○○市指令第　　　号
　　年　　月　日
　　　　　　　　様
　　　　　　　　　　　　　　　　　　　　　市長

　　年　　月　　日付で許可申請のあった準用河川の区域内における土地の占用及び工作物の設置については、次の条件をつけて許可する。

占用場所	○○市	
河川名	○○川、○○川	
占用目的		
占用面積・延長		
専用期間	年　月　日から　　年　月　日まで	期限
占用料	○○○○円	負担

※条件
1　占用目的以外に使用してはならない。
2　当該行為に起因して、他の公共施設を損傷したとき又は第三者に損害を与えたときは、申請者の責任において原因回復又は損害賠償に当たらなければならない。
3　河川工事の施工その他公益上の理由により、特に市長が必要と認めたときは、申請者に対し占用許可の取消し又は占用物件の除去等を命じることがある。　撤回権の留保
4　河川法及びその他の関係法令を遵守すること。
5　占用料等を市長が発する納入通知書により指定金融機関に納付しなければならない。

(2) 附款の限界

行政庁は、法律に違反しない限り裁量の範囲内で附款を付すことができます。一方、法律の趣旨に反したり、裁量権の濫用となる附款（比例原則に違反する附款など）は、違法となります。

なお、行政処分に付された附款が違法である場合に、行政処分自体の効力にどのような影響を及ぼすかが問題となります。この点について、郵便局長の不当労働行為につき救済の申立てをしたところ公共企業体等労働委員会が、組合が陳謝することを救済の条件としたこと等の違法性等が争われた事案において、「本件条件は、本件救済命令の重要な要素であると認められる」として、**処分自体の取消しを認めた事案**[15)]があります。附款が当該行政処分の重要な要素となっているか否かによって、附款の違法性が行政処分自体の有効性の判断基準となるものと解されます。

4 行政処分の成立と行政処分に特有の効力

(1) 行政処分の成立

行政処分の成立時期について、判例では、「行政行為は表示行為によつて成立するものであつて、行政機関の内部で確定したものであつても外部に表示しない間は意思表示ではあり得ない。そうして当該行政行為が要式行為であると否とを問わず書面によつて表示されたときは書面の作成によつて行政行為は成立し、その書面の到達によつて行政行為の効力を生ずる」とされています[16)]。

行政処分の相手方への通知の方法としては、①交付送達（送達を受けるべき者の住所または居所で、書類を交付する)、②郵便送達（書留、配達記録郵便、普通郵便で送達する（国税通則法12条２項))、③差置送達（書類の送達を受けるべき者が不在・あるいは受領を拒んだ時に、送達すべき場所に書類を差し置く（国税通則法12条５項２号))、④公示送達（民法98条、国税通則法14条）などがあります。

なお、相手方が居所不明の場合の行政処分の通知方法について、塩野宏は「相

15)　東京地判昭和46年８月６日判例タイムズ270号298頁

16)　最判昭和29年９月28日民集８巻９号1779頁

手方の居所不明の場合には、…公示送達を定める民法98条が参照されよう。ただし、…一般的にこの方法によることができる、あるいは逆にこの方法しか許されないと解するのは合理的ではない。要は、どのような方法であれば、法律的に行政行為が相手方に到達するとみてよいか」であるとしています[17]。なお、出奔した県職員に対する懲戒処分に関する判例[18]では、県公報掲載により懲戒処分の効力が生ずるとする法律、条例の規定がないため、県公報に掲載されたことで直ちに当該処分が効力を生ずると解することはできないとしました。しかし、自らの意思により出奔した以上、県公報掲載の方法によって懲戒免職処分がされることを十分に了知し得たものというのが相当であるから、出奔から約2か月後にこの方法によってされた懲戒免職処分は効力を生じるとしています。

⑵　行政処分に特有の効力

①　公定力

公定力とは、行政処分の成立に何らかの瑕疵があっても、それが重大かつ明白な瑕疵（かし）であってそのために絶対に無効と認められる場合のほかは、行政処分は有効なものとしてその法的効果を有するという効力です。かつては公定力の根拠として、行政処分は適法性の推定を受けるという考えもありました。しかし、今日では行政処分の効力を争う方法が行政不服申立てと行政事件訴訟法に基づく取消訴訟に限定されている（取消制度の排他性）ため、いずれかの方法により取り消されるか、あるいは取消権限を有する行政機関により取り消されるまでは、処分庁も相手方も行政処分の法的効果に従わなければならないものと考えられています。

17）　塩野宏「行政法Ⅰ（第6版）」有斐閣、2015年、187頁
18）　最判平成11年7月15日集民193号469頁

図表1-10　公定力の効果

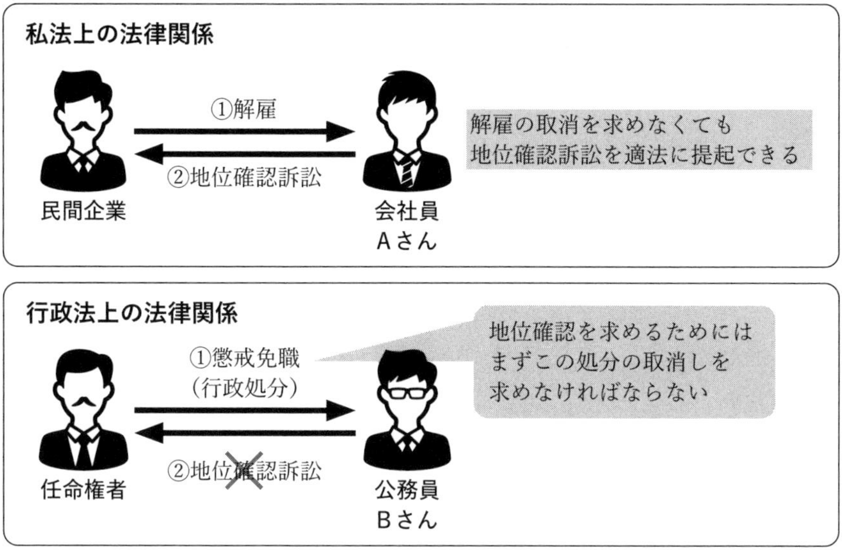

上の民間企業の解雇の場合、Aさんが解雇を不当だと考えそれを争うためには、解雇が無効であることを前提として従業員である地位の確認を求める民事訴訟を起こすことができます。一方、免職という行政処分は、何らかの瑕疵があっても、原則として、権限のある行政庁が職権によってこれを取り消すか、一定の争訟手続によって取り消されるまでは、有効なものとして扱われることになります。したがって、公務員の地位の確認を求めようとするなら、まず免職という行政処分を取り消さなくてはならないことになります。

②　自力執行力

行政処分は、法律の定めるところにより、行政処分自体の効力として、相手方の意思に反してもその内容を強制し、実現しうる力を有します。これを自力執行力といいます。行政処分のすべてにこのような自力執行力が認められるわけではなく、国税徴収法や地方税法に基づく強制徴収等について特に認められる効力です。

図表1-11　自力執行力の効果

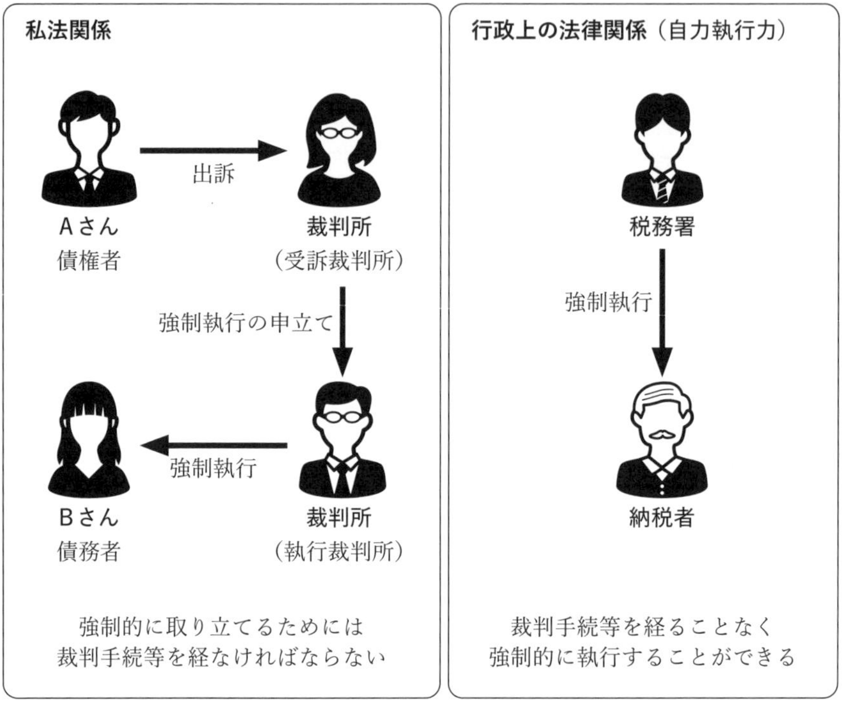

これも私法上の法律関係と比較して考えてみましょう。たとえば20万円でパソコンの売買契約が成立していたとして、Bさんがパソコンを受け取った後に支払期限が来ても売買代金20万円を支払わない場合、Aさんはどのような手段が取れるでしょうか？　この場合、Aさんは、裁判所（受訴裁判所）に訴えて債務名義（確定判決のように強制執行できる法的資格）を得て、裁判所（執行裁判所）に対して強制執行を求めることになります。

次に税金の例を考えてみましょう。適正に課税がなされたとして、Aさんが税金を支払わないときに、税務署は国税徴収法47条の規定に基づいて裁判手続を経ることなく自らが差押えや公売の強制執行を行うことができます。自力執行力といわれるものです。訴訟を経て強制執行を行うと、訴訟等に時間を要するため、税金を速やかに収納することはできません。しかし、租税債権等については、早期に確定させる必要性が強く求められることから、裁判手続を経ることなく行政機関自らが執行できる権限が法律によって付与されているのです。

③　不可争力

不可争力とは、行政法秩序の安定を図る見地から、一定の期間を経過した後は、私人の方から、行政処分の行為の効力を争うことができないことをいいます。一定期間というのは、通常は、取消訴訟の出訴期間（処分があったことを知った日から６か月（行政事件訴訟法14条１項）あるいは処分の日から１年（同条２項）です。この期間を経過すると行政処分について不可争力が生じます。

たとえば、公務員の懲戒免職のような行政処分の場合に地位確認や損害賠償請求を行うためには、まず行政事件訴訟法３条２項の「処分の取消しの訴え」を提起し、免職という行政処分を取り消す必要があります（公定力）。取消訴訟には、出訴期間があり、この期間を経過すると免職について取消しを求めることができなくなります。行政処分の効力を早期に確定させることが、住民の法的利益につながるとの考えに基づき認められている法的効力です。

④　不可変更力

不可変更力とは、いったん行った行政処分は行政機関の側から変更できないという効力です。

通常の行政処分は、取消訴訟の出訴期間が経過して不可争力が生じると、私人の方からその行為の効力を争うことができなくなります（不可争力）。このような場合でも、住民に対する不利益処分等については、行政機関の側からは取り消しを行うことができると考えられています。

ただし、行政処分の中でも行政不服審査法に基づく審査請求に対する裁決等は、争いのある法律関係を確定する効力を有するものです。このような行政処分は、変更を認めてしまうと、処分の名あて人である住民に不利益を及ぼすことや法的安定性を欠くことがあります。そのため、このような処分には不可変更力があるものとして、処分の取消しや処分内容の変更を行うことはできないのです。そのため、不可変更力を有する行政処分はそれほど多くありませんが、裁決や審決という名称が与えられている行政処分の多くは不可変更力を有すると解されています。不可変更力は判例・学説によって解釈上認められてきた効力であり、不可争力のような明文の根拠に基づくものではありません。

5　行政処分の瑕疵

(1)　行政処分の当然無効

行政処分は、重大かつ明白な瑕疵であってそのために絶対に無効と認められる場合のほかは、行政処分の効力を有すると解されています（公定力）。つまり「無効」と認められる場合には、公定力は認められないということです。また、不可争力も認められず、行政事件訴訟法において出訴期間の制限はなくいつまでも訴訟上で争うことが可能です。

判例は、「行政処分が当然無効であるというためには、処分に重大かつ明白な瑕疵がなければなら」[19]ないとしています。さらに、「無効原因となる重大・明白な違法とは、処分要件の存在を肯定する処分庁の認定に重大・明白な誤認があると認められる場合を指す」[20]としています。この判決は、行政処分が処分の当事者のみならず第三者にも法的効果を及ぼしうる事案（三面構造）に関する判決です。

一方、行政処分が、租税の賦課のように、二面的な法律関係しか有さない場合について最高裁は「課税処分が課税庁と被課税者との間にのみ存するもので、処分の存在を信頼する第三者の保護を考慮する必要のないこと等」を踏まえて被課税者に右処分による不利益を甘受させることが、著しく不当と認められるような例外的な事情のある場合には、瑕疵は重大であるが明白であるとはいえない場合であっても無効と解するのが相当であるとしました[21]。

19）　最判昭和36年３月７日民集15巻３号381頁
20）　最判昭和34年９月22日民集13巻11号1426頁
21）　最判昭和48年４月26日民集27巻３号629頁

行政処分の二面構造と三面構造

行政処分には、二面構造と三面構造とがあります。例えば、税金の賦課については課税主体である税務署等と非課税者である国民との間のみで、法律関係が問題となります。課税に納得ができない国民は、取消訴訟等を通じて争うことができますが、非課税者以外の第三者が課税処分を争うことはできません。つまり、この行政処分は、税務署等と非課税者との二面構造だといえます。

一方、産業廃棄物処理施設の設置許可については、「当該廃棄物処理施設に係る周辺地域の生活環境の保全及び周辺の施設について適正な配慮がなされたものであること」が許可要件とされています。つまり、この許可に関しては、許可権者である知事と申請者との間の法律関係ではありますが、周辺住民も法的利害関係を有し、取消訴訟を提起しうることになります。つまり、このような法律関係は、申請者と許可権者との二面構造ではなく、周辺住民も含めた三面構造ということができます。

このような法律関係の違いから、三面構造においては、行政処分の効力が第三者にも影響を与えるため、無効に関しては「明白性」が要件とされているのです。

法律による行政の原理と行政裁量

1　法律による行政の原理の３つの原則

法律による行政の原理は、行政活動は法律に従って行わなければならないとする原理です。行政機関の活動を、国民を代表する議会で定めた法律によって民主的にコントロールすることを通じて、国民の権利や自由が不当に侵害されないようにするための考え方といえます。

図表1-12　法律による行政の原理

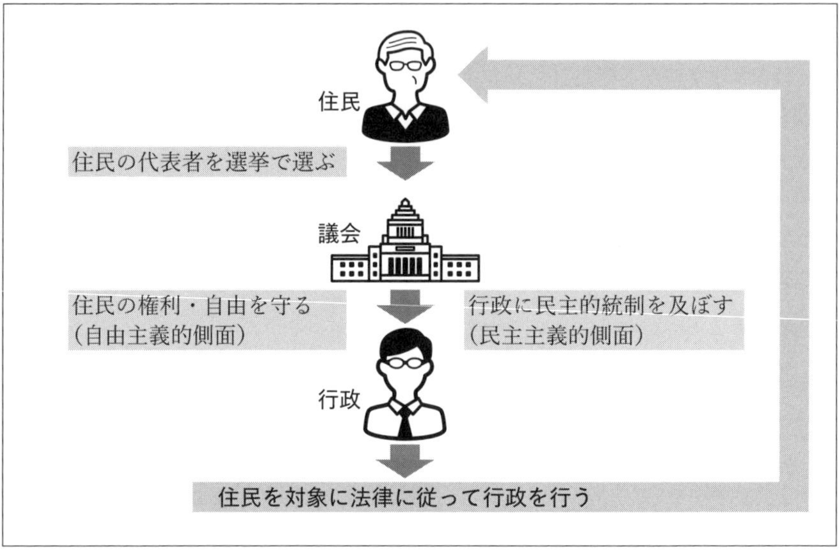

法律による行政の原理は、その具体的内容として、「法律の優位」「法律の専権的法規創造力」「法律の留保」の３つがあげられます。

⑴　法律の優位

法律の優位とは、行政活動は法律の定めに違反して行ってはならないとする原則です。行政活動が法律に従って行われる以上当然のことであり、行政活動全般にわたって妥当する原則です。日本国憲法（以下「憲法」といいます）41条の国会は国権の最高機関であり、唯一の立法機関であるという条文に法律の優位の原則が示されていると一般的に考えられています。つまり、国権の最高機関である国会の定めた法律に、行政機関は違反することは許されないと考えるものです。

⑵　法律の専権的法規創造力

法律の専権的法規創造力とは、法規（住民の権利義務に影響する一般的な規定）

を作る力は法律のみが持っているということです。法規は、住民の権利義務に影響するものであるため、住民の代表機関である国会に独占させるべきであるという考え方に基づくものです。

ただし、法律の専権的法規創造力は、次に説明する法律の留保と内容が重なることから、この点について説明を行わない解説書も増えています。

⑶　法律の留保

法律の留保とは、行政は法律に基づくべきであって、行政機関は、法律が定めていない事項を行うことができないとする原則です。

この原則は、行政は住民の信託を受け自己に与えられた権限を行使するものであるという民主主義の理念に基づきます。言い換えれば、行政は法律により住民から授権を受け、住民のコントロールの下でさまざまな活動を行うということになります。ただし、行政活動のすべてについて法律の根拠が必要と考えることは、行政活動の柔軟性、迅速性を阻害することになります。そのため、現在の行政活動の実務においてもすべて法律の根拠が必要であるとはされていません。それでは、どのような行政活動に法律の根拠が必要かということが問題となり、その範囲に争いがあります。侵害留保説、全部留保説、権力留保説、社会留保説、本質性理論（重要事項留保説）などの説があります。

現在の行政実務は、基本的に侵害留保説に基づいていますが、この説は次のような考え方に基づいています。

法律とは、かつては住民の権利を直接に制限し、義務を課す法規範をいうと考えられていました。というのは、19世紀の君主制の時代には、すべての権力が君主にありましたが、その後、市民革命を経て、住民が「自由と財産に関する事項」を君主から奪い取り、その代表である議会の権限としました。その頃の名残で「住民の権利を制限し、又は住民に義務を課す内容」は法律で定めなければならないと考えられていました。これがいわゆる侵害留保説の根源となっています。現行法も、基本的にこの考え方によっているものと考えられます。内閣法11条では「政令には、法律の委任がなければ、義務を課し、又は権利を制限する規定を設けることができない」と規定しています。また、地方自治法14条２項では「普通地方公共団体は、義務を課し、又は権利を制限するには、法令に特別の定めがある場合を除くほか、条例によらなければならない」とされています。

一方、全部留保説は、行政の活動にはすべて法律の根拠が必要であるという説です。この説は、行政活動に対して、住民の代表である議会による統制を幅広く及ぼすという意味で、民主主義に最も忠実です。しかし、複雑多岐にわたる行政の活動のすべてについて法律の根拠を与えることは困難です。法律の予想していない事態や法律に規定のない事項については、行政は何もできず、かえって住民の利益につながらない可能性があります。

さらに、本質性理論（重要事項留保説）は、侵害留保説のように自由権に対象を限定せず、広く基本的人権および民主主義の観点から重要な事項を法律（条例）で定めることを要求します。その根拠としては、①市民の権利利益の保護を目的として議会コントロールを及ぼすという法治主義の観点に立った基本的人権保障のために法律の根拠を要すること、②民主主義の観点から行政システムにおける基本的決定に法律（条例）の根拠を要請することが挙げられています。また、本質性理論では、行政組織に対する市民の概観可能性を法律で保障しようとするために、行政組織の基本構造について議会が決定すべきであるという考え方もされています。この本質性理論は、ドイツの通説・判例とされています。なお、地方自治法においては重要な事項（行政機関、内部組織の設置（156条、158条）のほか多くの規定があります）については条例の規定を必要としており、本質性理論に近い考え方といえます。

法律の留保については、このほかに社会保障等の社会権の保障については法律の根拠を要するとする社会留保説や侵害的な行為か授益的な行為かを問わず行政の権力的な行為にはすべて法律の根拠を有するという権力留保説などがあります。

2　行政裁量と法律による行政の原理

法律による行政の原理の下では、行政活動の根拠は法律で明確に規定しておくべきであると考えられます。しかし、あらゆる事態を想定してすべてを法律で規定することは不可能です。また、行政を執行する段階で、専門的知識・能力をもって判断した上で執行をするほうが臨機応変に適切な対応を行うことが可能な場合もあります。そのため、法律による行政の例外として、行政機関に法律の一定の枠の中で判断する権限が認められている場合があります。これを行政裁量といいます。

行政裁量は、①行政立法、②行政処分、③行政契約、④行政指導、⑤行政調査、⑥行政計画等の行政機関の活動において幅広く認められています。

(1) 要件裁量と効果裁量

行政裁量には、行政処分のどの段階での裁量かによって、要件裁量と効果裁量とがあります。要件裁量は、法律に定められた要件に該当するか否かの判断の時点での裁量です。効果裁量とは、どのような効果を発生させるかという点についての裁量です。

たとえば、国家公務員が飲酒運転を行った場合を例に考えてみましょう。国家公務員法82条では、職員が次の各号のいずれかに該当する場合、懲戒処分として、免職、停職、減給又は戒告の処分をすることができるとしています。

① この法律若しくは国家公務員倫理法又はこれらの法律に基づく命令（略）に違反した場合
② 職務上の義務に違反し、又は職務を怠った場合
③ 国民全体の奉仕者たるにふさわしくない非行のあつた場合

この場合、まず飲酒運転が各号のいずれかに当たるか否かを判断することになります。この裁量は、懲戒処分の原因となる要件に該当するか否かの裁量であることから、「要件裁量」に当たります。

飲酒運転が懲戒処分の原因となる要件に該当すると判断した場合、次にどの程度の懲戒処分を行うかということが問題となります。国家公務員法では「免職」、「停職」、「減給」、「戒告」のいずれかの処分を行うことが可能であり、その点についての裁量が認められています。このようにどのような効果を発生させるかについての裁量を「効果裁量」といいます。

図表1-13　要件裁量と効果裁量

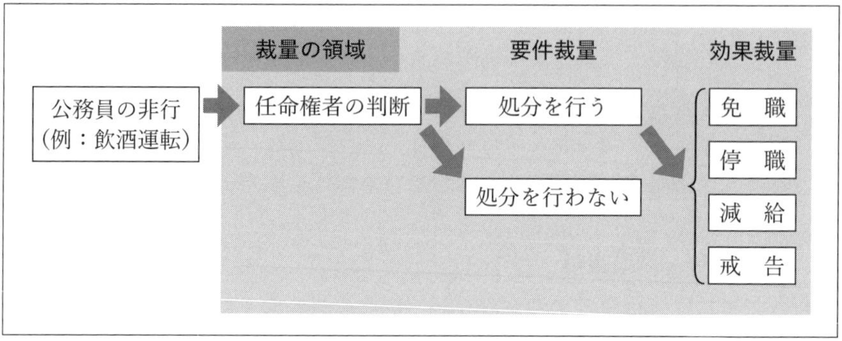

さらに、行政裁量には、要件裁量及び効果裁量以外にも、行政処分に至るまでにどのような手続をとるかという「行政手続の裁量」、いつ行政処分の効果を発生させるかという「時期の裁量」等もあります。

⑵　行政裁量が認められる理由

行政裁量が認められる実質的な理由としては、①部分社会等による自主的決定の尊重、②政治的・外交的決定の尊重、③専門技術的・政策決定の尊重等が挙げられています[22)]。

①　部分社会等による自治的決定の尊重

部分社会内部の秩序維持のための決定は、法律で一律に規制するより、当該部分社会の自主的決定に委ねた方が適正な判断が可能になる場合があります。

京都府医大事件判決[23)]では、「懲戒権者たる学長が学生の行為に対し懲戒処分を発動するに当り、その行為が懲戒に値するものであるかどうか、懲戒処分のうちいずれの処分を選ぶべきかを決するについては、当該行為の軽重のほか、本人の性格および平素の行状、右行為の他の学生に与える影響、懲戒処分の本人および他の学生におよぼす訓戒的効果等の諸般の要素を考量する必要があり、

---

22)　曽和俊文「行政法総論を学ぶ」有斐閣、2014年、182頁
23)　最判昭和29年７月30日民集８巻７号1501頁

これらの点の判断は、学内の事情に通ぎようし直接教育の衝に当るものの裁量に任すのでなければ、適切な結果を期することができないことは明らかである。それ故、学生の行為に対し、懲戒処分を発動するかどうか、懲戒処分のうちいずれの処分を選ぶかを決定することは、その決定が全く事実上の根拠に基かないと認められる場合であるか、もしくは社会観念上著しく妥当を欠き懲戒権者に任された裁量権の範囲を超えるものと認められる場合を除き、懲戒権者の裁量に任されている」としました。

②　政治的・外交的決定の尊重

政治的・外交的決定の尊重のため、法律が一定の政策裁量を行政機関に認める場合があります。とりわけ政治的・外交的な決定においては広範な裁量が認められています。

マクリーン事件判決[24]では、「法務大臣は、在留期間の更新の許否を決するにあたつては、外国人に対する出入国の管理及び在留の規制の目的である国内の治安と善良の風俗の維持、保健・衛生の確保、労働市場の安定などの国益の保持の見地に立つて、申請者の申請事由の当否のみならず、当該外国人の在留中の一切の行状、国内の政治・経済・社会等の諸事情、国際情勢、外交関係、国際礼譲など諸般の事情をしんしやくし、時宜に応じた的確な判断をしなければならないのであるが、このような判断は、事柄の性質上、出入国管理行政の責任を負う法務大臣の裁量に任せるのでなければとうてい適切な結果を期待することができない」としています。

③　専門技術的・政策決定の尊重

行政決定の内容が専門技術的事項に関するものである場合には、当該事項については司法過程よりも行政過程における専門技術的判断に委ねる方が妥当であるとして行政裁量を認めている場合があります。

家永教科書検定第一次訴訟上告審判決[25]では、教科書検定の「審査、判断

24）　最判昭和53年10月４日民集32巻７号1223頁

25）　最判平成５年３月16日民集47巻５号3483頁

は、申請図書について、内容が学問的に正確であるか、中立・公正であるか、教科の目標等を達成する上で適切であるか、児童、生徒の心身の発達段階に適応しているか、などの様々な観点から多角的に行われるもので、学術的、教育的な専門技術的判断であるから、事柄の性質上、文部大臣の合理的な裁量に委ねられる」としました。

また、**伊方原発事件判決**[26]では、「技術的能力を含めた原子炉施設の安全性に関する審査（略）においては、原子力工学はもとより、多方面にわたる極めて高度な最新の科学的、専門技術的知見に基づく総合的判断が必要とされるものであることが明らかである」とした上で「各専門分野の学識経験者等を擁する原子力委員会の科学的、専門技術的知見に基づく意見を尊重して行う内閣総理大臣の合理的な判断にゆだねる趣旨と解する」としました。いずれの判決も裁量を広く認めています。

3　行政裁量の司法審査

行政事件訴訟法30条において「行政庁の裁量処分については、裁量権の範囲をこえ又はその濫用があつた場合に限り、裁判所は、その処分を取り消すことができる」とされています。つまり、行政庁の裁量であっても、逸脱、濫用の場合は、裁判によってその行政処分の効力が否定されることになります。

裁量権の逸脱・濫用について、判例・学説が示している基準や原則を見てみましょう。

⑴　事実誤認

法令等で規定されている行政処分の要件に該当する事実が存在しないときや事実の認定がまったく合理性を欠くときは、違法とされます。

京都府医大事件判決[27]では、学生に対する懲戒処分に関して「その決定が全く事実上の根拠に基かないと認められる場合」には裁量権の範囲を超える可能

26）　最判平成４年10月29日民集46巻７号1174頁
27）　最判昭和29年７月30日民集８巻７号1501頁

性があることを示しています。ただし、本件においては「退学処分は懲戒権者たる学長の裁量権の範囲内の行為である」としています。また、**マクリーン事件判決**[28)]では、外国人の在留許可に関する事案において、「裁判所は、(略)、その判断の基礎とされた重要な事実に誤認があること等により右判断が全く事実の基礎を欠くかどうか、又は事実に対する評価が明白に合理性を欠くこと等により右判断が社会通念に照らし著しく妥当性を欠くことが明らかであるかどうかについて審理し、それが認められる場合に限り、右判断が裁量権の範囲をこえ又はその濫用があつたものとして違法であるとすることができる」と判示しています。

⑵ 目的違反・不正な動機・他事考慮

行政処分の根拠となる法令と異なった目的で裁量権を行使すると違法とされます。また、不正な動機、恣意的なあるいは報復的な目的で裁量権を行使する場合も同様です。さらに、本来考慮すべきでない事柄を考慮したために裁量権の行使が違法とされる場合もあります。

校長降任処分取消事件判決[29)]では、公立小学校の校長の職にあった者に対する地方公務員法に基づく分限処分として受けた降任処分が争われましたが、「分限処分については、任命権者にある程度の裁量権は認められるけれども、もとよりその純然たる自由裁量に委ねられているものではなく、分限制度の上記目的と関係のない目的や動機に基づいて分限処分をすることが許されないのはもちろん、処分事由の有無の判断についても恣意にわたることを許されず、考慮すべき事項を考慮せず、考慮すべきでない事項を考慮して判断するとか、また、その判断が合理性をもつ判断として許容される限度を超えた不当なものであるときは、裁量権の行使を誤つた違法のものである」と判示しています。

また、**風俗営業等取締法違反被告事件判決**[30)]は、風俗営業等取締法において禁止されている児童福祉施設の敷地の周囲200メートルの区域内において、風俗

---

28) 最判昭和53年10月４日民集32巻７号1223頁
29) 最判昭和48年９月14日民集27巻８号925頁
30) 最判昭和53年６月16日刑集32巻４号605頁

営業を行った同法違反に問われた事案です。しかし、この事案は、風俗営業である個室付き浴場の建設を計画した事業者が建築確認申請を行った後に、その営業を阻止することを主たる目的として児童遊園設置の都市計画決定を行ったものです。判決では、「被告会社のトルコぶろ営業の規制を主たる動機、目的とする余目町のＣ児童遊園設置の認可申請を容れた本件認可処分は、行政権の濫用に相当する違法性があ」るとして「被告会社の本件トルコぶろ営業については、これを規制しうる児童福祉法７条に規定する児童福祉施設の存在についての証明を欠く」と判示しました。児童福祉施設の設置に関する行政処分が目的違反、不正な動機であるとされたものです。

図表1-14　本件に関する時系列

個室付き浴場		児童福祉施設（児童遊園）
①用地買収：昭和43年３月ごろ ②建築確認申請：昭和43年５月11日 ④申請受理：昭和43年６月16日 ⑥許可：昭和43年７月31日	⟷ 200m以内	③設置申請：昭和43年６月４日 ⑤知事認可：昭和43年６月10日

⑶　平等原則

裁量権の行使であっても、恣意や不合理な基準による不平等な扱いは違法とされます。もっとも、行政上の諸事情に応じて個別的に異なった取扱いをすることは、当然、認められます。

スコッチライト事件判決[31)]では、Ｘがスコッチライトと呼ばれる信号用品を輸入し神戸税関長から30％の税率で関税を徴収されましたが、同時期に同物品につき横浜税関長及び大阪伊丹出張所長は20％の税率で関税を徴収していました。Ｘが神戸税関長に苦情を申し立てたところ20％の税率で徴収されるようになりましたが、その後、大蔵省関税局（当時）の通知に基づき全国の税関で30％の税率で徴収することに統一されました。そこで、Ｘは、30％の税率による関税賦課徴収処分は、憲法84条及び14条に違反して無効であることの確認など

31）　大阪高判昭和44年９月30日民集22巻５号682頁

を求めて訴えを提起した事案です。判決では、「租税法律主義ないし課・徴税平等の原則に鑑みると、特定時期における特定種類の課税物件に対する税率は日本全国を通して均一であるべきであつて、同一の時期に同一種類の課税物件に対して賦課・徴収された租税の税率が処分庁によつて異なるときには、少くともみぎ課・徴税処分のいづれか一方は誤つた税率による課・徴税をした違法な処分である」としました。

給水条例無効確認等請求事件判決[32]は、山梨県高根町（係争中に合併し、北杜市が承継）が、簡易水道事業給水条例を改正し、水道料金を改定（増額）したことについて、別荘に係る給水契約者に対して一般家庭と比較して３・57倍という料金に改定を行ったことが憲法14条１項などに違反する無効確認請求、損害賠償等を求めたものです。最高裁は、「別荘給水契約者と別荘以外の給水契約者との間の基本料金の大きな格差を正当化するに足りる合理性を有するものではない」として「別荘給水契約者の基本料金の改定は、地方自治法244条３項にいう不当な差別的取扱いに当たる」としました。

⑷ 比例原則

比例原則はもともと警察権の法理として発達したもので、達成されるべき目的とそのために取られる手段としての権利・利益の制約との間に均衡を要求する原則です。行政権限の行使は、行政目的の達成に必要な範囲を逸脱してはならないとする原則です。

教職員国旗国歌訴訟事件判決[33]では、「不起立行為等に対する懲戒において戒告を超えてより重い減給以上の処分を選択することについては」、「減給の期間の長短及び割合の多寡にかかわらず、処分の選択が重きに失するものとして社会観念上著しく妥当を欠き、上記減給処分は懲戒権者としての裁量権の範囲を超えるものとして違法の評価を免れない」と判示しました。また、本判決における宮川光治裁判官による反対意見では、「本件戒告処分は過剰に過ぎ、比例原則に反する」としています。

32）　最判平成18年７月14日民集60巻６号2369頁
33）　最判平成24年１月16日集民第239号253頁

⑸　信頼保護の原則（信義則）違反

民法1条2項に規定する信義則は、行政法関係においても妥当する重要な原則とされています。特に行政法関係では、行政活動に対する国民の信頼を保護するという信頼保護の原則として論じられることも多くあります。ただし、法律と異なる行政活動に対する信頼を保護しようとすると「法律による行政」と両立しないことがあることも注意が必要です。

宜野座村工場誘致事件[34)]は、宜野座村の企業誘致に応じて進出準備をしていた企業が、村長改選により方針転換が行われ工場建設が不可能になったため、損害賠償請求を行った事案です。判決では、「地方公共団体の施策を住民の意思に基づいて行うべきものとするいわゆる住民自治の原則は地方公共団体の組織及び運営に関する基本原則であり、また、地方公共団体のような行政主体が一定内容の将来にわたつて継続すべき施策を決定した場合でも、右施策が社会情勢の変動等に伴つて変更されることがあることはもとより当然であつて、地方公共団体は原則として右決定に拘束されるものではない」としたものの、「その者と当該地方公共団体との間に右施策の維持を内容とする契約が締結されたものとは認められない場合であつても、右のように密接な交渉を持つに至つた当事者間の関係を規律すべき信義衡平の原則に照らし、その施策の変更にあたつてはかかる信頼に対して法的保護が与えられなければならない。（略）地方公共団体において右損害を補償するなどの代償的措置を講ずることなく施策を変更することは、それがやむをえない客観的事情によるのでない限り、当事者間に形成された信頼関係を不当に破壊するものとして違法性を帯び、地方公共団体の不法行為責任を生ぜしめる」としました。

4　司法審査の判断過程

行政裁量に関する司法審査については、行政機関の判断過程の適正さに関する審査も行われます。この点に関して以下のような判例があります。裁量判断を行うに当たって、どのような点を重視すべきかについて、参考になります。

---

34)　最判昭和56年1月27日民集35巻1号35頁

日光太郎杉事件[35]は、当時の建設大臣が道路拡幅のため土地収用法20条を適用して、日光東照宮の文化的価値の高い古木である「太郎杉」の伐採計画を含む土地収用裁決を行ったことに対して、裁決の取消が求められた事案です。判決では、「本来最も重視すべき諸要素、諸価値を不当、安易に軽視し、その結果当然尽すべき考慮を尽さず、または本来考慮に容れるべきでない事項を考慮に容れもしくは本来過大に評価すべきでない事項を過重に評価し、これらのことにより同控訴人のこの点に関する判断が左右されたものと認められる場合には、同控訴人の右判断は、とりもなおさず裁量判断の方法ないしその過程に誤りがあるものとして、違法となる」としました。

また、ダム建設のための土地収用裁決の取消を求めた事案（**二風谷ダム事件判決**[36]）において、「土地収用法20条3号の『事業計画が土地の適正且つ合理的な利用に寄与するものであること』との要件は、当該事業の起業地がその事業に供されることによって得られる公共の利益と、その土地がその事業に供されることによって失われる公共的又は私的利益とを比較衡量して、前者が後者に優越すると認められるかどうかによって判断されるべきであると解される。そして、右比較衡量に当たっては、事業計画策定に至る経緯、事業認定に係る事業計画の内容、事業計画の達成によって得られる公共の利益、事業計画の実施により失われる利益ないし価値、本件事業により失われる諸価値に対しなされた配慮等を総合し行われるべきであると考えられる」とした上で、「認定庁である建設大臣は、本件事業計画の達成により得られる利益がこれによって失われる利益に優越するかどうかを判断するために必要な調査、研究等の手続を怠り、本来最も重視すべき諸要素、諸価値を不当に軽視ないし無視し、（略）安易に前者の利益が後者の利益に優越するものと判断し、結局本件事業認定をしたことになり、土地収用法20条3号において認定庁に与えられた裁量権を逸脱した違法がある」としています。

35）　東京高判昭和48年7月13日行政事件裁判例集24巻6・7号533頁
36）　札幌地判平成9年3月27日判例タイムズ938号75頁

行政立法

1 行政立法

行政立法とは、行政機関によって定立される一般的、抽象的な規範のことをいいます。法規範の定立は、立法機関である国会の議決を経た法律が中心となっています。しかし、法律で大枠を定めて、その法律の委任を受けて行政機関がより詳細な規定をする場合や行政内部の基準や手続に関して規定を設けるなど、内閣等の行政機関が政省令等として規範の定立を行う場合もあります。

行政立法が規定する内容としては、次のようなものが挙げられます。

①　専門的・技術的判断を要するもの
②　迅速な対応の必要なもの
③　具体的事案ごとの特殊性に則した定めを要するもの

2 法規命令と行政規則

行政立法は、法規命令と行政規則に分類することができます。

(1)　法規命令

法規（国民の権利を制限し義務を課す規範）を内容とするものです。法規命令はさらに、委任命令と執行命令とに分類されます。

①　委任命令

委任命令とは、法律や条例の具体的な委任に基づき、私人の権利、義務に関する規範を定めるものです。

日本国憲法の下では法規は行政機関のみの判断で独自に制定することはできず、国会が制定する法律の根拠が必要であるとされています。法律の委任にもとづいて国民の権利義務を規律する委任命令は法規命令の一種ですが、あくまでも法律の委任が必要です。法律に根拠を持たない法規命令である独立命令（立法機関である議会から独立して行政機関により制定される命令）は、許されません。

たとえば、道路交通法117条の２の２第３号では、酒気帯び運転等の禁止に関して身体に政令で定める程度以上にアルコールを保有する状態にあったものを３年以下の懲役又は50万円以下の罰金の対象としています。この規定を受けて、道路交通法施行令44条の３では「政令で定める身体に保有するアルコールの程度は、血液１mlにつき0.3mg又は呼気１ℓにつき0.15mlとする」と規定しています。この道路交通法施行令44条の３の規定が委任命令ということができます。

法律による委任の具体性

法律による委任の具体性が問題となった事案として**猿払事件判決**[37]があります。国家公務員法102条１項で「人事院規則で定める政治的行為」を禁止するとの規定の有効性が争われ、判決では「政治的行為の定めを人事院規則に委任する国公法102条１項が、公務員の政治的中立性を損うおそれのある行動類型に属する政治的行為を具体的に定めることを委任するものであることは、同条項の合理的な解釈により理解しうるところである。（略）右条項は、それが同法82条による懲戒処分及び同法110条１項19号による刑罰の対象となる政治的行為の定めを一様に委任するものであるからといつて、そのことの故に、憲法の許容する委任の限度を超えることになるものではない」として、同法102条１項の規定が委任の限度を超えるものではないとしています。

②　執行命令

執行命令とは、上位規範である法律が規定した内容を実施するための具体的細目を定めるものです。たとえば、道路交通法89条では、免許を受けようとする者は、その者の住所地を管轄する公安委員会に、内閣府令で定める様式の免許申請書を提出しなければならない旨が規定されています。これを受けて、内閣府令である道路交通法施行規則17条１項では、免許申請書の様式を別記様式

37）　最判昭和49年11月６日刑集28巻９号393頁

第12として定めています。

(2) 行政規則

行政機関の制定する一般的規範で、法規としての効力を有しないものをいいます。手続的事項や行政内部の基準等について規定することに止まり、裁判所や国民を拘束するものではないため、必ずしも法律の個別の委任に基づく必要がないと解されています。行政規則は、さらに解釈基準や裁量基準等に分類できます。

解釈基準とは、行政機関による法令の解釈を統一するための解釈基準を示すものです。たとえば国税庁長官から、各国税局長に対して示される法令解釈通達がこれに当たります。また、裁量基準とは、行政裁量について行政機関としての判断の基準を定めるものです。たとえば、生活保護法８条１項では、保護は厚生労働大臣の定める基準による旨が規定され、厚生労働大臣に一定の裁量を認めています。厚生労働大臣は、これを踏まえて生活保護法による保護の基準（昭和38年厚生省告示第158号）を定めています。この基準が裁量基準に当たります。

3 行政立法の限界

法規命令は、法律による委任が必要であるため、委任の有無あるいは委任の範囲内かということが問題となります。判例の多くは法律と政令等の関係に関するものですが、地方公共団体において条例と規則との関係を考える際にも参考になります。

委任の有無が問われた判例として、**家永教科書検定事件判決**[38)]があります。判決では、検定の審査の内容、基準等を定めた文部省令、文部省告示は、「関係法律から明らかな教科書の要件を審査の内容及び基準として具体化したものにすぎない」ものであって、法律の委任を欠くとまではいえないとしています。

次に委任の限界としては、法律だけが法規を創造できるという原則を失わせ

38）　最判平成５年３月16日民集47巻５号3483頁

るような白紙委任は許されないとされています。委任の限界が争われた事案として、**厚生労働省職員国家公務員法違反事件判決**[39)]があります。厚生労働事務官であった被告人が、日本共産党を支持する目的で、勤務時間外である休日に、東京世田谷区所在の警視庁職員住宅に同党の機関誌を投函したことについて、国家公務員法違反で起訴された事案の上告審です。判決では、「(国家公務員) 法102条１項が人事院規則に委任しているのは、公務員の職務の遂行の政治的中立性を損なうおそれが実質的に認められる政治的行為の行為類型を規制の対象として具体的に定めることであるから、同項が懲戒処分の対象と刑罰の対象とで殊更に区別することなく規制の対象となる政治的行為の定めを人事院規則に委任しているからといって、憲法上禁止される白紙委任に当たらない」としています。

なお、委任の範囲を超えているとして違法とされた事案として、**医薬品ネット販売禁止事件判決**[40)]があります。薬事法施行規則等の一部を改正する省令により、郵便等販売を行う場合は第一類・第二類医薬品の販売又は授与は行わない旨の規定が設けられましたが、この規定が法律の委任の範囲を超えるかについて争われました。判決では、「新薬事法36条の５及び36条の６は、いずれもその文理上は郵便等販売の規制並びに店舗における販売、授与及び情報提供を対面で行うことを義務付けていないことはもとより、その必要性等について明示的に触れているわけでもなく、医薬品に係る販売又は授与の方法等の制限について定める新薬事法37条１項も、郵便等販売が違法とされていなかったことの明らかな旧薬事法当時から実質的に改正されていない」ことなどから「新薬事法の授権の趣旨が、第一類医薬品及び第二類医薬品に係る郵便等販売を一律に禁止する旨の省令の制定までをも委任するものとして、上記規制の範囲や程度等に応じて明確であると解するのは困難である」として、改正省令は各医薬品に係る郵便等販売を一律に禁止することとなる限度において新薬事法の委任の範囲を逸脱した違法なものとして無効であるとされました。

---

39) 最判平成24年12月７日刑集66巻12号1722頁
40) 最判平成25年１月11日民集67巻１号１頁

column

酒気帯び運転・酒酔い運転と行政立法

道路交通法117条の２第１項１号では、酒に酔った状態（アルコールの影響により正常な運転ができないおそれがある状態をいう）で運転をしたものを５年以下の懲役又は100万円以下の罰金に処するとしています。さらに、同法117条の２の２第１項３号では、酒気帯び運転等の禁止に違反して車両等を運転した者で、身体に政令で定める程度以上にアルコールを保有する状態にあつたものは３年以下の懲役又は50万円以下の罰金に処するとされています。

条文を詳しくみると興味深い点があります。酒酔い運転は、道路交通法において、アルコールの影響により正常な運転ができないおそれがある状態で運転したものと規定されています。どのような場合に酒酔い運転となるかは、「アルコールの影響により正常な運転ができないおそれがある状態」の意味について法解釈を行い判断することになります。この点について、警察の取り締まりの段階では、「直立できるか」、「まっすぐに歩行できるかどうか」、「ろれつが回っているか」、「支離滅裂な内容になっていないか」、「会話を正しく聞き取ることができるか」などで判断されているようです。刑事責任なので、最終的には、刑事訴訟において、現場での判断を踏まえて、その人の行為が道路交通法で定める要件に該当するか否かを判断されることになります。つまり、酒酔い運転は、酒に強い人、弱い人などがいる中で、基準が異なる可能性があります。

一方、酒気帯び運転は身体に政令で定める程度以上にアルコールを保有する状態での運転と規定され、具体的な基準は政令で定めることとされています。このように政令で定めることとした理由は、交通事故の状況など社会情勢を踏まえて、行政機関で定めるべきだと判断したためです。

実際に、平成14年には、当時のアルコール濃度の基準値以下ドライバーが起こした事故が増加していたため、政令の基準が「呼気１ℓ中のアルコール量0.25mg以上」から「呼気１ℓ中のアルコール量0.15mg以上」に引き下げられました。

このように、道路交通法117条の２と117条の２の２の二つの条文から、法解釈、行政立法の意味を認識することができます。

第2講

行政主体と適正な手続について学ぼう

行政活動は、国や地方公共団体を中心として様々な機関によって行われています。どのような機関がどのような権限を有するかについて理解することはとても重要です。

法律上、権限を有することとされた機関が、行政活動を円滑に進めるため、他の機関に権限等をゆだねることも多くあります。地方公共団体の場合であれば、知事や市町村長は広範な権限を有していますが、実際にはその権限すべてを知事や市町村長が行使するのではなく、副知事や副市町村等の職員に何らかの形で権限等をゆだねているのが一般的です。この講では、そのような権限代行の方法についても学びます。

また、行政活動は、一定の権限を持って行われ、住民に対する影響も大きなものがあります。そのため、行政活動においては、適正な手続も求められます。我が国においては、行政活動の手続に関するルールを定めた一般法として、行政手続法が制定されています。自治体職員にとっては、当然に理解しておかなければならない重要な法律です。本稿では、行政手続法について学ぶとともに、適正な手続なく行われた行政処分が有効なものとされるのかなどについて判例を通じて理解を図ります。

行政活動の主体と組織

適法な行政運営のためには、法律上権限を有する行政機関がその権限を行使することが当然のこととして求められます。そのためには、行政機関の種別とその権限のあり方等を十分に理解しておかなければなりません。

1　行政機関の種別

行政機関とは、行政主体の機関として様々な行政活動を行う組織です。

(1)　行政主体

行政権を有し行政活動を行う機関のうち、権利義務の帰属主体となることができるものをいいます。国や地方公共団体等が行政主体に位置付けられます。

(2)　行政庁

行政主体の意思を決定し、外部に表示する権限をもつ機関です。いわゆる行政処分を行う権限をもつ機関といってもよいでしょう。最も典型的なのが各省大臣や知事と市町村長です。このほかの例としては、建築確認を行う権限を有する建築主事も行政庁に該当します。

行政庁は、1名の自然人がその地位に就く「独任制」が原則ですが、複数の自然人によって構成される「合議制」の場合もあります。内閣、教育委員会等は合議制行政庁の例です。

(3)　補助機関

行政庁を補助する機関です。たとえば国税に関して課税処分を行う行政庁は税務署長ですが、税務署長が一人で課税事務すべてを担っているわけではありません。税務署長の課税処分を補助する職員が補助機関ということができます。国の各省では、大臣の下に、副大臣、大臣政務官、事務次官や多くの職員が置かれていますが、これらはすべて補助機関ということができます。地方公共団体では、副知事、副市町村長、部長、課長やその他の職員は補助機関です。

⑷　諮問機関

行政庁の諮問に応じて意見を述べる機関で、各種の審議会がその例です。行政庁は諮問機関の意見を最大限尊重すべきですが、法的には拘束されないと解されます。ただし、群馬中央バス事件判決[41)]では、行政庁は特段の合理的な理由のない限り、答申に反する処分をしないように要求されるとしています。

⑸　監査機関

行政機関の事務や会計の処理を監査する機関です。国においては会計検査院が、地方公共団体には監査委員が、その監査機関として置かれています。

⑹　執行機関

行政目的実現のために実力を行使する機関です。住民が義務を履行しない場合に強制執行を行ったり、違法状況を排除する緊急の必要がある場合に即時強制を行ったりする機関で、警察官、消防職員、徴税職員等がその例です。

なお、地方自治法においては、地方公共団体の長、教育委員会等の委員会を執行機関と位置づけていますが（138条の４以下）、ここで説明をする執行機関とは意味が異なります。地方公共団体の執行機関は、議事機関である議会に対して、行政を執行するという意味で規定がなされているものです。

国と地方公共団体の組織の特徴

・分担管理原則

日本国憲法72条は、「内閣総理大臣は、（略）行政各部を指揮監督する」と規定しています。他方、内閣法では、３条１項で「各大臣は、別に法律の定めるところにより、主任の大臣として、行政事務を分担管理する」として「分担管理原則」が定められています。また同法４条１項の「内閣がその職権を行うのは、閣議に

41）　最判昭和50年５月29日民集29巻５号662頁

よるものとする」とする規定、6条の「内閣総理大臣は、閣議にかけて決定した方針に基いて、行政各部を指揮監督する」の規定により、内閣総理大臣の権限は全会一致の閣議によって大きく制約されています。すなわち、行政権を持つのはあくまで合議体としての内閣であり、行政各部については主任の大臣が最高責任者となっています。

・執行機関多元主義

地方公共団体における執行機関の組織の特徴は、知事や市町村長等の長に行政権限が集中されるのではなく、委員会・委員という多くの独立した合議制の執行機関が、地方自治法及びその他の個別法に基づいて設置され、一定程度の行政権限の分散がなされつつ、長が執行機関全体の総合調整を行う仕組みとなっている点です。こうした執行機関の組織編成のあり方を執行機関多元主義といいます。

2　行政機関の権限の代行

法律上の行政庁等の行政機関が、その権限に関して、すべての意思決定を行っているわけではありません。たとえば、大臣名、知事名、市町村長名で行政処分を行う場合でも、大臣や知事、市町村長がすべて意思決定している訳ではありません。多くの場合、意思決定を部下である局長、部長、課長等に委ねていて、大臣等は真に重要な事項のみ意思決定をするのが一般的です。このように行政機関の権限を他の機関に代行させるための法的な構成としては、⑴権限の委任、⑵権限の代理、⑶専決・代決があります。

⑴　権限の委任

行政庁が自己の権限の一部を他の行政機関に委任して行わせることを権限の委任といいます。受任機関はその権限を自己の名で行使するので、外形的には受任機関が自己固有の権限として行使するのと変わりません。

図表2-1　権限の委任の効果

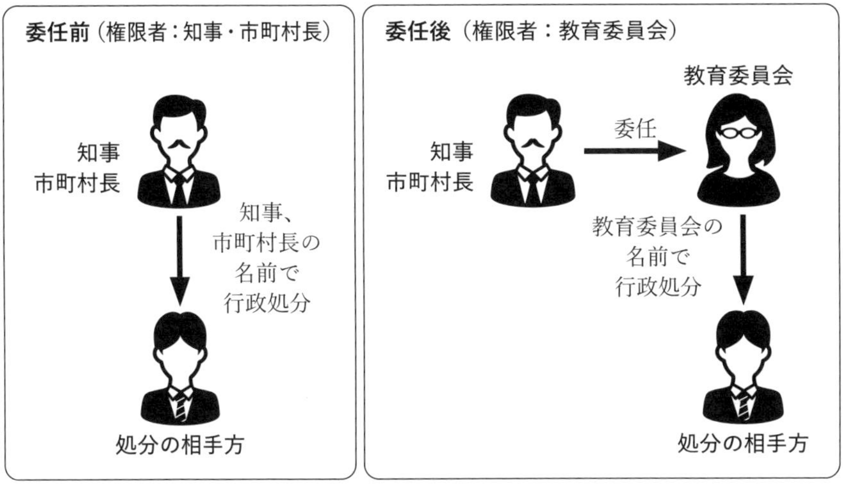

このように権限の委任は法令の定める権限の一部を移動させることになるので、法令の根拠なしに行うことはできません。実際には多くの法令（電気事業法114条、航空法137条等）が権限の委任に関する定めを設けています。その際には、委任先の機関についても規定するのが一般的です。たとえば航空法137条１項では、国土交通大臣の権限を、地方航空局長又は航空交通管制部長に委任できる旨が規定されています。なお、地方公共団体の長の権限については、その地方公共団体の職員に委任することが一般的に認められているので（地方自治法153条１項、167条１項）、個別法の規定は不要です。

委任した事務について、委任行政機関が受任行政機関に対して一般的には指揮監督権を有するものではありません。したがって、知事、市町村長が指揮監督権を有さない教育委員会に委任したような場合には、知事、市町村長は委任事務に関して教育委員会に対して指揮監督はできません。一方、委任機関が、本来的に指揮監督権を有する機関（たとえば知事、市町村長は、補助機関である職員に対して指揮監督権を有します（地方自治法15条））にその権限を委任したような場合は、その有する指揮監督権の範囲内で委任事務に関して受任機関に対して指揮監督を行うことができます。

⑵　権限の代理

代理は、本来の行政庁が授権行為を行うことによって代理関係が生ずるものです。対外的には権限は移動しておらず、本来の行政庁に属したままです。代理機関が、本来の行政庁の代理者であることを明示（顕名）して行為を行うことによって、その行為の効力は本来の行政庁に帰属することになります。

図表2-2　権限の代理の効果

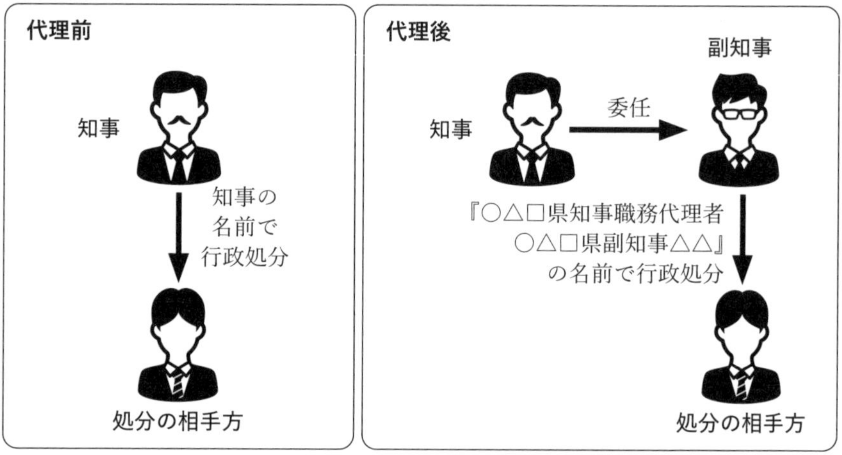

①　法定代理

法定代理には、「狭義の法定代理」と「指定代理」の二種類があります。狭義の法定代理とは、法律で定められた要件に該当したときに、当然に代理関係が発生するものです。たとえば、地方自治法152条１項では、「普通地方公共団体の長に事故があるとき、又は長が欠けたときは、副知事又は副市町村長がその職務を代理する」としていますが、これが狭義の法定代理に当たります。

一方、指定代理は、狭義の法定代理とは異なり、法律で代理人となるべき者が規定されているわけではなく、行政庁が指定した者が代理人となります。この例としては、知事又は市町村長だけでなく副知事又は副市町村長にも事故があるとき等は「その補助機関である職員のうちから当該普通地方公共団体の長の指定する職員がその職務を代理する」というものがあります（地方自治法152

条２項)。この規定では職務を代理する職員を長が指定することになるため、指定代理に当たります。

② 授権代理

授権代理は、本来の行政庁が授権行為を行うことによって代理関係が生ずるものです。地方自治法153条１項では「普通地方公共団体の長は、その権限に属する事務の一部をその補助機関である職員に委任し、又はこれに臨時に代理させることができる」としていますが、これは知事・市町村長が必要に応じて補助機関である職員に代理させる授権代理に当たります。

法定代理については、「法定」の言葉どおり当然に法律の根拠があります。授権代理について法律の根拠が必要かどうかについて、学説では争いがあります。

⑶ 専決・代決

行政庁が事務処理の決定を補助機関にゆだねるが、対外的には本来の行政庁の名で表示する場合があります。これを専決といいます。内部的委任と呼ばれることもあります。また、代決とは、専決として決裁を行う者（決裁者）が不在の際に、その者に代わって臨時に決裁を行うことをいいます。本来の決裁権者である課長が不在の場合に、課長補佐が、課長に代わって決裁を行うようなことです。

専決や代決の場合には、権限の委任や代理と異なり、実際に意思決定をした者がだれかは表示されません。対外的に権限は移動していないため、専決、代決については法令の根拠は不要とされています。また、本来的に権限を有する行政庁は、その事務処理につき個々に関知していなくても自己の行為として対外的に責任を負うことになります。

専決、代決は、事務処理の迅速化、行政運営の効率化のために、どの地方公共団体においても一般的に多くの事務について行われており、知事や市町村長が意思決定をするのは、非常に重要な事項に限られることが一般的です。

民間機関による行政権限の行使

官から民への転換の中で、行政処分の権限についても、一定の枠組の中で民間事業者にゆだねるという考え方が生まれてきました。これが行政権限主体の民間化です。行政権限主体の民間化は、法律で規定された権限の帰属主体を変更することになるため、その変更を認める法的根拠が必要と解されています。

行政権限主体の民間化の一つとして、指定確認検査機関があります。従来、建築確認は行政機関である建築主事が行っていましたが、平成11年５月に建築基準法が改正・施行され、民間事業者が指定確認検査機関として建築確認を行うことができるようになりました。建築確認は対象建物が建築基準法や関連法規に合致しているかを「確認」するもので、行政機関としての裁量を伴うものではなく、民間事業者でも行政機関と同様に行うことができるという判断に基づくものです。

さらに平成15年には地方自治法の改正により、指定管理者制度が創設されました。指定管理者制度は、地方公共団体が指定する民間事業者等が公の施設の管理を代行することができるという制度です。この制度は、公の施設の管理について民間事業者のノウハウを積極的に活用し住民サービスの向上を図るとともに、経費の節減等を図ることを目的としています。

適正な行政手続

1　適正な行政手続の必要性

行政機関の活動においては手続の適正さも強く求められるようになっています。なぜ適正な行政手続が求められるのかについて、憲法上の根拠としては憲法31条説、憲法13条説が主張されています。

⑴　憲法上の学説

①　憲法31条説

日本国憲法31条は「何人も、法律の定める手続によらなければ、その生命若しくは自由を奪はれ、又はその他の刑罰を科せられない」と規定しています。憲法31条から40条の規定は、刑罰権の濫用により国民の権利・自由に対する重大な侵害となった歴史的教訓を踏まえて、刑罰権の濫用を防ぎ、国民の自由を保障するために、刑事手続の適正化を図ることを目的に詳細な規定が設けられているものであり、31条の規定も主として刑事手続を念頭に、適正手続の要請を規定したものと、一般的に考えられています。しかし、公権力による人権侵害は刑事手続に限られるものではありません。そのため、憲法31条の趣旨を公権力を手続的にコントロールして人権を保障しようとするものと捉え、刑事手続以外の公権力の行使に関しても憲法31条を準用して、手続の適正化を図ろうとする見解です。

②　憲法13条説

憲法13条の「すべて国民は、個人として尊重される。生命、自由及び幸福追求に対する国民の権利については、公共の福祉に反しない限り、立法その他の国政の上で、最大の尊重を必要とする」という規定に根拠を求める見解です。

この見解は、憲法31条は、その文言や憲法典における位置からみて刑事手続に関する規定であり、行政手続にも適用があるとするのは憲法解釈上困難であると考えます。その上で、個人は国政のあらゆる場において最大限尊重されるべきことが憲法13条において規定されていることから、公権力の行使においても個人は適正な手続を受ける権利が保障されていると考えます。

⑵　裁判例の状況

成田新法事件[42)]は、新東京国際空港の安全確保に関する緊急措置法３条に基づき、運輸大臣が空港建設反対団体に対して工作物等使用禁止命令を行ったことに対して、工作物の所有者が同措置法は憲法21条１項、22条１項、29条１項

---

42)　最判平成４年７月１日 判例タイムズ789号76頁

及び２項、31条並びに35条に違反し無効であると主張して、処分の取消し等を求めた事案です。判決では、行政手続の憲法的根拠について一般論として「憲法31条の定める法定手続の保障は、直接には刑事手続に関するものであるが、行政手続については、それが刑事手続ではないとの理由のみで、そのすべてが当然に同条による保障の枠外にあると判断することは相当ではない。しかしながら、同条による保障が及ぶと解すべき場合であっても、一般に、行政手続は、刑事手続とその性質においておのずから差異があり、また、行政目的に応じて多種多様であるから、行政処分の相手方に事前の告知、弁解、防御の機会を与えるかどうかは、行政処分により制限を受ける権利利益の内容、性質、制限の程度、行政処分により達成しようとする公益の内容、程度、緊急性等を総合較量して決定されるべきものであって、常に必ずそのような機会を与えることを必要とするものではない」と判断しています。

2　行政手続法について

行政手続法（以下この講では「手続法」といいます）は、行政運営における公正の確保と透明性の向上を図ることを目的として、「申請に対する処分」、「不利益処分」、「行政指導」、「届出」、「意見公募手続」についてのルールを定めています（１条１項)。

(1)　申請に対する処分

まず、最初に規定されているのが「申請に対する処分」に関する規律です。この「処分」とは行政処分のことで、判例[43)]によれば、「行政庁の処分とは、所論のごとく行政庁の法令に基づく行為のすべてを意味するものではなく、公権力の主体たる国または公共団体が行う行為のうち、その行為によつて、直接国民の権利義務を形成しまたはその範囲を確定することが法律上認められているもの」とされています（**２頁**)。さらに、手続法が対象としているのは、様々な「行政処分」のうち「申請に基づく行政処分」のみです。

43)　最判昭和39年10月29日民集18巻８号1809頁

①　審査基準の設定・公表

行政庁は、申請が許認可等の要件に適合しているかを判断するための具体的な基準（審査基準）をあらかじめ定めなければなりません（手続法５条１項）。これは、個人タクシー事業の免許申請の許否を決する手続に関して、その許可基準を定める道路運送法「６条は抽象的な免許基準を定めているにすぎないのであるから、内部的にせよ、さらに、その趣旨を具体化した審査基準を設定し、これを公正かつ合理的に適用すべ」きである[44)]という判例理論をもとに手続法に規定されたものです。

審査基準の設定については、許認可に関する法律や条例において許認可の要件がすべて規定されている場合は別に基準を設けなくても、法律や条例の規定内容自体が審査基準になります。しかし行政庁に裁量の余地が残されている場合は、審査基準として具体的に設ける必要があります。たとえば、道路占用許可については、道路法33条で「道路管理者は、道路の占用が前条第１項各号のいずれかに該当するものであつて道路の敷地外に余地がないためにやむを得ないものであり、かつ、同条第２項第２号から第７号までに掲げる事項について政令で定める基準に適合する場合に限り、同条第１項又は第３項の許可を与えることができる」として、一定の要件を規定しています。しかし、すべてを網羅的に規定しているわけではなく裁量の部分があるため、この部分についての基準を定めなければなりません。ただし、すべてについて明確に定めておくことは不可能なので、実際には個別の申請ごとに判断する部分もあります。

なお、審査基準を定めようとする場合には、**意見公募手続**（**65頁**）を行わなければなりません。

また、審査基準を定めた場合には、申請の提出先とされている機関の事務所に備え付けるなどの方法で審査基準を公にすることも求められています（手続法５条３項）。なお、公表の方法は、特に決まっていないため、各地方公共団体の判断で窓口に冊子を備えつけるなどしておき、いつでも申請者等に示すことができるようにしておけば足りると考えられます。もっとも、近年では、多くの地方公共団体がウェブサイトにおいて審査基準等を公表しています。

44）　最判昭和46年10月28日民集25巻７号1037頁

②　標準処理期間の設定・公表

標準処理期間として、申請が事務所に到達してから処分までに要する標準的な期間を定めるよう努めなければなりません（手続法6条）。また標準処理期間を設定した場合には、必ず公表しなければなりません。

処分を行うまでにこの期間を過ぎたからといって直ちに違法となるわけではありませんが、裁判等における判断の一つの基準となることが予想されるため、慎重に設定する必要があります。

③　審査開始義務

申請が到達したときは、当該行政庁は遅滞なく審査を開始しなければなりません（手続法7条）。また、申請の形式上の要件に適合しない申請については、申請者に対し相当の期間を定めて補正を求め、又は許認可等を拒否しなければなりません。

かつては、受付と受理を区別し、受け付けたけれど正式の受理ではないとして審査はしないといった運用が行政現場でされていたこともありますが、この規定により受付と受理の区別といった概念はなくなり、到達後遅滞なく審査をしなければならないことが明確になりました。

④　理由提示

申請を拒否する場合には、同時にその理由を示さなければなりません（手続法8条1項）。また、拒否処分を書面でするときは、理由も書面で示さなければなりません。理由提示については、旅券法14条の旅券発給拒否処分の場合等のように法律上規定されている場合もありますが、個別法の規定がない場合であっても手続法の規定により理由提示が義務付けられることになります。

提示の内容としては、根拠規定を示すだけでは足りず申請に係る具体的事実を認定して審査基準のどれに適合しないとかを明示する必要があります[45)]。ただし、状況に応じて抽象的に示せば足りる場合もあります。たとえば、情報公開条例に基づく不開示決定については、開示しない理由を具体的に書くと文書

---

45)　最判平成23年6月7日民集65巻4号2081頁

の内容が推測でき開示したのと同様の結果になってしまうような場合には抽象的な理由を示せば足りるものと考えられます。また、法令において定められた許認可の要件又は公にされた審査基準が数量的指標その他の客観的指標により明確に定められている場合であって、申請がこれらに適合しないことが申請書の記載又は添付書類から明らかであるときは、申請者の求めがあったときにこれを示せば足りるとされています（手続法８条１項ただし書き）。

将来、審査請求や訴訟が提起された場合には、この理由に基づいて審査されることになるので、訴訟等で確実に主張できるだけの理由を示さなければなりません。

⑤　情報の提供

申請者の請求があった場合、申請に係る審査の進行状況、処分の時期の見通しを示すように努めなければなりません。また、申請をしようとする人等からの求めがあれば、申請書の添付書類等申請に必要な情報の提供を行うように努めなければなりません（手続法９条）。

⑥　公聴会の開催

申請者以外の人の利害を考慮することが、法令で許認可等の要件とされている処分を行う場合は、公聴会その他適当な方法で当事者以外の人の意見を聞くように努めなければなりません（手続法10条）。自転車競技法４条３項では、自転車競技場の設置許可に関して都道府県知事が経済産業大臣に意見を述べる際には、利害関係人の意見を聴くための公聴会の開催が義務付けられていますが、このように個別法で公聴会の開催が義務付けられているものもあります。

3　不利益処分

不利益処分とは、行政庁の処分のうち、相手方に義務を課し、又はその権利を制限するものなど住民にとって不利益な効果を有するものをいいます。前に説明した「処分」は、住民に何らかの利益を与える処分のことで、不利益処分に対して「利益処分」ということができます。不利益処分の例としては、施設の改善命令、許認可の取消し、営業停止処分など多岐にわたります。

⑴　処分の基準

不利益処分をするかどうかまたどのような不利益処分をするかについて、判断するために必要とされる具体的な基準を定め、公表するように努めなければなりません（手続法12条１項）。

何回違反をしたらとかどの程度違反したらとかいった基準を公表すると、その回数やその程度まで違反しても不利益処分を課されないと分かり、かえって違反行為を助長することとなる場合もあるため、努力義務となっているのです。

⑵　不利益処分をしようとする場合の事前手続

事前の行政調査などにより不利益処分の原因となる一定の事実を把握した場合には不利益処分の実施を検討することになります。その場合に処分の公正の確保と処分に至る行政手続の透明性の向上を図り、処分を受ける者の権利を擁護する観点から、自ら防禦する機会を付与する必要があります。このため、意見陳述の機会の保障として、聴聞手続と弁明の機会の付与が規定されています（手続法13条１項）。

図表2-3　不利益処分の手続の流れ

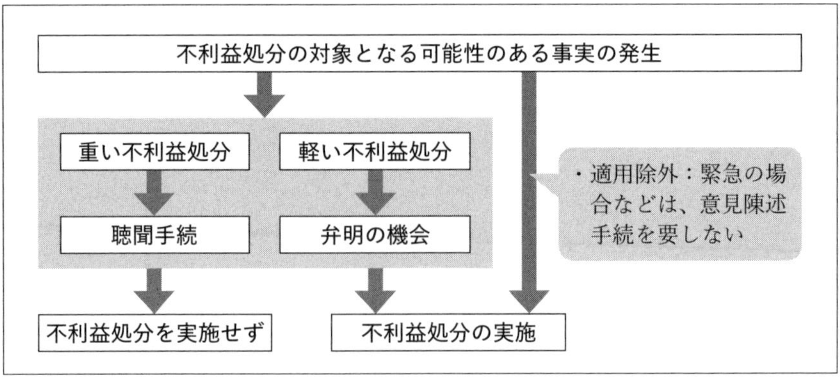

①　聴聞手続（手続法15条～28条）

身分や地位の剥奪（はくだつ）等のように厳しい不利益処分を行う場合には、聴聞手続として口頭で審理を行います。裁判における裁判官に類似した立場の「聴聞の主宰者」が、不利益処分の名あて人となるべき者及び行政庁双方の陳述を聞きます。その上で審理の経過と双方の陳述の要旨とを記録した聴聞調書を作成し、陳述に対する意見を付した報告書とともに行政庁に提出します。ただし、聴聞手続は、聴聞の主宰者も職員を充てるなどあくまでも行政機関内部の手続であるため、中立性という点では課題は残ります。

行政庁が処分を行う際には、聴聞調書と報告書の主宰者の意見を十分に考慮して判断しなければなりません。

◎　聴聞手続を採らなければならないとき（手続法13条１項）

ア　許認可等を取り消す不利益処分をしようとする場合

イ　名あて人の資格又は地位を直接剥奪する不利益処分をしようとするとき（たとえば、国籍喪失の宣告処分、法人等の解散命令等）

ウ　名あて人が法人である場合におけるその役員の解任を命ずる不利益処分、名あて人の業務に従事する者の解任を命ずる不利益処分又は名あて人の会員である者の除名を命ずる不利益処分をしようとするとき

図表2-4　聴聞手続の流れ

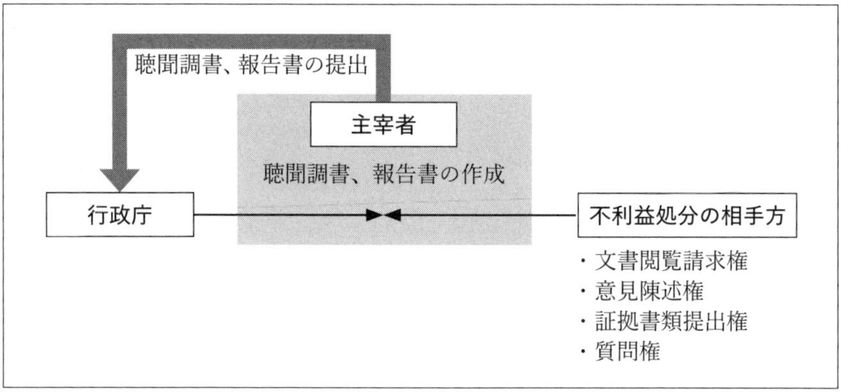

②　弁明手続（手続法29条～31条）

弁明手続は、聴聞手続が求められる以外の不利益処分を行う場合に義務付けられています。聴聞よりも略式の手続で、原則として書面審理のみを行うことになります。

③　文書等の閲覧（18条１項）

不利益処分の名あて人及び聴聞手続の参加人は、聴聞の通知から聴聞の終結までの間、行政庁に対して当該事案についてした調査の結果に係る調書その他の当該不利益処分の原因となる事実を証する資料の閲覧を求めることができます。この場合、行政庁は、第三者の利益を害するおそれがあるときその他正当な理由があるときでなければ、閲覧を拒むことができません。

④　聴聞・弁明手続の適用除外（手続法13条２項）

公益上緊急に不利益処分をする必要がある場合等、事前に意見を聴くことができない場合、金銭納付に関する不利益処分等については聴聞・弁明手続に関する規定が適用除外とされているため、これらの手続をとることなく不利益処分を行うことができます。

⑶　不利益処分の理由の提示（付記）

不利益処分をする場合には、その名あて人に対して、同時にその理由を示さなければなりません（手続法14条１項）。また、不利益処分を書面でする場合には、理由も書面で示す必要があります。ただし、理由を示さないで処分をする差し迫った必要がある場合は、この限りではありません。この場合には、処分後相当な期間内に理由を示さなければなりません。

この点について重要な判例、**一級建築士免許取消事件判決**[46)]があります。事案としては、一級建築士として建築士事務所の管理建築士を務めていた者が一級建築士免許又は建築士事務所登録を取り消すとした行政処分を受けましたが、その処分について裁量権の逸脱・濫用、理由不備の違法があるとして各処分の

---

46)　最判平成23年６月７日民集65巻４号2081頁

取消を求めたものです。判決において最高裁は「理由提示の要件を欠いた違法な処分であるというべきであって、取消しを免れないものというべきである」と理由提示を欠いたことを理由に処分が違法であるとの判断をしました。

4 行政指導

行政指導とは、行政機関が行政目的を達成するために、助言、指導、勧告といった手段で住民に働きかけて協力を求め、行政機関が望む方向に導くために、相手方の任意の協力を前提に特定の行為等を行うこと、あるいは行わないことを求めることです。行政指導のキーワードは「任意の協力」です。あくまでも強制ではないということを忘れてはなりません。

⑴ 行政指導の有効性

違法な状態がある場合でも、いきなり命令等の行政処分は行わずに行政指導を行うことが多くあります。たとえば建築基準法違反の建築物について直ちに除却命令を出すのではなく、命令を行う前に除却を求める勧告等を行うことが多くあります。行政指導は、住民に任意の協力を求めるもので強力な効果はありませんが、迅速で柔軟な対応を行うことができるという長所があります。

⑵ 行政指導の分類

行政指導は、次の３つに分類することができます。

① 助成的・授益的行政指導

行政機関が住民に対してその福祉の向上等を目的として、知識又は情報を提供するものです。住民にとって利益になる行政指導といえます。市町村が中小企業に対して行う経営指導等がこれに当たります。

② 規制的行政指導

相手方に対する規制的な内容や目的を持った行政指導です。たとえば、違反建築物の所有者に対する是正命令の前に行う是正勧告や産業廃棄物処理業者に対する操業自粛を求めるものなどがあります。

③　調整的行政指導

私人同士の紛争等に行政機関が介入して解決を図る目的で行われるものです。マンションの建築主と周辺住民との間での紛争について、双方に譲歩を促したり、話合いによる円満解決を求める行政指導等がこの例として挙げられます。

⑶　行政指導の法的根拠

行政指導は、相手方の任意の協力を前提とし、行政処分のような強制力を伴いません。そのため、行政指導について、法律の根拠は不要であると考えられています。しかし、規制的行政指導の場合には、相手方の権利を制限する側面もあるため、法律や条例の根拠を整備する方が望ましいと考えられます。たとえば、大規模小売店舗立地法９条１項では、「必要な措置をとるべきことを勧告することができる」と行政指導について規定しています。このように行政指導について規定する法律は少なくありません。

⑷　一般原則

行政指導を行う場合には、所掌事務の範囲を越えず、相手の任意の協力を前提とするものであることに留意しなければなりません。行政指導に従わないことを理由とした不利益な取扱をしてはなりません（手続法32条）。

⑸　申請に関連する行政指導

申請の取下げ、内容の変更を求める行政指導を行う場合には、申請者が行政指導に従う意思がない旨を表明した場合には、行政指導を継続して申請者の権利行使を妨げるようなことをしてはなりません（手続法33条）。

この点に関して次のような判例があります。

品川区でマンションの建築確認申請がなされたところ、日照、通風等の被害を理由に周辺住民が反対運動を起こしたため、周辺住民との紛争を回避するための行政指導が行われ、その間、建築確認を留保されましたが、結局、周辺住民と業者との話し合いがつき、建築確認もなされました。これに関して、建築確認が遅れたことに対する損害賠償請求を品川区に対して行ったものです。判決では、「建築主に対し、当該建築物の建築計画につき一定の譲歩・協力を求める行政指導を行い、建築主が任意にこれに応じているものと認められる場合においては、社会通念上合理的と認められる期間建築主事が申請に係る建築計画に対する確認処分を留保し、行政指導の結果に期待することがあつたとしても、これをもつて直ちに違法な措置であるとまではいえない」。しかし、「建築主において自己の申請に対する確認処分を留保されたままでの行政指導には応じられないとの意思を明確にしている場合には、かかる建築主の明示の意思に反してその受忍を強いることは許されない筋合のものであるといわなければならず、建築主が右のような行政指導に不協力・不服従の意思を表明している場合には、当該建築主が受ける不利益と右行政指導の目的とする公益上の必要性とを比較衡量して、右行政指導に対する建築主の不協力が社会通念上正義の観念に反するものといえるような特段の事情が存在しない限り、行政指導が行われているとの理由だけで確認処分を留保することは、違法であると解するのが相当である。」と判示しています[47]。

⑹　許認可に関連する行政指導

許認可等の権限を背景とした行政指導を行う場合には、許認可の権限を行使することができない、又は行使する意思がないにもかかわらず、その権限を行使できることをことさらに示して、従わなければ許認可を行わない等という形で指導に従わせるようなことは禁止されています（手続法34条）。

⑺　明確化原則

行政指導を行う場合には、その趣旨、内容、責任者を明確にしなければなりません（手続法35条１項）。行政指導に携わる者は、行政指導をする際、行政機関が許認可等をする権限または許認可等に基づく処分をする権限を行使し得る旨を示すときは、その相手方に対して、ⓐ当該権限を行使し得る根拠となる法令の条項、ⓑ当該条項に規定する要件、ⓒ当該権限の行使がその要件に該当す

47)　最判昭和60年７月16日民集39巻５号989頁

る理由を明示しなければなりません（同条2項）。また、行政指導の相手方から求めがあれば書面を交付する必要があります（同条3項）。

⑻　法令違反の行政指導に対する中止等の求め

法令に違反する行為の是正を求める行政指導（法律に根拠があるものに限る）の相手方が、当該行政指導が法律の規定する要件に適合しないと思料するとき、当該行政指導をした行政機関に対し、当該行政指導の中止その他必要な措置をとることを求める申出をすることができます（手続法36条の2第1項）。違法な行政指導に係る事後救済手続と位置付けられますが、対象について、法律に根拠を有し、かつ、法令違反行為の是正を求める行政指導という縛りがかけられています。申出は、法定された事項を記載した申出書の提出により（同条2項）、申出があったとき、行政機関の側は、必要な調査を行い、当該行政指導が法律の定める要件に適合しないと認めるときは、当該行政指導の中止その他必要な措置をとることが義務付けられます（同条3項）。なお、申出をした者に対し、行政機関の側からその対応について通知をすべきことは、規定されていません。

⑼　法令違反是正のための処分･行政指導の求め

何人も、法令に違反する事実を発見した場合に、行政機関に対して、それを是正するための処分または行政指導（法律に根拠があるものに限る）をすることを求める申出ができます（手続法36条の3第1項）。この申出は法定された事項を記載した申出書の提出により行うこととされています（同条2項）。申出を受けた行政庁又は行政機関は必要な調査を行い、その結果に基づき必要があると認めるときは、当該処分・行政指導をしなければなりません（同条3項）。

⑽　複数の者を対象とする行政指導

複数の者を対象とする行政指導をしようとするときは、行政機関は、あらかじめ、事案に応じて行政指導指針を定め、行政上特別の支障がない限り、公表しなければなりません（手続法36条）。たとえば、開発指導要綱として、大規模開発事業を行おうとする者に対して地元協議や一定の施設の設置を求める旨を規定している場合がありますが、これが行政指導指針に当たります。

5 届出

届出が届出書の記載事項に不備がないこと、届出書に必要な書類が添付されていることその他の法令に定められた届出の形式上の要件に適合している場合には、その届出が法令により届出の提出先とされている機関の事務所に到達したときに、当該届出をすべき手続上の義務が履行されたものとするとされています（手続法37条）。この規定は一見当たり前のことを規定したもののように見えますが、非常に重要な規定です。

許可制であれば許可、不許可の裁量が認められる場合がありますが、届出制については受理するか、受理しないかの裁量権はありません。しかし、かつては、届出制であっても行政庁として望ましくないものについては届出を受け取らないことによって、実質的に許可制と同様の効果を持つような運用がなされたことがありました。このような運用を防ぐために、手続法によって届出の不受理ということは認められないことが規定されたのです。

6 意見公募手続

手続法における意見公募手続は、行政機関が命令等（法律に基づく命令・規則、審査基準、処分基準、行政指導指針）を制定するに当たって、事前に命令等の案を示し、その案について広く国民、住民から意見や情報を募集するものです。

⑴ 一般原則

命令等を定める場合には、その根拠となる法令の趣旨に適合するものになるようにしなければなりません。また、命令等を定めた後においても必要に応じて当該命令等の内容について検討を加え、その適正を確保するよう努めなければなりません（手続法38条）。

⑵ 意見公募手続

命令等を定めようとする場合には、その案等をあらかじめ公示し、意見提出期間を定めて広く一般の意見を求めなければなりません（手続法39条１項）。その際に、公示する命令等の案は具体的かつ明確な内容であって、当該命令等の題名や命令等を定める根拠を示さなければなりません（同条２項）。また、意見提出期間は、命令等の案の公示の日から30日以上としなければなりません（同条３項）。

⑶　提出意見の考慮

命令等を制定する際には、意見提出期間内に提出された意見を十分に考慮しなければなりません（手続法42条）。

⑷　結果の公示等

意見公募手続を実施して命令等を定めた場合には、当該命令等の公布と同時期に、①命令等の題名、②命令等の案の公示日、③提出意見、④提出意見を考慮した結果及びその理由、を公示しなければなりません（手続法43条）。

7　行政手続法、都道府県条例及び市町村条例の適用関係

地方公共団体の機関が、その地方公共団体の条例、規則に基づく処分・届出、行政指導、命令等を定める手続については、手続法の規定は適用されません（手続法３条３項）。しかし、手続法46条では、手続法の規定の趣旨にのっとり、行政運営における公正の確保と透明性の向上を図るため必要な措置を講ずるよう努めなければならないと規定しています。このため、各地方公共団体においては、行政手続条例として手続法とほぼ同様の内容を定めています。行政手続法、都道府県行政手続条例、市町村行政手続条例は適用の対象が異なります。次の表のとおり「申請に対する処分」、「不利益処分」及び「届出」については、法律に基づく処分等の場合は手続法が、都道府県条例に基づく処分等の場合は都道府県手続条例が、市町村条例に基づく処分等の場合は市町村行政手続条例が適用されます。行政指導については、市町村の機関が行う場合にはすべて市町村行政手続条例が適用されることになります。

図表2-5　行政手続法、都道府県行政手続条例及び市町村行政手続条例の適用関係

<table>
<tr><th>行為
行政処分の根拠法規</th><th>申請に対する処分</th><th>不利益処分</th><th>行政指導</th><th>届　出</th><th>意見公募手続</th></tr>
<tr><td>(1)法律及び法律に基づく命令</td><td>手続法の適用</td><td>手続法の適用</td><td rowspan="3">各地方公共団体の行政手続条例の適用</td><td>手続法の適用</td><td rowspan="3">各地方公共団体の行政手続条例の適用</td></tr>
<tr><td>(2)都道府県の条例及び都道府県の規則</td><td>都道府県行政手続条例の適用（事務処理特例対象事務は、市町村行政手続条例の適用）</td><td>都道府県行政手続条例の適用（事務処理特例対象事務は、市町村行政手続条例の適用）</td><td>都道府県行政手続条例の適用（事務処理特例対象事務は市町村行政手続条例の適用）</td></tr>
<tr><td>(3)市町村の条例及び市町村の規則</td><td>市町村行政手続条例の適用</td><td>市町村行政手続条例の適用</td><td>市町村行政手続条例の適用</td></tr>
</table>

※事務処理特例対象事務とは、都道府県条例の定めるところにより、都道府県知事（又は都道府県教育委員会）の権限に属する事務の一部を市町村長（又は市町村教育委員会）が処理する制度です。

8　手続的瑕疵と処分の効力

手続の適正さを求める観点からは、行政手続法に規定する手続に違反するなど手続的に瑕疵がある行政処分については、当該行政処分を取消又は無効とすべきです。しかし、実体的に適正な行政処分に軽易な手続的瑕疵があることのみを理由に取り消し、又は無効にするならば、本来行われるべき行政処分が行われないことになり、実体的適正さが損なわれることになります。

(1)　学説

学説では、手続保障を重視して、行政手続法において行政庁に義務付けられた、告知・聴聞、理由提示、文書閲覧、審査基準の設定・公表等の手続についての瑕疵は、行政処分の取消事由になるという見解が有力です。たとえば、「行政手続法が制定され、その際、告知・聴聞、理由の提示、文書閲覧、審査基準の設定・公表が、明確に行政庁の行為義務として定められたことからすると、私人には、行政庁がこの行為義務に従って行動することを求める手続上の権利が付与され、その権利侵害は、処分の違法事由として、抗告訴訟で主張できる」[48)]。あるいは、「理由提示や聴聞・弁明の機会の付与のような重要な手続を懈怠したり、懈怠するに等しいような不備がある場合には、処分を取り消して手続をやり直させることは、手続軽視の風潮を生まないためにも必要であろう」[49)]などの見解が示されています。

⑵　判例等

手続法に違反していることを理由に、処分を取り消す判決もあります。

①　審査基準の設定

那覇地判平成20年３月11日[50)]は、行政財産（港湾施設）である土地について目的外使用許可の申請をしましたが、管理者（一部事務組合）が不許可処分をしたことから、その取消を求めた事案です。行政財産の使用許可等について審査基準の設定・公表を怠っていた手続的瑕疵が問題となりましたが、判決では、「行政手続法５条の各規定は、行政庁に対し、できる限り具体的な審査基準の設定とその公表を義務づけ、行政庁に上記審査基準に従った判断を行わせることにより、行政庁の判断の慎重・合理性を担保してその恣意を抑制するとともに、申請者の予測可能性を保障し、また不服の申立てに便宜を与えることにより、不公正な取扱いがされることを防止する趣旨のものであると解されるから、行政庁が判断の前提となる審査基準の設定とその公表を懈怠して、許認可等をすることは許されない」として、使用不許可処分を取り消しました。

また、**医師国家試験受験資格認定事件判決**[51)]は、資格認定申請の却下につい

48）　塩野宏「行政法Ⅰ（第６版）」有斐閣、2015年、348頁
49）　宇賀克也「行政法概説Ⅰ（第８版）」有斐閣、2020年、525頁
50）　判例時報2056号56頁
51）　東京高判平成13年６月14日訟務月報48巻９号2268頁

て、審査基準の未公表及び理由提示の欠缺が問題となった事案です。判決では、「行政手続法は、その適用を受ける処分について、申請者等に対し、同法の規定する適正な手続によって行政処分を受ける権利を保障したものと解するのが相当である」とした上で、「行政手続法の規定する重要な手続を履践しないで行われた処分は、当該申請が不適法なものであることが一見して明白であるなどの特段の事情のある場合を除き、行政手続法に違反した違法な処分として取消しを免れない」として、厚生労働大臣が行った却下処分を、取り消しました。

この二つの事案は、いずれも手続的瑕疵を理由に処分が取り消されています。ただし、医師国家試験受験資格認定事件は国家試験受験資格認定という比較的定型的な処分であるのに対して、那覇地裁の事案は行政財産の目的外使用許可という定型化しにくい事案であることに注意が必要です。行政手続法において行政庁には審査基準の設定・公表義務が課されていますが、行政財産の目的外使用許可のように定型的でなく申請内容に応じて個別に判断しなければならないものについては、審査基準が未設定であっても必ずしも違法な処分とすべきではないと考えます。

たとえば、**仙台高判平成20年５月28日**[52)]は、「(行政手続) 法５条１項は審査基準を定めるものとする」との内容にとどまっており、各種許認可等の申請のすべてについて、審査基準を定めることを求めているものと解することはできず、法令において当該許認可等の性質に応じて、できる限り具体的かつ明確に定められている場合や、許認可等の性質上、個々の申請について個別具体的な判断をせざるを得ず、法令の定めた内容以上に具体的基準を設けることができない場合等、審査基準を設定しないことにつき合理的理由ないし正当な根拠を是認すべき事情が存在する場合には、行政庁は審査基準を設定しないことも許容される」としています。ただし、このような場合であっても少なくとも考慮事項は定めるべきであるとする指摘もあります[53)]。

また、**奈良地判平成12年３月29日**[54)]は、県の行政財産である労働会館につい

---

52) 判例タイムズ1283号74頁
53) 宇賀克也「行政法概説１（第８版）」2023年、有斐閣、473頁
54) 判例地方自治204号16頁

て県知事がした使用不許可処分の違法性が争われた事案において、行政手続法に規定されている「手続が履践されていないからといって、個々の行政処分が直ちに違法となるものと解すべき根拠はないのみならず、（略）そもそも行政財産の目的外使用許可については、本来の用途又は目的を妨げない限度で認められるものにすぎないことなどを考慮すると、行政手続法５条の違反を理由として本件不許可処分が違法になるということはできない」としています。

なお、**最判平成27年３月３日**[55]は、行政庁が処分基準を定めている場合、「処分基準の定めと異なる取扱いをするならば、裁量権の行使における公正かつ平等な取扱いの要請や基準の内容に係る相手方の信頼の保護等の観点から、当該処分基準の定めと異なる取扱いをすることを相当と認めるべき特段の事情がない限り、そのような取扱いは裁量権の範囲の逸脱又はその濫用に当たることとなる」として、当該処分基準に従うべきことを判示しています。

②　聴聞、弁明の機会の付与

一般と畜場設置許可処分を取消しに当たって手続法上の聴聞が行われなかった事案において、「不利益処分を行うに当たっては、公正・透明な手続を法的に保障しつつ、処分の原因となる事実について、処分の相手方に対して自らの防御権を行使する機会を付与する必要があるという観点から、13条以下に、不利益処分をしようとする場合の手続に関する規定を置き、特に、処分の相手方に及ぼす不利益の程度が大きい不利益処分をしようとする場合には聴聞手続を要求し、公正・透明な聴聞手続を保障するため、15条から28条までに様々な手続規定を置いているものである」とした上で、「聴聞手続が全く行われないままで不利益処分がされたような場合には、その瑕疵は手続全体の公正を害するものといえるから、当該不利益処分も違法となる」としています[56]。また、福岡地判平成21年３月17日[57]は、生活保護停止処分について「弁明の機会の保障がなかった点（略）の手続違背は保護停止の処分に重大な影響を及ぼすものといえ

55）　民集69巻２号143頁
56）　東京地判平成25年２月26日判例タイムズ1414号313頁
57）　判例タイムズ1299号147頁

るから、本件停止処分は違法であり取り消されるべきである」としています。

長野地判平成17年２月４日[58)]では、薬事法に基づく製品の回収命令について緊急に不利益処分をする必要があったとの行政庁の主張に対して、「弁明手続の省略が許される『公益上、緊急に不利益処分をする必要があるため、意見陳述のための手続を執ることができないとき』とは、行政庁が行政処分をするまでに弁明手続を経る時間的いとまがなく、そのために処分を遅らせていては、処分根拠法令が実現しようとしている公益の確保に重大な支障が生じると認められる場合をいう」とした上で、「本件処分については、弁明手続の省略が許される「公益上、緊急に不利益処分をする必要があるため、意見陳述のための手続を執ることができないとき」には該当しない」としました。

次の二つの判決は、行政手続法ではなく個別法で公聴会、聴聞手続が規定されている場合に、その手続に瑕疵があった場合の処分自体の効力に関する判断を示したものです。

群馬中央バス事件判決[59)]は、運輸大臣が自動車運送事業の免許の許否に際して尊重すべきとされている運輸審議会が開催した公聴会において、申請者に十分な主張立証の機会を与えなかったことを理由として免許申請却下処分の取り消しが求められた事案です。判決では、「仮に運輸審議会が、公聴会審理において（略）意見及び資料の提出を促したとしても、上告人において、運輸審議会の認定判断を左右するに足る意見及び資料を追加提出しうる可能性があつたとは認め難いのである」とした上で「免許申請についての運輸審議会の審理手続における上記のごとき不備は、結局において、前記公聴会審理を要求する法の趣旨に違背する重大な違法とするには足りず、右審理の結果に基づく運輸審議会の決定（答申）自体に瑕疵があるということはできないから、右諮問を経てなされた運輸大臣の本件処分を違法として取り消す理由とはならない」と判断しました。ただし、この事案では、違法とされた点が、一種の釈明義務違反であり、しかも違法の程度が「主張立証の機会を与えるにつき必ずしも十分でないところがあつた」程度のものであった点に注意が必要です。

58）　判例タイムズ1229号221頁
59）　最判昭和50年５月29日民集29巻５号662頁

一方、(旧) 道路運送法122条の２所定の聴聞手続において事前に被処分者に対し処分原因となるべき具体的違反事実を告知しなかった点の違法性が争われた**ニコニコタクシー事件判決**[60)]では「免許取消し等の処分のための聴聞をするに当つては、運送事業免許を受けている被処分予定者に対しては、事案の公示後、聴聞前に免許取消し等の処分原因となるべき具体的違反事実を告知しなければならない」とした上で、具体的違反事実の告知なしに聴聞が行われたことについて「取消原因となるべき具体的事実を告知しなかつた本件聴聞の瑕疵は、聴聞制度の目的に反する重大な瑕疵であるから、この瑕疵は、本件処分に実体的根拠があるかどうかに拘らず、本件処分を取り消すべき事由になる」としています。

③　資料閲覧

手続法18条１項において聴聞の当事者に資料の閲覧請求権を保障しているにもかかわらず、行政庁が違法に閲覧を拒んだとして争われた事案[61)]において、「行政手続法18条が、聴聞手続の当事者等が行政庁に対して当該事案についての調査結果に係る調書その他の当該不利益処分の原因となる事実を証する資料の閲覧を認めた趣旨は、聴聞の当事者等に調書等の関係資料の閲覧を認めることにより、聴聞手続における意見陳述や立証活動を効果的にさせ、当事者の防御権の行使を十全ならしめようとした点にあると解される。したがって、処分庁が書類等の閲覧を拒否したことが当該処分の取消事由となるのは、閲覧請求の対象となった書類等についての閲覧を認めないことに瑕疵があり、かつ、聴聞当事者の防御権の行使が実質的に妨げられたと認められる場合に限られる」とした上で、本件事案については「閲覧拒否によって原告らの防御権の行使が実質的に妨げられたとはいえない」としました。

④　理由の提示(付記)

理由の付記の不備については、前述の一級建築士に関する事案[62)]のほか、次

60）　大阪地判昭和55年３月19日判例時報969号24頁
61）　大阪地判平成20年１月31日判例タイムズ1268号152頁
62）　前掲最判平成23年６月７日

のような判例があります。

一般旅券の発給申請について「旅券法13条1項5号に該当する」との理由を付したのみで発給拒否処分をしたことに対して、一般旅券拒否処分は理由を付した書面をもって申請者に通知しなければならないことを規定する旅券法14条に違反するとして**処分の取消し等を求めた事案**[63)]で、「一般旅券発給拒否通知書に付記すべき理由としては、いかなる事実関係に基づきいかなる法規を適用して一般旅券の発給が拒否されたかを、申請者においてその記載自体から了知しうるものでなければならず、単に発給拒否の根拠規定を示すだけでは、それによつて当該規定の適用の基礎となつた事実関係をも当然知りうるような場合を別として、旅券法の要求する理由付記として十分でない」として、本件拒否処分を取り消すべきとしました。

情報公開請求に関する事案である**最判平成4年12月10日**[64)]では、「非開示理由の有無について実施機関の判断の慎重と公正妥当を担保してそのし意を抑制するとともに、非開示の理由を開示請求者に知らせることによって、その不服申立てに便宜を与える趣旨に出たものというべきである。このような理由付記制度の趣旨にかんがみれば、公文書の非開示決定通知書に付記すべき理由としては、開示請求者において、本条例9条各号所定の非開示事由のどれに該当するのかをその根拠とともに了知し得るものでなければならず、単に非開示の根拠規定を示すだけでは、(略)理由付記の要件を欠く」としています。

このように理由付記を欠く処分は取り消すべきという判断がなされていますが、理由付記の不備を理由に処分を取り消した場合に、行政庁が十分な理由を付して再度同じ内容の処分をすることも考えられます(この点は後述する判決の拘束力とも関係があります)。結果的に同一の処分がなされるとしても、適正手続に反する行政処分を違法として取り消す判決を下すことで、行政手続の適正化が図られという点では重要な意味を持つものと考えられます。

---

63) 最判昭和60年1月22日民集39巻1号1頁
64) 集民166号773頁

column

行政主体と適正な手続について学ぼう

日本国憲法31条は、「何人も、法律の定める手続によらなければ、その生命若しくは自由を奪はれ、又はその他の刑罰を科せられない」と規定しています。この条項は、アメリカ合衆国憲法の連邦政府に対する規制を定めた修正第５条において“nor be deprived of life, liberty, or property, without due process of law”（何人も、『法の適正な手続（due process of law)』によらないで、生命、自由又は財産を奪われない）とされる、いわゆる適正手続条項に源があるとされています。

さらにアメリカ合衆国憲法の適正手続条項の基となったのは、イギリスのマグナ・カルタ（Magna Carta）であるといわれています。マグナ・カルタ chapter29では、“No freeman shall be taken imprisoned, or disseised of his free tenement or of his liberties or free customs, or outlawed or exiled or in any way ruined, nor will we go against such a man or send against him save by lawful judgement of his peers or by the law of the land.”として、国民たち自身の合法的な判断又は国の法律によらない限り、投獄されたり、自由な土地や自由な習慣を奪われたりすることがない旨を規定しています。なお、マグナ・カルタは、イギリスにおいて当時のジョン王に反発をした諸侯らが、王に認めさせたもので、王権を制限し、諸侯の既得権と、都市の自由を規定しています。マグナ・カルタは、今日でもイギリス憲法を構成する重要な憲章です。

13世紀において、国民の権利を制限する国家権力は刑事司法手続が中心で、行政権による権利制限はあまりなかったでしょう。そのため、マグナ・カルタの影響を受けた日本国憲法も刑事司法手続に関しての規定のみを設けたのではないでしょうか。しかし、今日では行政権が拡大し、国民の権利を制限することも非常に多くなり、行政権に関しても適正手続が求められるようになりました。

このように、13世紀にイギリスで生まれ、アメリカ合衆国を経て日本国憲法に規定され、そして日本において刑事手続から行政手続にまで及ぶこととなったのです。様々な制度を理解する上で、その歴史的背景を理解することも重要なことです。

第3講

住民の福祉、安全等を守る方法を学ぼう

住民が違法、不当な行動を行うことによって、公益に反する場合や他の国民の福祉を侵す場合があります。行政機関としては、そのような状態を防止するとともに、場合によっては強制力を行使して住民に対して違法な行為などを是正させる必要がある場合もあります。行政機関は様々な手法を活用して、住民の福祉を守り、そして増進しています。

住民の福祉、
安全等が侵される状態への対応

住民の人たちが日々の生活の中で違法や適正でない行為を行い、社会生活に支障が生じる場合があります。そのような場合には、行政機関は様々な方法を駆使して、その違法な行為や不適正な行為を是正しなければなりません。

1　監督権限の行使（命令、許可の取消し等）

違法状態が生じている場合にどのような是正措置を命じるかは、その状態により異なります。まず考えられるのが行政処分の権限を行使して違法状態を是正する方法です。監督処分といわれます。その手法として、命令、許認可の停止・取消し等の行政処分があります。たとえば、建築基準法では、同法に違反し安全性に欠ける建物等について、建築物の除却、移転、改築、増築、修繕、模様替、使用禁止、使用制限等の措置をとることを命ずることができるとされています（建築基準法９条１項）。さらに命令や法令の規定の実効性を担保するため、その違反に対しては罰則を科すことによって強制することもあります。しかし、こうした権限を行使しても相手方が是正しない場合には、行政機関が本人に代わって一定の行為を行う場合もあります。

2　行政代執行

建築物の除却等のようにだれが行っても実現できる義務（代替的作為義務）について、本来の義務者（措置命令等を受けた者）に代わって、行政機関が当該行為を行う制度が行政代執行です。たとえば違法建築物に対する除却等の命令に従わない場合、特定行政庁（建築主事を置く地方公共団体の長）は、行政代執行法（以下「代執行法」といいます）の定めるところに従い、法律や条例により命令を受けた者が行うべき行為（除却等）をすることができます。

代執行法１条では「行政上の義務の履行確保に関しては、別に法律で定める

ものを除いては、この法律の定めるところによる」と規定し、同法が行政上の義務の履行に関する一般法としています。

⑴ 行政代執行の要件

第1に、行政代執行を行うためには、法律により直接成立する義務又は行政庁により命じられた行為の義務が存在しなければなりません。この法律には法律の委任に基づく命令、規則及び条例を含むものと規定されていますが、条例は住民の代表である議会で制定されるということを踏まえて、法律の委任を受けた条例だけでなく、地方公共団体が独自に制定する条例も行政代執行の根拠となると解されています。

第2に、代執行の対象となる行為は、代替的作為義務（他人が代わって履行できる作為義務）でなければなりません。行政代執行は、行政機関が本人に代わって義務の内容を実現し、本来の義務者から費用を徴収する手段です。このため、作為義務（特定の行為を行う義務）であっても、他人が本人に代わってなすことのできない義務（不代替的作為義務）は行政代執行を行うことはできません。

第3に、他の手段によってその履行を確保することが困難でなければなりません。法令上、行政罰の規定がある場合でも、行政罰は直接的に義務の履行を確保する手段ではないため、「他の手段」には当たりません。

第4に、その不履行を放置することが著しく公益に反すると認められなければなりません。したがって、義務を履行しないからといって直ちに行政代執行の要件を充たすわけではありません。

⑵ 行政代執行の手続

行政代執行を行おうとする場合には、まず「戒告」を文書で行わなければなりません（代執行法3条1項）。戒告は、義務の履行期限を定めた上で、その期限までに履行がなされない場合に行政代執行を行う旨の予告です。この戒告によって義務が履行されなければ、次に「代執行令書による通知」を行います（同2項）。代執行令書には、行政代執行の時期、執行責任者、費用の概算が示されなければなりません。なお、非常の場合や危険が切迫している場合等で、戒告や通知の手続をとることができない場合は、それらの手続を経ないで行政代執行をすることができます。

これらの手続を経て、行政代執行として行政機関が本人に代わって義務の内容を実現し、本人から費用を徴収することになります。費用納付がなされない場合は、国税滞納処分の例によって**強制徴収**（**79頁**）を行います。

⑶　行政代執行に対する救済制度

戒告及び代執行令書による通知に対しては、行政不服審査法に基づく審査請求を行うことができます。さらに、取消訴訟を起こすことができるかという点については争いがありますが、一般的に、取消訴訟は可能であると考えられています。ただし、行政代執行が終了した場合は、**取消訴訟の訴えの利益**（188**頁**）は消滅してしまうので、取消訴訟を提起することはできず、**国家賠償法**（235**頁**）に基づいて損害賠償請求を行うことになります。

図表3-1　行政代執行の手続

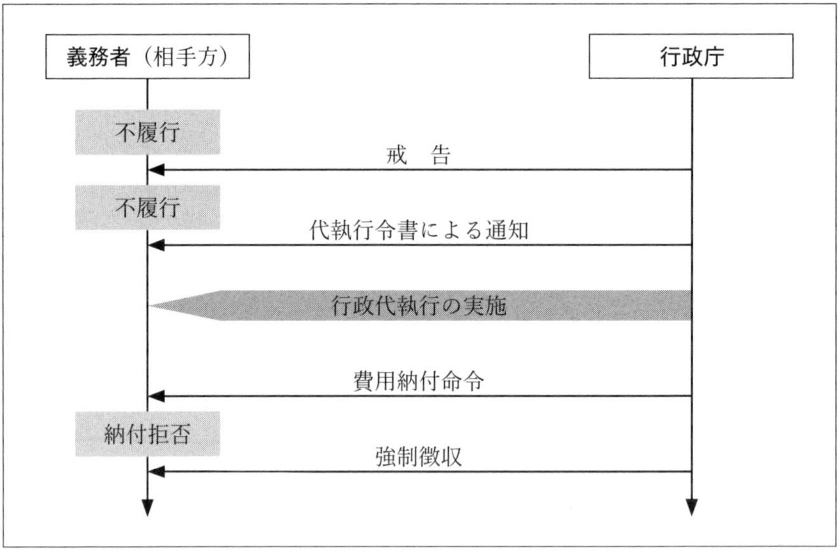

3　強制徴収

国や地方公共団体が有する金銭債権の実現方法として強制徴収があります。強制徴収はすべての金銭債権について認められるわけではなく、租税債権など強制徴収を行うことができる旨が法律において規定されている場合に限って行うことができます。強制徴収が認められるおおよその基準は、大量に発生し、迅速かつ効率的に収入させる必要がある債権です。

(1)　手続の流れ

強制徴収の手続は、国税徴収法５章に定められています。この国税徴収法は、文字どおり国税徴収に関する手続を定めていますが、多くの法律でこの手続を準用しています。

具体的な手続としては、納期限までに納付されない場合には、強制徴収を行う前に、まず納付を促すために督促を行い、一定期間を経過してもなお納付がなされないときには、財産の差押え、差押え財産の換価等を行うことができます。これらの手続については、裁判手続等を経る必要はなく、行政機関のみで行うことができます（**自力執行力（23頁）**）。

図表3-2　強制徴収の手続

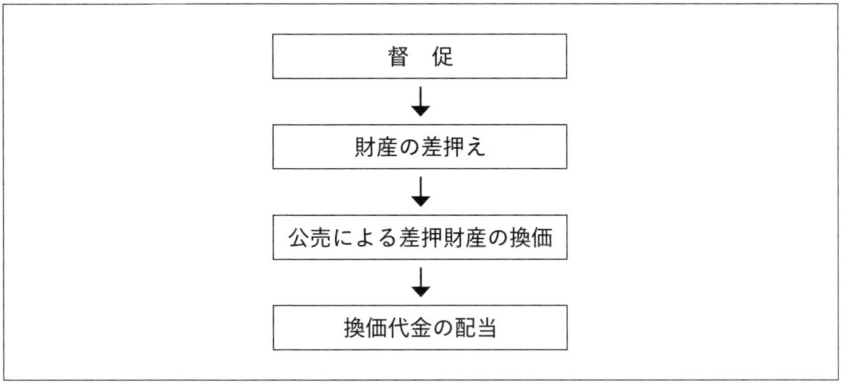

⑵　強制徴収の対象

一般的に、個別法に「滞納処分の例により」という文言がある場合には、強制徴収が可能な債権です。たとえば、地方公共団体の分担金、加入金、過料又は法律で定める使用料その他の地方公共団体の歳入については地方税の滞納処分の例により処分することができると規定されているため（地方自治法231条の３第３項）、分担金等は強制徴収の対象となります。一方、強制徴収の根拠規定がないものは強制徴収を行うことはできずに、民事訴訟によって債務名義を得て強制執行を行うことになります。公営住宅の家賃、水道料金等はこの例です。

4　民事上の強制執行との関係

民事執行法に基づく民事上の強制執行によって行政法上の義務の履行を求めることが可能かという点について、一般的に、民事上の強制執行は、私法上の権利利益を確保する場合のみ用いることができると考えられています。法律上、自力執行力が認められているなら、その権限を行使することが行政目的の早期実現を図る法の趣旨に合致します。民事訴訟で義務履行確保を求めることについて、判例では「国又は地方公共団体が専ら行政権の主体として国民に対して行政上の義務の履行を求める訴訟は、裁判所法３条１項にいう法律上の争訟に当たらず、これを認める特別の規定もないから、不適法というべきである」としました（**宝塚市パチンコ条例事件判決**[65)]）。また、法律上特に独自の強制徴収の手段を与えられている場合には、民訴法上の強制執行の手段によって債権の実現を図ることは許されないとした判例[66)]もあります。

5　即時強制

即時強制とは、義務の履行を強制するためにではなく、急迫の違法状況や生命身体の危険を排除する必要上、義務を命ずる余裕のない場合又は性質上義務

65）　最判平成14年７月９日民集56巻６号1134頁
66）　最判昭和41年２月23日民集20巻２号320頁

を命じることによっては目的を達成することができない場合に、直接に私人の身体又は財産に実力を加え、行政上の目的を実現する制度をいいます。

具体例としては、火災時の消防対象物等の使用・処分（消防法29条１項、２項）、感染症患者に対する強制入院（感染症予防法19条３項）、警察官による泥酔者等の保護（警察官職務執行法３条）、係留されていない犬の薬殺（狂犬病予防法18条の２第１項）、未成年者の煙草等の没収（未成年者喫煙禁止法２条）などがあります。

図表3-3　即時強制と一般の強制手続との違い

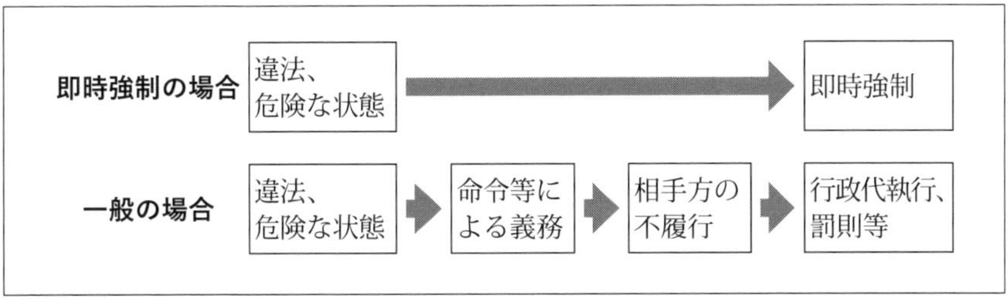

即時強制に対する救済方法は、即時強制による実力行使が継続していれば、審査請求や取消訴訟によることになります。一方、消防法の対象物の破壊等のように即時に終了してしまう行為については、審査請求等は意味がなく、損害賠償や損失補償による救済を求めることになります。

6　直接強制

直接強制は、義務者が義務を履行しない場合に、直接、義務者の身体または財産に実力を加え、義務の履行があったのと同じ状態を実現するものです。権力的な行為である点では即時強制と共通性を有していますが、義務の履行を前提とする点において即時強制と異なります。

相手方に対する権利制限が大きいため法定されているものは限定的です。直接強制を認める個別法の規定の例として、学校施設の確保に関する政令21条、成田国際空港の安全確保に関する緊急措置法３条８項等が挙げられます。

ポツダム命令

第２次大戦終結の際にわが国はポツダム宣言を受諾して、連合国の占領下に置かれました。その際、「『ポツダム』宣言ノ受諾ニ伴ヒ発スル命令ニ関スル件」（昭和20年勅令542号）（以下「ポツダム緊急勅令」という。）という勅令が発せられました。

この勅令において、政府がポツダム宣言の受諾に伴い連合国最高司令官のなす要求事項を実施するために特に必要がある場合には、命令をもって所要の定めをし、かつ、罰則を定めることができると定められていました。これによって、国民に対して義務を課すことについて、命令で定めることができるとされていたのです。

ポツダム緊急勅令自体は、平和条約の最初の効力発生の日〔昭和27年４月28日〕に廃止されましたが、ポツダム緊急勅令に基づいて発せられた命令（一般的に「ポツダム命令」といわれています。）は、法律によって廃止されたものもありますが、現在も法律としての効力を有するものもあります。ポツダム命令の中で、現在も効力を有するものに、「物価統制令」（昭和21年勅令第118号）、「学校施設の確保に関する政令」（昭和24年政令第34号）等があります。

7　行政上の義務違反に対する制裁

⑴　行政上の義務違反に対する制裁の分類

法律や行政機関の命令等に従わなかった場合には、制裁が科されることがあります。そのような制裁により、法律や命令に従わせ、その実効性を担保しようとするものです。制裁の種類としては、行政刑罰、行政上の秩序罰等様々なものがあります。

①　行政刑罰

行政刑罰とは、行政法上の義務違反に対して科されるもので、懲役、禁固、罰金、拘留、科料という刑法に規定されている刑罰をいいます（刑法９条）。地方公共団体は、法令に特別の定めがあるものを除くほか、その条例中に、条例に違反した者に対し、２年以下の懲役・禁錮、100万円以下の罰金、拘留又は科料を科する旨の規定を設けることができます（地方自治法14条３項）。

刑罰は、本来、社会秩序の維持又は犯罪者の再社会化の目的で科されるものです。しかし、行政上の義務違反等の違法行為に対して刑罰を規定することによって、違法行為に対する抑止の効果もあり、行政刑罰は行政の実効性確保のために重要な役割を果たしています。義務を課される者等は、刑罰規定の存在により、法令や命令を遵守する動機づけがなされる可能性が高いといえます。

行政刑罰について、実体法的には、刑法総則の適用があります。また刑罰を科す手続としては原則として刑事訴訟法に従って裁判所によって科されます。したがって、科刑に対し不服がある場合には、取消訴訟ではなく刑事裁判手続において無罪等を主張することになります。

なお、行政刑罰についての規定方法としては、違法行為に対する罰則を規定するもの（直罰規定）と、違法行為に対してはまず是正命令等を発し、その命令に従わないことに対しての罰則を規定するもの（間接罰規定）とがあります。

直罰規定の例としては、大気汚染防止法において排出基準に適合しないばい煙の排出行為を禁じており（同法13条１項）、その違反に対しては「６月以下の懲役又は50万円以下の罰金に処す」（同法33条の２）と定めています。

一方、間接罰規定の例としては、建築基準法において、特定行政庁は違反建築に対して違反是正命令を出し（同法９条１項）、命令を受けた者が命令に従わない場合には「３年以下の懲役又は300方円以下の罰金に処す」（同法98条１項１号）としています。

直罰規定によるメリットとしては、刑罰権を早期に行使することができる点が挙げられます。一方、間接罰規定のメリットとしては、より慎重な対応ができるとともに、命令違反に対して刑罰を科すため処罰の対象となる行為が客観的に明確であるということができます。

②　行政上の秩序罰（過料）

行政上の秩序罰とは、行政上の秩序に障害を与える危険がある義務違反に対し科される過料をいいます。刑罰に比べて社会的非難の程度が軽い行為に対して科されます。たとえば、住民基本台帳法は住民に転入転出届や転居届をなす義務を課しており（同法22条～24条）、正当な理由なく届出をしない者は「５万円以下の過料に処す」（同法52条２号）と定めています。このように法律において過料が規定される場合もありますが、地方公共団体は条例や規則に違反した者に対し５万円以下の過料を科する旨の規定を設けることができます（地方自治法14条３項、15条２項）。

法令に基づく過料は、非訟事件手続法の定めるところに従って裁判所において科されます。具体的には、裁判所が、検察官の意見と当事者からの陳述を聴いて（同法120条２項）、過料についての裁判（決定）を行います（同法54条）。なお、この決定に対しては、当事者及び検察官に限り、即時抗告をすることができます（同法120条３項）。過料の裁判は、検察官の命令で執行することになり（同法121条１項）、過料が支払われない場合には強制執行が行われることになります（同条２項）。

これに対して、条例・規則に基づく過料は、知事・市町村長が行政処分としてこれを科し（地方自治法149条）、納付されない場合は地方税の滞納処分の例に従って強制徴収を行うことになります（同法231条の３第３項）。なお、地方公共団体の委員会又は委員は、過料を科す権限を有しません（同法180条の６）。

なお、行政手続法13条２項の規定により「納付すべき金銭の額を確定し、一定の額の金銭の納付を命じ、又は金銭の給付決定の取消しその他の金銭の給付を制限する不利益処分をしようとするとき」は、行政手続法に基づく意見陳述のための手続を執ることは義務付けられていません。ただし、地方公共団体の場合には、地方公共団体の長が過料の処分をしようとする場合には、過料の処分を受ける者に対し、あらかじめその旨を告知するとともに、弁明の機会を与えなければなりません（地方自治法255条の３）。

③　公表

公表には、二種類のものが考えられます。一つは住民に対する「情報提供」として行うものです。たとえば大阪府消費者保護条例では、知事は、商品及び役務等がその欠陥により消費者の生命又は身体について重大な危害を発生させ、又は発生させるおそれがある場合、当該危害を防止するために緊急の必要があると認めるときは、当該商品及び役務等の名称、これを供給する事業者の氏名又は名称及び住所その他の必要な情報を府民に提供しなければならない旨が規定されています（11条）。

もう一つの公表は違反者に対する「制裁」として行うもので、氏名等の公表制度によって違反者に心理的、間接的な圧力を加え、違反行為の防止、是正を促すものです。制裁としての公表については、被公表者の権利義務の侵害という側面もあることから、法律あるいは条例の根拠が必要であると考えられています[67]。また、この公表について、取消訴訟を起こすことは可能であるという見解もありますが、違法に行われた公表を事後的に取り消しても不利益を回復することは難しいと考えられます。そのために、公表の事前手続が重要であるとされています[68]。

情報提供を目的とする公表であっても特定の人に不利益を与える可能性があるのであれば、事前に相手方の意見を聞くことが必要だと考えられます。裁判例[69]においても相手方に反論の機会を一切与えなかったことは手続保障の観点から正当性に問題が残ると指摘されています。

なお、小田原市市税の滞納に対する特別措置に関する条例（平成12年７月１日施行）では、市税滞納者について、市長が必要と認める行政サービスの停止、許認可の拒否等の措置あるいは行政サービスの停止等の措置とあわせて滞納者の氏名、住所等を公表することができるとしています（同条例６条）。ただし、その措置を行おうとする際には、市税滞納審査会の意見を聴く（同条例７条）とともに、相手方に弁明の機会を付与しなければならないとされています（同条例10条）。なお、この条例に基づいて公表を行うことは可能だと考えますが、許認可を拒否した場合、目的違反、不正な動機、他事考慮等として**裁量権の濫用（34頁）**とされる可能性は否定できません。

④　行政処分の撤回

行政処分の撤回とは、瑕疵なく成立した行政処分について、その成立後に効

67）　宇賀克也「行政法概説Ⅰ（第８版）」有斐閣、2023年、308頁
68）　宇賀克也「行政法概説Ⅰ（第８版）」有斐閣、2023年、309頁
69）　大阪地判平成14年３月15日判例時報1783号97頁

力を存続させることが妥当でない事由が生じた場合に、行政機関が行政処分の効力を将来にわたって消滅させることをいいます。行政処分の撤回の目的としては、違法行為を行った者の当該活動を停止させる目的とともに、その抑止力によってそもそも違法行為を行わせないという目的との両面があります。

飲食店等の営業者が食品衛生法違反の営業を行った場合や施設基準に違反した場合に、営業許可を撤回することができます。ただし、その根拠となる同法60条には、許可を「取り消す」ことができる旨が規定されています。このように行政法学上の「撤回」に当たるものを、法文上は「取消し」と表現している例が多くあります（道路交通法103条、免許の取消、停止等）。

行政法学上の行政処分の取消しは、撤回とは異なる概念であるため、注意が必要です。撤回も取消しも行政処分の効力を失わせるものですが、当該処分の瑕疵が成立当初からある場合に行われるのが取消しで、成立後に生じた事由に基づくものが撤回です。

なお、行政処分の撤回について法律の根拠の要否が問題となります。この点について、法令の根拠なく優生保護医指定の撤回を認めた判例[70)]もありますが、許認可のような受益的処分の撤回は権利の制限につながることから一般的には侵害留保の原則に立って法律の根拠が必要であると解すべきです。

行政処分の撤回によって生じた損失に対する補償を行う必要があるかという点が問題となる場合があります。判例として、東京都が行った行政財産の使用許可処分の撤回に関して損失補償を請求した事案[71)]において、「使用権者は、行政財産に右の必要を生じたときは、原則として、地方公共団体に対しもはや当該使用権を保有する実質的理由を失うに至る」とした上で、例外的に「使用

70）　菊田医師事件判決（最判昭和63年６月17日集民154号201頁）は「指定医師の指定の撤回によって上告人の被る不利益を考慮しても、なおそれを撤回すべき公益上の必要性が高いと認められるから、法令上その撤回について直接明文の規定がなくとも、指定医師の指定の権限を付与されている被上告人医師会は、その権限において上告人に対する右指定を撤回することができる」と、公益上の必要性が高いことを理由に明文規定がない場合でも撤回を認めました。なお、最判令和３年６月４日も「瑕疵を有する本件各支給決定については，その効果を維持することによって生ずる不利益がこれを取り消すことによって生ずる不利益と比較して重大であり，その取消しを正当化するに足りる公益上の必要がある」として、処分を維持することによる不利益と取り消すことにより生じる不利益を比較考慮して取り消しを認めています。

71）　最判昭和49年２月５日民集28巻１号１頁

権者が使用許可を受けるに当たりその対価の支払をしているが当該行政財産の使用収益により右対価を償却するに足りないと認められる期間内に当該行政財産に右の必要を生じたとか、使用許可に際し別段の定めがされている等により、行政財産についての右の必要にかかわらず使用権者がなお当該使用権を保有する実質的理由を有すると認めるに足りる特別の事情が存する場合」には、損失補償を行うべきとしました。

図表3-4　取消しと撤回との違い

	処分時	取消し、撤回時	取消し、撤回後
取消し	行政処分に瑕疵あり  いったん有効に成立した行政処分について、処分に遡って行政処分の効力が否定される		
撤回	行政処分に瑕疵なし  いったん有効に成立した行政処分について、撤回のときから効力を失わせる		

column

住民の福祉、安全等を守る方法を学ぼう

保育所の送迎バスの車内に取り残された園児が死亡した事件がありました。また、保育所で園児に対する虐待が行われていたことが明らかとなりました。こうした事件については、園長や職員が逮捕、あるいは有罪判決がなされるなど刑事責任も問われる事態となりました。

子どもが安全に過ごすべき保育園において子供の安全を脅かす事態が相次いで起こっています。このようなときこそ、行政として適切な対応が期待されます。

そもそも社会福祉法人等が保育所を設置する場合には、都道府県知事の認可が必要とされています（児童福祉法35条４項）。知事は、この認可申請があった場合、申請者が①保育所を経営するために必要な経済的基礎があること、②保育所の経営者が社会的信望を有すること、③実務を担当する幹部職員が社会福祉事業に関する知識又は経験を有すること等を審査することとされています（同法５項）。さらに、知事が保育所の設置の認可をするに当たっては、あらかじめ、都道府県児童福祉審議会の意見を聴かなければならないとされています（同条６項）。

国や地方公共団体は、児童の保護者とともに、児童を心身ともに健やかに育成する責任を負うことから（２条３項）、このようにきめ細かな規定が設けられています。

しかし、保育所においては、様々な問題が発生しています。そのため、知事は児童の福祉のため必要があると判断した場合には、都道府県の職員に立入調査を命じたり（59条１項）、改善勧告を行います（同条３項）。さらに、事業の停止又は施設の閉鎖を命じ（同条５項、６項）、最終的には認可を取り消すこともできます（58条）。

保育所は、少子化の中で重要な役割を果たす福祉施設です。都道府県等の行政機関は、その権限を最大限、そして適切に行使して、児童の福祉の増進に取り組む必要があります。

第4講

多様な行政活動
―行政調査、行政計画、行政契約―

情報化社会が進展する中で、様々な方法による行政調査が行われるようになってきており、行政機関によって幅広い情報が収集されています。数多くの個人情報や法人情報等多様な情報が収集されることから、従来以上に行政調査に関する統制が必要になってきています。そのため、行政調査の法的根拠が求められる場合もあるほか、調査方法等の手続面に関する統制も重要になっています。

また、一方では、行政活動を効率的、円滑に進めるために行政計画が重要な意味を持つようになっており、行政の様々な分野において数多くの行政計画が策定されています。行政計画は行政機関が計画的に活動を行うために策定され、住民に対して直接拘束力を有しないものも数多くあります。一方では、行政計画であっても都市計画のように行政機関のみならず住民に対して拘束力を有するものもあります。それぞれの性質により法的根拠の必要性あるいは訴訟提起の可否等も異なることがあります。また、行政計画の策定に当たって、行政機関がどのような裁量権を有しているかという点も非常に重要です。

さらに、今日では行政契約も行政活動において重要な位置を占めるようになっています。行政契約とは、国や地方公共団体等の行政主体が締結する契約です。この行政契約には一般の私法上の契約のほか、行政活動特有の契約もあり、多様な行政契約により行政活動が推進されています。

行政調査

1　概要

行政機関は、行政活動の一環として様々な情報収集を行っています。この情報収集が、行政調査といわれています。行政調査には、国勢調査などの統計調査や行政処分の前提として行われる税務調査など様々なものがあります。行政機関が正しい情報を的確に収集することは、適正な行政運営につながるため、行政調査はとても重要な役割を果たしています。

行政調査は非常に多様ですが、たとえば次のような形で行われます。

- 報告の聴取
- 質問
- 調査書類への記入
- 資料提出の求め
- 試験用サンプルの収去
- 監視
- 立入検査
- 出頭命令（要求）
- 届出の義務付け

2　任意調査と強制調査

行政調査については、いくつかの分類をすることができますが、ここでは最も重要な、法的強制力の有無による分類を踏まえて説明することにします。行政調査は、強制力の有無によって「任意調査」と「強制調査」とに分類することができます。

(1)　任意調査

任意調査は、相手方の同意の下に情報収集を行うものです。たとえば水道法17条では、水道事業者の職員が給水装置を検査するために立入調査をすることを規定しています。この調査は、対象者の同意を要し、強制的に行うことができないため、任意調査だといえます。

このように任意調査は、相手方の同意の下に情報収集を行うものであるため、その限界が問題となります。

判例では、**警察官の職務質問に付随して所持品検査が許されるかが争われた事案**において「警職法は、（略）所持品の検査については明文の規定を設けていないが、所持品の検査は、口頭による質問と密接に関連し、かつ、職務質問の効果をあげるうえで必要性、有効性の認められる行為であるため、同条項による職務質問に附随してこれを行うことができる場合があると解するのが、相当である。（略）所持人の承諾のない限り所持品検査は一切許容されないと解するのは相当でなく、捜索に至らない程度の行為は、強制にわたらない限り、所持品検査においても許容される場合がある」としています[72]。

また、**自動車の一斉検問について外観情況等から不審な点が客観的に認められない車両に停止を求める行為の適法性が争われた事案**において「警察法２条１項が『交通の取締』を警察の責務として定めていることに照らすと、交通の安全及び交通秩序の維持などに必要な警察の諸活動は、強制力を伴わない任意手段による限り、一般的に許容されるべきものであるが、それが国民の権利、自由の干渉にわたるおそれのある事項にかかわる場合には、任意手段によるからといつて無制限に許されるべきものでないことも同条２項及び警察官職務執行法１条などの趣旨にかんがみ明らかである。（略）それが相手方の任意の協力を求める形で行われ、自動車の利用者の自由を不当に制約することにならない方法、態様で行われる限り、適法なもの」である、としています[73]。

⑵　強制調査

強制調査は、相手方に対して強制力をもって情報収集を行うものです。強制調査は、国民に対して一定の義務を課すため、法律の根拠が必要です。なお、強制調査には、間接強制調査と実力強制調査とがあります。

間接強制調査は、正当な理由なく調査を拒否した場合の罰則等が規定されているものをいいます。具体的には、届出義務等として規定されている例が多くあります。たとえば、食品衛生法27条では「販売の用に供し、又は営業上使用する食品、添加物、器具又は容器包装を輸入しようとする者は、厚生労働省令

72）　最判昭和53年６月20日刑集32巻４号670頁
73）　最判昭和55年９月22日刑集34巻５号272頁

で定めるところにより、その都度厚生労働大臣に届け出なければならない」と規定され、この届出義務を怠った場合には50万円以下の罰金に処するとされています（85条）。これが間接強制調査の例です。間接強制調査は、あくまでも間接的に調査の受諾を強制するものであり、相手方が調査に応じない場合（質問への無回答、資料の提示・提出の拒否等）には、罰則を科し実効性を担保するにとどまります。

一方、実力強制調査は、調査を拒否した場合に行政機関が実力で調査を実現できるものをいいます。たとえば、国税通則法132条１項では、国税庁等の職員は、犯則事件を調査するため必要があるときは、その所属官署の所在地を管轄する地方裁判所又は簡易裁判所の裁判官があらかじめ発する許可状により、臨検、犯則嫌疑者等の身体、物件若しくは住居その他の場所の捜索、証拠物若しくは没収すべき物件と思料するものの差押え又は記録命令付差押えをすることができるとされています。これが実力強制調査の例ということができます。なお、地方公共団体の徴税吏員は、このような権限を有していません。

強制調査のほとんどが間接強制調査で、実力強制調査は、国税通則法の例のほか、出入国管理及び難民認定法27条〜38条に基づく違反調査、私的独占の禁止及び公正取引の確保に関する法律101条〜116条に基づく犯則調査等限られたものとなっています。

3　行政調査の実体的規制

行政調査の実体的な適法性に関しては、調査の必要性と範囲が問題となります。この点は、個別法に規定がある場合はその規定に基づくことになりますが、その他については権利濫用禁止の原則、比例原則、平等原則、透明性・必要性・有効性・効率性等の一般原則による制限を受けることになります。これらの原則に反する調査は違法とされる場合もあります。

なお、行政調査に関する裁量権について荒川民商事件判決では「質問検査の範囲、程度、時期、場所等実定法上特段の定めのない実施の細目については、右にいう質問検査の必要があり、かつ、これと相手方の私的利益との衡量において社会通念上相当な限度にとどまるかぎり、権限ある税務職員の合理的な選択に委ねられている」[74)]として、広く裁量権を認めています。

4 手続的統制

(1) 行政調査と令状主義

憲法35条では「何人も、その住居、書類及び所持品について、侵入、捜索及び押収を受けることのない権利は、(略)、正当な理由に基いて発せられ、且つ捜索する場所及び押収する物を明示する令状がなければ、侵されない」と令状主義を規定しています。この規定は、基本的に、刑事手続に関するものですが、行政調査にも、この規定が適用、準用されるかが問題となってきました。

この点について争われた**川崎民商事件判決**[75)]では、「憲法35条１項の規定は、本来、主として刑事責任追及の手続における強制について、それが司法権による事前の抑制の下におかれるべきことを保障した趣旨であるが、当該手続が刑事責任追及を目的とするものでないとの理由のみで、その手続における一切の強制が当然に右規定による保障の枠外にあると判断することは相当ではない」としています。ただし、この判決の結論としては、「収税官吏の検査は、もつぱら、所得税の公平確実な賦課徴収のために必要な資料を収集することを目的とする手続であつて、その性質上、刑事責任の追及を目的とする手続ではない」こと、「強制の度合いは、それが検査の相手方の自由な意思をいちじるしく拘束して、実質上、直接的物理的な強制と同視すべき程度にまで達しているものとは、いまだ認めがたい」こと、「所得税の公平確実な賦課徴収を図るという（略）目的、必要性にかんがみれば、右の程度の強制は、実効性確保の手段として、あながち不均衡、不合理なものとはいえない」こと等を理由として令状は不要と判示しています。

(2) 行政調査の事前手続

行政調査については、その手続的な適正さが求められることから、相手方の

74)　最判昭和48年７月10日刑集27巻７号1205頁
75)　最判昭和47年11月22日刑集26巻９号554頁

権利を確保するために告知等の一定の事前手続が求められると考えられます。ただし、**税務調査を拒んだことが所得税法に違反するとされた事件**において、住民側は調査の事前通知や調査理由の事前開示がなかったことを主張しましたが、判決では「質問検査の範囲、程度、時期、場所等実定法上特段の定めのない実施の細目については、右にいう質問検査の必要があり、かつ、これと相手方の私的利益との衡量において社会通念上相当な限度にとどまるかぎり、権限ある税務職員の合理的な選択に委ねられているものと解すべく、また、暦年終了前または確定申告期間経過前といえども質問検査が法律上許されないものではなく、実施の日時場所の事前通知、調査の理由および必要性の個別的、具体的な告知のごときも、質問検査を行なううえの法律上一律の要件とされているものではない」としています（前掲荒川民商事件）。

⑶　行政調査と自己負罪拒否特権（憲法38条）

憲法38条１項では「何人も、自己に不利益な供述を強要されない」と、自己負罪拒否特権が規定されています。行政調査に関しては、調査に応じることが自己に不利益な供述を強要することにならないかが問題となります。

国税犯則取締法（現在廃止）上の質問調査の手続につき、同法に供述拒否権告知の規定がなく、また、**犯則嫌疑者に対しあらかじめ右の告知がされなかったことから、その質問調査の手続が憲法38条１項に違反するとして争われた事案**において、「憲法38条１項の規定によるいわゆる供述拒否権の保障は、純然たる刑事手続においてばかりでなく、それ以外の手続においても、対象となる者が自己の刑事上の責任を問われるおそれのある事項について供述を求めることになるもので、実質上刑事責任追及のための資料の取得収集に直接結びつく作用を一般的に有する手続にはひとしく及ぶものと解される（略）国税犯則取締法上の質問調査の手続は、（略）憲法38条１項の規定による供述拒否権の保障が及ぶものと解するのが相当である」としていますが、結論として「憲法38条１項は供述拒否権の告知を義務づけるものではなく、右規定による保障の及ぶ手続について供述拒否権の告知を要するものとすべきかどうかは、その手続の趣旨・目的等により決められるべき立法政策の問題と解されるところから、国税犯則取締法に供述拒否権告知の規定を欠き、収税官吏が犯則嫌疑者に対し同法１条の規定に基づく質問をするにあたりあらかじめ右の告知をしなかつたからといつて、その質問手続が憲法38条１項に違反」しないとしています[76]。

また、**道路交通取締法施行令（現在廃止）67条２項で交通事故の内容の報告義務を定めていることが、憲法第38条第１項に違反しないかが争われた事案**において、同規定は「交通事故発生の場合において、右操縦者、乗務員その他の従業者の講ずべき応急措置を定めているに過ぎない」また、報告の対象となる「『事故の内容』とは、その発生した日時、場所、死傷者の数及び負傷の程度並に物の損壊及びその程度等、交通事故の態様に関する事項を指すものと解すべきである。したがつて、右操縦者、乗務員その他の従業者は、警察官が交通事故に対する前叙の処理をなすにつき必要な限度においてのみ、右報告義務を負担するのであつて、それ以上、所論の如くに、刑事責任を問われる虞のある事故の原因その他の事項までも右報告義務ある事項中に含まれるものとは、解せられない」として憲法38条１項には違反しないとしています[77]。

5　行政調査の瑕疵と行政処分の効力

行政調査が違法に行われた場合に、その調査に基づく行政処分も違法として取り消されるべきかという問題があります。

この点に関して判例では、都市計画変更決定について「変更決定をするに当たって勘案した土地利用、交通等の現状及び将来の見通しは、都市計画に関する基礎調査の結果が客観性、実証性を欠くものであったために合理性を欠くものであった」として変更決定が違法であるとして、取り消されました[78]。ただし、「一般の税務調査にあっては、調査手続の違法は、それによって収集された資料が課税処分の資料として用いられた場合であっても（略）、当然にはこれに基づく課税処分を取り消す事由とはならず、その手続の違法性の程度が甚だしい場合に、これによって収集された資料を当該課税処分の資料として用いるこ

76)　最判昭和59年３月27日刑集38巻５号2037頁
77)　最判昭和37年５月２日刑集16巻５号495頁
78)　東京高判平成17年10月20日判例時報1914号43頁

とが排斥されることがある（略）に止まる」とする事案もあります[79)]。

一方、**大阪地判昭和59年11月30日**[80)]では、「税務調査の手続（略）は、課税庁が課税要件の内容をなす具体的事実の存否を調査するための手続に過ぎないのであつて、（略）、右調査手続が仮に違法であつても、それに基づく課税処分は、それが客観的な所得に合致する限りにおいては適法であつて（略）、取消の対象とはならない」と手続的瑕疵と行政処分の効力を明確に峻別しています。

さらに、**東京地判昭和48年８月８日**[81)]は、「一般に、更正処分の適否は客観的な課税要件の存否によつて決まるのであり、仮に違法な調査手続が行なわれ、それによつて収集した資料によつて更正処分がなされた場合でも更正処分の取消事由にはならないと解されている」としながら「右調査手続の違法性の程度がたとえば刑罰法令に触れたりあるいは社会正義に反するなど公序良俗に反する程度にまで至つた場合にも、右一般的見解に従いその違法は更正処分の取消事由にあたらないといいきれるかどうかは、憲法における適法手続保障の精神との関係で問題がある」として、公序良俗に反する場合には取消事由に当たる可能性を認めています。ただし、本件では取り消しを認めていません。

6　行政調査に基づく賠償責任

違法な行政調査によって相手方住民が損害を被った場合の損害賠償に関する判例としては、国税調査官が、被調査者の不在を確認する目的で、被調査者の意思に反して同店舗内の内扉の止め金を外して同店舗兼作業場に立ち入ったことに関して、その違法行為により社会的信用、営業上の信用を失墜したとして賠償を求めた事案において、最高裁は「国税調査官が税務調査のため本件店舗に臨場し、被上告人の不在を確認する目的で、被上告人の意思に反して同店舗内の内扉の止め金を外して（略）立ち入つた行為は、所得税法234条１項に基づく質問検査権の範囲内の正当な行為とはいえず（略）、国家賠償法１条１項に該

79）　東京地判昭和61年３月31日判例時報1190号15頁
80）　行政事件裁判例集35巻11号1906頁
81）　判例時報720号26頁

当する」[82]としたものがあります。

行政計画

1 行政計画の意義

行政計画とは、行政機関が目的の実現のために目標を設定し、その目標を達成するための手段とあわせて示すものをいいます。行政機関は、効率的、効果的に行政活動を進めるために、様々な行政計画を定めています。

(1) 住民に対して法的拘束力を有さないもの（非拘束的計画）

行政計画の多くは、行政の目的、手段等、国や地方公共団体の活動指針を示すにとどまり、住民に対して法的拘束力を有しません。この例として国土総合開発法の全国総合開発計画、環境基本法の環境基本計画等が挙げられます。なお、高齢者保健福祉計画・介護保険事業計画は各市町村が取り組むべき施策を明らかにすることを目的として策定するものですが、その計画において介護保険料を定めており、その点については実質的に住民を拘束するものとなっています。

(2) 住民に対して法的拘束力を有するもの（拘束的計画）

行政計画の中には、単に行政の目標、手段を示すだけでなく、住民に対して法的拘束力を有するものもあります。たとえば、都市計画において土地区画整理事業が決定、公告されると、施行地区内において事業施行の障害となるおそれがある土地の形質の変更、建築物の新築・改築等を行おうとする者は、国土交通大臣の許可を受けなければならないとされています（土地区画整理法76条1項)。また、都市計画法8条に基づき用途地域が定められると、用途地域の区分

82） 最判昭和63年12月20日集民155号477頁、訟務月報35巻6号979頁

ごとに建築物の用途制限がなされることになります（建築基準法48条）。

直接的に住民に対する法的拘束力を有さない計画であっても、実質的に住民の法的地位に影響を与える計画もあります。たとえば、**廃棄物の処理及び清掃に関する法律に基づく一般廃棄物収集・運搬業の許可について一般廃棄物処理計画への適合性が重要な要素であるとした事例**[83)]は、許可に関して行政計画への適合性を判断要素とすることを認めています。一般廃棄物処理計画は原則として住民に対して法的拘束力を有しませんが、実質的な意味においては住民の法的地位に影響を与えています。

2　行政計画と法律の根拠の必要性

行政計画の策定について法律上の根拠が必要かという点については、その計画が住民に対する法的拘束力を有するか否かによって異なります。

住民に対する法的効果・拘束力（外部効果）を有する計画については、**侵害留保（30頁）**の考えに基づき、法律の根拠が必要だと考えられます。一方、住民に対して法的拘束力を有さない計画については、法律の根拠が必ずしも必要ではないと考えられます。ただし、法律の留保に関する**本質性理論（30頁）**の立場からは、法律の根拠を必要とする考え方もあります。たとえば、「国土総合開発計画の核をなす、公共事業関連計画・土地利用計画・総合計画……となると……たとえそれぞれ指針的計画であるとしても、将来の国土のあり方が全体として方向づけられ、規定されるということになると、わが国の民主的統治構造からして、法律の根拠を要すると考えるべき」とする考え[84)]も示されています。

3　行政計画策定における裁量

行政活動は原則として行政計画に従って行われるため、行政計画は行政活動に非常に大きな影響を与えます。特に法的拘束力を有する計画については、直

83）　最判平成16年１月15日集民213号241頁
84）　塩野宏「行政法Ⅰ（第６版）」有斐閣、2015年、86頁

接に住民の権利義務を規律することになるため、さらに重要な意味を持ちます。しかし、計画策定については、一般に広範な裁量権が行政機関にゆだねられています。

小田急線連続立体交差事業事件判決[85]では、都市施設に関する都市計画を定めるに当たっては「当該都市施設に関する諸般の事情を総合的に考慮した上で、政策的、技術的な見地から判断することが不可欠であるといわざるを得ない。そうすると、このような判断は、これを決定する行政庁の広範な裁量にゆだねられている」とされています。ただし、同判決では、「その基礎とされた重要な事実に誤認があること等により重要な事実の基礎を欠くこととなる場合、又は、事実に対する評価が明らかに合理性を欠くこと、判断の過程において考慮すべき事情を考慮しないこと等によりその内容が社会通念に照らし著しく妥当性を欠くものと認められる場合に限り、裁量権の範囲を逸脱し又はこれを濫用したものとして違法となる」としていることも注意が必要です。

また、林試の森事件では、建設大臣が公園に関する都市計画を決定するに当たって公有地のみならず民有地を公園の区域に含めて定めたことについて、裁量権の逸脱、濫用にならないかが争われました。判決[86]では、「都市施設は、その性質上、土地利用、交通等の現状及び将来の見通しを勘案して、適切な規模で必要な位置に配置することにより、円滑な都市活動を確保し、良好な都市環境を保持するように定めなければならないものであるから、都市施設の区域は、当該都市施設が適切な規模で必要な位置に配置されたものとなるような合理性をもって定められるべきものである。この場合において、民有地に代えて公有地を利用することができるときには、そのことも上記の合理性を判断する一つの考慮要素となり得る」として、裁量権に一定の限界を認めています。

4 行政計画と行政機関の責任

行政計画が策定されると行政機関はもちろん関係住民もその計画に従って行

85） 最判平成18年11月２日判例タイムズ1227号103頁
86） 最判平成18年９月４日判例タイムズ1223号127頁

動することになります。そのため、行政計画の変更や中止を行った場合、たとえ行政計画の変更や中止そのものは適法であっても、信義誠実の原則などによって損失補償または損害賠償の要否が問題となることがあります。

たとえば、**熊本地判昭和44年4月30日**[87)]は、市から依頼を受けて市営住宅団地内に公衆浴場を建設した事業者が、同団地の建設計画の廃止によって損害を被ったとして、市に賠償請求した事案です。判決では、市と事業者には「団地共同施設たる公衆浴場の建設という共同目的遂行の上において必要な協助・互恵の信頼関係が成立し、法律上の保護に値いする利益が存する」として市の不法行為責任を認めています。

一方、都市計画に基づく土地利用制限に対する損失補償は認められないと考えられます。たとえば**最判平成17年11月1日**[88)]では、都市計画決定により建築制限を受けているが、「一般的に当然に受忍すべきものとされる制限の範囲を超えて特別の犠牲を課せられたものということがいまだ困難であるから、上告人らは、直接憲法29条3項を根拠として上記の損失につき補償請求をすることはできない」としています。

なお、都市計画が計画どおり実施されずそのため特別の損失を被ったとして損失補償を求める場合もありますが、一般的にはこの請求は認められていません。**岡山地判平成14年2月19日**[89)]は、都市計画道路の区域内においてホテルを経営する者が、都市計画決定以来30年以上にわたり都市計画法に基づく制限を受けていることによる損失が、一般的に受忍すべき範囲を超えているとして損失の補償を求めた事案です。判決では「土地計画決定以来30年以上が経過しているとしても、それが都市計画区域内における都市計画事業全体の進捗状況に照らし、やむをえないものである場合には、その後の社会的経済的諸条件の変化等に照らし当該都市計画事業の必要性自体が消滅するに至っているにもかかわらず、その変更決定がなされないまま極めて長期にわたり放置され、その結果当該土地の所有者等に対し甘受し難い負担を課しているといえるような特段

87)　判例タイムズ237号213頁
88)　判例タイムズ1206号168頁
89)　判例地方自治230号90頁

の事情が存在する場合を除き、憲法29条が保障する私有財産制度の本質に照らし、当該土地の所有者等に公共の福祉の実現に伴う内在的制約を超える特別の犠牲を課するものということはできない」として、損失補償を認めませんでした。ただし、極めて長期にわたり放置されているような特段の事情が存在する場合には、損失保障の可能性を残しています。

5 行政計画の策定手続

行政計画は広く住民に影響を与えるにもかかわらず、計画策定には行政機関の裁量が幅広く認められています。このため行政計画については、実体的な統制ではなく手続的な統制が重要になります。しかし、行政計画の策定手続について規定した個別法（国土利用計画策定手続を規定した国土利用計画法等）はありますが、行政計画の策定手続について規定した一般的な法律はありません。ただし、近年では、住民参加の視点から行政計画の策定に当たっては、パブリック・コメントなどが行われるのが一般的です。このパブリック・コメントは、行政機関が命令や計画等を定める際に、広く公に意見等を求める手続をいいます。行政手続法に基づく**意見公募手続**（**65頁**）では計画は対象とされていませんが、地方公共団体においては行政手続条例で意見公募手続の対象としている場合もあります。行政手続法・条例に基づかずに行政計画策定段階のパブリック・コメントを実施している場合も多くあります。さらに計画策定段階にパブリック・インボルブメントを実施している場合もあります。パブリック・コメントが、住民に意見を求める制度であるのに対して、パブリック・インボルブメントは、住民に計画の策定への参画を求めるものです。住民がより主体的に計画策定に携わることになります。

なお、法的拘束力を有する計画については、その根拠となる法律において公聴会や縦覧と意見書提出や審議会の審議を要求するものが少なくありません（都市計画：都市計画審議会、国土総合計画：国土審議会など）。

行政契約

1　行政契約の分類

行政契約については様々な分類がなされていますが、ここでは次の5つに分類して説明することにします。

(1)　行政活動執行のための契約

国や地方公共団体が行政活動を執行するために必要な物品等を取得したり、公共工事を実施するために締結する契約です。物品の購入や公共用地の取得のための売買契約、公共工事の請負契約など様々なものがあります。

(2)　行政サービスにおける契約

国や地方公共団体が行政サービスの提供に関して住民と締結する契約です。公営住宅や上下水道・市バス等の公営企業の提供するサービスの利用に関する契約があります。

(3)　規制行政における契約

規制行政は行政処分によって行うのが一般的ですが、法の不備を補い規制の充実を図るために契約の手法を活用することがあります。この例として公害防止協定を挙げることができます。

一方、建築基準法に基づく建築協定のように、一般の契約よりも強い効力を持つものもあります。区域内の建築物の用途、形態等について土地所有者が締結した協定を特定行政庁が認可すると、後に土地の所有権を得た人もこの建築協定に拘束されます（建築基準法75条。承継効）。

(4)　地方公共団体等の行政主体間で締結する契約

この例としては、地方公共団体間の事務の委託（地方自治法252条の14により議会の議決が必要）や、地方公共団体の境界にある道路や河川の経費負担割合の協議（道路法54条、河川法65条）等があります。また、事実行為の委託等に関しては、議会の議決を要しない私法上の契約を締結することも可能と解されています[90]。

⑸　行政事務の民間委託契約

国や地方公共団体の業務を民間事業者に委託する場合に締結する契約です。近年では、行財政改革や民営化の進展に伴って様々な分野で民間委託が増加するなど、行政の民間化が進展する中で、このような契約はますます重要なものになっています。

2　行政契約の基本

国や地方公共団体の契約についても、契約に関する基本法は民法その他の私法であり、契約自由の原則、信義誠実の原則等の適用を受けるものとなります。しかし、国や地方公共団体が締結する契約には、公共性という面から一定の基本的な原則があります。その原則に基づいて、会計法や地方自治法で契約締結方法についても様々な特則が規定されています。

⑴　行政契約の基本原則

国や地方公共団体の締結する売買、貸借、請負その他の契約は、会計法又は地方自治法において、一般競争入札、指名競争入札、随意契約又はせり売りの方法によるものとされています（会計法29条の３第１項、地方自治法234条１項）。このうち、指名競争入札、随意契約又はせり売りの方法は、政令の定める要件に該当するときに限り、これによることができるとされており、原則は、一般競争入札によることとなっています（会計法29条の３第３項～第５項、地方自治法234条２項）。一般競争入札による契約の締結を原則とした趣旨は、主に次の原則に基づくものです。

90）　行政実例（自治省通達・昭和30年12月16日自丙行発84号、昭和28年９月16日自行行発270号）

①　経済性原則

行政契約において、第一に求められるのが経済性です。行政活動は住民からの税収に基づいて行われることから納税者である住民の利益を最大限に確保するために、経済性が強く求められることになります。地方自治法２条14項においても「地方公共団体は、その事務を処理するに当つては、住民の福祉の増進に努めるとともに、最少の経費で最大の効果を挙げるようにしなければならない」と規定されています。

②　公平性原則

国や地方公共団体の行政運営において公平性が求められていることはだれもが認識するところですが、行政契約についても当然に公平性が求められています。特定の事業者が独占的に納入の機会を得たり、特定の人に対して特に有利な価格で契約を行ったりすることは許されません。

③　競争性原則

国や地方公共団体の行政運営において求められている経済性や公平性の実現のために競争の確保が不可欠です。幅広い事業者等に対して公平に競争への参加の機会を認め、競争を促すことによって、経済性を高めることが期待されています。

3　行政契約手続の原則

⑴　一般競争入札

一般競争入札とは、入札情報を公告して参加申込みを募り、参加者の間で競争に付して契約者を決める契約方式のことです。幅広く多くの者に入札に参加する機会を認めることによって、国や地方公共団体にとって有利な条件で申込みをした者と契約を締結することができます。

国や地方公共団体は経済性や公平性の確保のために、契約の相手方を自由に選べず、原則として一般競争入札を行い（会計法29条の３第３項～第５項、地方自治法234条１項・２項）、国や地方公共団体に最も有利な価格を示した者と契約しなければならないとされています（地方自治法234条３項）。

⑵　指名競争入札

発注者である国や地方公共団体によって指名された者が参加して行う入札によって、契約者を決める方式を「指名競争入札」といいます。政令で定める事項に該当する場合に限って、指名競争入札によることが認められています（会計法29条の３第３項、予算決算及び会計令94条、地方自治法234条２項、同法施行令167条）。

⑶　随意契約

随意契約とは、競争入札の方法によらないで、国や地方公共団体が特定の相手方を選択して契約を締結する契約方法をいいます。随意契約は、競争入札に比べ手続が簡略であり、かつ、経費の面でも負担が少なくて済みます。競争入札では選定の基準とすることができないような資力、信用、技術、経験等相手方の能力を熟知の上選定することができます。その運用さえ適切なものであれば、その長所を発揮し所期の目的を効率的に達成することができます。しかし、いったんその運用を誤れば、相手方の固定化を招いたり、相手方の選定が情実に流されたりするおそれがあり、結果として、契約の公正さを失し、経費負担が増大するといったことになります。そのため、政令で定める事項に該当する場合に限って、随意契約によることができます（会計法29条の３第４項、予算決算及び会計令99条、地方自治法234条２項、同法施行令167条の２第１項）。

⑷　せり売り

せり売りとは、買受人が口頭などで価格の競争を行うものです。せり売りも一般競争入札の一種ですが、一般競争入札は他の参加者に入札額がわからないように書面で入札を行いますが、せり売りの場合は他の競争者の申出価格を知った上で互いに競争するものです。せり売りによることができるのは、動産の売払いに限られます（会計法29条の５、予算決算及び会計令93条、地方自治法施行令167条の３）。最近では、インターネットオークションとしてせり売りを実施している地方公共団体も多くあります。

4　契約締結に関する争訟方法

法令違反により契約締結の相手方に選ばれなかったと考える者が国や地方公共団体を相手方として争う方法としては、損害賠償請求を行うことが考えられます。その他の方法としては、**公法上の当事者訴訟としての確認訴訟**（229頁）として、自らが工事契約の相手として競争に参加することの確認を求める訴えを提起することも認められる可能性があります[91)]。

91)　中原茂樹「基本行政法（第4版）」（日本評論社、2024年、177頁）は、「私人間の契約とは異なり、地方公共団体の契約については、地方自治法による規制があり、何人も、公共契約の相手方として公正な取扱いを行政主体から受ける地位が、法的利益として認められているとすれば、自らが工事契約の相手として競争に参加する地位を有することの確認を求める訴えを提起することが考えられる」としている。

column

行政計画は策定しなければならない？

行政計画は、福祉、教育、環境、まちづくり、産業振興等、行政活動のあらゆる分野において策定されているといっても過言ではありません。地方公共団体にとっては、本来、地域の課題や現状を踏まえ、地域全体で主体的な取組を進めるために策定し、活用すべきものです。地方公共団体が策定する行政計画の多くは、法律等によって行政計画の策定が地方公共団体に対して義務付けられています。そのため、自治体職員にとっては、行政計画を策定すること自体が職務となっている場合も少なくないのではないでしょうか。

内閣府によると法律に計画策定が明記された条項数は令和２年末で505あり、そのうち法令で「義務」付けているのが202、「努力義務」が87、「策定できる」とする規定が217とされています（地方分権改革有識者会議 計画策定等に関するワーキンググループ第４回（令和４年２月10日）資料)。

本来、行政計画は、効率的、効果的な行政活動の推進のために策定されるべきものですが、国から策定を義務付けられることにより、計画策定自体が大きな負担となり、本来的な行政活動の役割が果たされていないのではないでしょうか。あるいは行政計画の策定に忙殺されて、本来の住民サービス等の行政施策に十分に取り組めていないなど、本末転倒な状況に陥っていることさえありえます。

このような状況を踏まえて、令和４年６月７日に閣議決定された「経済財政運営と改革の基本方針2022」では、「国が地方自治体に対し、法令上新たな計画等の策定の義務付け・枠付けを定める場合には、累次の勧告等に基づき、必要最小限のものとすることに加え、努力義務やできる規定、通知等によるものについても、地方の自主性及び自立性を確保する観点から、できる限り新設しないようにするとともに、真に必要な場合でも、計画等の内容や手続は、各団体の判断にできる限り委ねることを原則とする。あわせて、計画等は、特段の支障がない限り、策定済みの計画等との統合や他団体との共同策定を可能とすることを原則とする」と明記されています。

自治体職員としては、こうした行政計画の課題を踏まえて、行政計画の意義、役割を改めて考えてみる必要があるのではないでしょうか。

第5講

行政の情報管理を学ぼう

行政活動は広範に及ぶことから、行政機関は非常に多くの情報を扱っています。それらの情報の適正管理は行政機関の重要な役割と位置付けられます。また、それらの情報は、民主主義の下、国民に広く公開されることになります。さらに、行政機関は国民の個人情報も幅広く保有しており、その適正な管理も求められています。

行政情報の公開

1　情報公開請求権の性質

情報公開請求権については、知る権利や説明責任であるとされています。しかし、それらの権利や責任はそれ自体では抽象的なものであり、特定の情報ないし文書の開示を請求するためには、これに具体的権利性を与える実定法上の根拠が必要であると解されています[92)]。**最判平成13年12月18日**[93)]が「地方公共団体が公文書の公開に関する条例を制定するに当たり、どのような請求権を認め、その要件や手続をどのようなものとするかは、基本的には当該地方公共団体の立法政策にゆだねられている」とするように、情報公開請求権の具体的な内容は根拠となる法律や条例によって規定されることになります。

2　情報公開制度の概要

国や地方公共団体の情報公開制度の具体的な内容はそれぞれ異なりますが、基本的な制度は次のようなものになっています。

⑴　請求権者

行政機関の保有する情報の公開に関する法律（以下行政情報の公開の解説において「法」という）３条では、公開請求権を「何人も」有すると規定しています。ほとんどの地方公共団体が同様に「何人」に対しても公開請求権を認めています。

⑵　対象機関

情報公開法では、情報公開制度の対象機関である「行政機関」として、国の

92）　大阪地判平成16年９月８日裁判所ウェブサイト
93）　民集55巻７号1603頁

各省庁等が規定されています（法２条１項）。また、各地方公共団体の情報公開条例では、情報公開の対象機関として「実施機関」としており、地方公共団体に置かれる機関（知事・市町村長、教育委員会等）がこれに当たるものと規定されています。

⑶ 対象文書

情報公開法では、公開の対象となる文書を「行政機関の職員が職務上作成し、又は取得した文書、図画及び電磁的記録（電子的方式、磁気的方式その他人の知覚によっては認識することができない方式で作られた記録をいう。以下同じ）であって、当該行政機関の職員が組織的に用いるものとして、当該行政機関が保有しているものをいう」としています（法２条２項）。このような文書を「組織供用文書」として情報公開制度の対象としています。一般的に、地方公共団体の条例でも、対象文書の定義として情報公開法と同様の規定をしています。

⑷ 不開示情報の範囲

情報公開条例においては、組織供用文書は原則的に開示とし、不開示とする情報を限定的に規定しています。その類型として、①法令などの定めによって開示できないもの、②国等の指示によって開示できないもの、③特定の個人が識別できるもの、④法人や事業を営む個人の正当な利益を害するもの、⑤公にすることにより、国の安全が害されるおそれがあるもの、⑥生命等の保護、公共の安全等に支障が生じるもの、⑦率直な意見の交換又は意思決定の中立性が不当に損なわれるおそれのあるもの、⑧国や地方公共団体の事務又は事業の適正な遂行に支障を及ぼすおそれがあるものなどが、一般的に、不開示情報として規定されています。

① 法令秘情報不開示情報

法令又は他の条例等の規定により公にすることが禁止されている情報については、公開請求によっても公開を求めることができません。こうした情報を法令秘情報といいます。

「法令」とは、法律と政令、府令、省令、その他国の行政機関が定めた命令をいいます。たとえば、地方税に関する調査に関する事務に従事している者又は従事していた者が、その事務に関して知り得た秘密（地方税法22条）や住民基本台帳に関する調査に関する事務に従事している者又は従事していた者が、その事務に関して知り得た秘密（住民基本台帳法35条）などのように、法令等の規定で明らかに公開することができない旨が定められている文書はもちろんですが、その他にも、法令等の趣旨、目的から公開をすることができないと認められる情報を含むものと考えられます。

東京都の都市計画に関して行われた住民投票における投票用紙の公開請求に対して、当該文書を公開しない旨の決定がされたことから、その**非公開決定の取消し等を求めた事案**[94)]において、次のような判断が示されています。この判決では、小平市情報公開条例7条1号に非公開情報として規定する「法令等の定めるところにより、公にすることができないと認められる情報」とは、①法令等の規定が公にすることを明らかに禁止している場合、②法令等の趣旨及び目的から当然に公にすることができないと認められる場合等をいうという基準を示したのち、本件住民投票条例では、住民投票が成立しない場合は開票を行わない旨及び投票は秘密投票とする旨を定めており、これを受けて投票が有効であるか否かを問わず住民投票の全般にわたって投票の秘密を確保しようとしている条例及び施行規則の規定は、少なくとも住民投票が不成立となって開票が行われない場合においては、原則としてこれを公にしないものとすることをその趣旨及び目的とするものというべきであり、各投票用紙に記録されている情報は、情報公開条例の非公開事由に該当するとしました。

なお、この法令秘情報に該当する行政情報は、法令において開示することができないものと規定されているため、公益上の理由による**裁量的開示**（120頁）により開示することもできません。

②　国等の指示による不開示情報

実施機関が法令の規定により従う義務を有する国の行政機関の指示等により、公にすることができないと認められる情報については、不開示とすることが規

94)　東京地判平成26年9月5日裁判所ウェブサイト

定されています（東京都情報公開条例７条１号等)。

なお、国等の指示とは、法定受託事務における各大臣からの指示（自治法245条の７）等のように実施機関が法律上従う義務を有する法的拘束力のあるものをいいます。

たとえば、宗教法人法に関する事務は、地方自治法２条９項に定められた第１号法定受託事務であり、国は、同法245条の９に基づき、当該法定受託事務の処理に当たり、よるべき基準「宗教法人法に係る都道府県の法定受託事務に係る処理基準について（通知)」(平成16年２月19日15庁文340号）を定めています。そして、文化庁次長は、各都道府県知事に対し、宗教法人法25条４項の規定により宗教法人から提出された書類につき情報公開条例等に基づく公開請求があった場合、登記事項等の公知の事項を除き、原則として非公開の取扱いをするよう指示しています。このようなものが国等の指示に当たります。

また、判例や裁判例としては次のようなものがあります。

ア　政治団体から提出された収支報告書に対する公開請求について、収支報告書の写しの交付をしてはならない旨の国からの「明示の指示」があることから、大阪府選挙管理委員会が非公開決定をしました。この取消しを求めた上告審は「機関委任事務の主務大臣である自治大臣から代理権を授与された自治省選挙部政治資金課長により上告人に対して発せられたものであり、その体裁の当否はさておき、その内容において明確さを欠くとはいえないから、その送付は、本件条例９条３号にいう『主務大臣等から公にしてはならない旨の明示の指示』に当たるものというべきである」と判示しました（最判平成７年２月24民集49巻２号517頁)。

イ　宗教法人の代表役員名簿、責任役員名簿及び財産目録、通常会計収支計算書の公開請求に関して、公知の事項を除き、原則として非公開の取扱いをするようにとの通知に基づき部分公開決定をしました。この取消しを求めた訴訟において、本件通知は「『実施機関が従わなければならない各大臣等の指示その他これに類する行為』に該当する。本件通知は、登記事項等の公知の事項を除き、原則として非公開の取扱いをするものとしているところ、本件文書は、いずれも一般に開示されていない非公知の事項であり、本件において、本件文書を例外的に公開すべき特段の事情を認めるに足りる証拠はない。したがって、本件文書は、実施機関が従わなければならない各大臣等の指示その他これに類する行為により公にすることができない情報と認められ」ると判示しました（広島高判松江支部平成18年10月11日判時1983号68頁）。

③　個人情報

個人のプライバシー保護のために「個人に関する情報」は、不開示とされています（法5条1号等）。最高裁は、事業を営む個人の当該事業に関する情報が除外されている以外には文言上何ら限定されていないため、個人の思想、信条、健康状態、所得、学歴、家族構成、住所等の私事に関する情報に限定されるものではなく、個人にかかわりのある情報であれば、原則として「個人に関する情報」に当たるとしています[95)]。

なお、情報公開法及び各地方公共団体の情報公開条例において、個人情報に関して「個人識別情報型」と「プライバシー保護型」の2種類の規定がなされています。まず、「個人識別情報型」とは、プライバシーを最大限保護するために、個人に関する情報で特定の個人が識別され得るものを一律に原則として不開示とするものです（法、東京都情報公開条例等）。一方、「プライバシー保護型」とは、一般に知られたくないと望むことが正当であると認められる個人に関する情報を不開示とするものです（北海道情報公開条例等）。一般的には「個人識別情報型」の方が不開示情報の対象が広くなります。

95）　最判平成15年11月11日民集57巻10号1387頁

図表5-1　個人情報に関する個人識別情報型とプライバシー保護型との比較

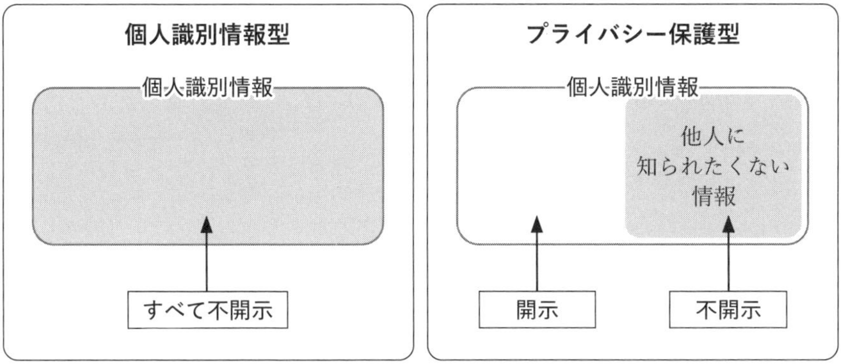

【事業を営む個人に関する情報】

事業を営む個人の当該事業に関する情報は、法人情報と同様に扱うとされています。これは、個人に関する情報であっても、事業に関する情報については、情報の性質上、個人のプライバシーの問題として考えるよりも、法人等の事業活動情報と同様の開示・不開示の基準によることが適当だと考えられているためです。

④　法人等に関する情報

公開請求の対象となった文書に法人等に関する情報が含まれている場合、当該法人等の権利、競争上の地位その他正当な利益を害するおそれがあるものについては、不開示とする旨が規定されています（法５条２号等）。なお、ここでいう法人その他の団体には設立形態や目的による限定がなされていないことから、株式会社等、財団法人、社団法人、学校法人、宗教法人、外国法人等幅広く法人を対象とするものと解されます。ただし、国、独立行政法人、地方公共団体、地方独立行政法人については、その公共的性格にかんがみ、一般的にここでいう「法人」から除かれています。

図表5-2　法人情報に関する開示事項と不開示事項

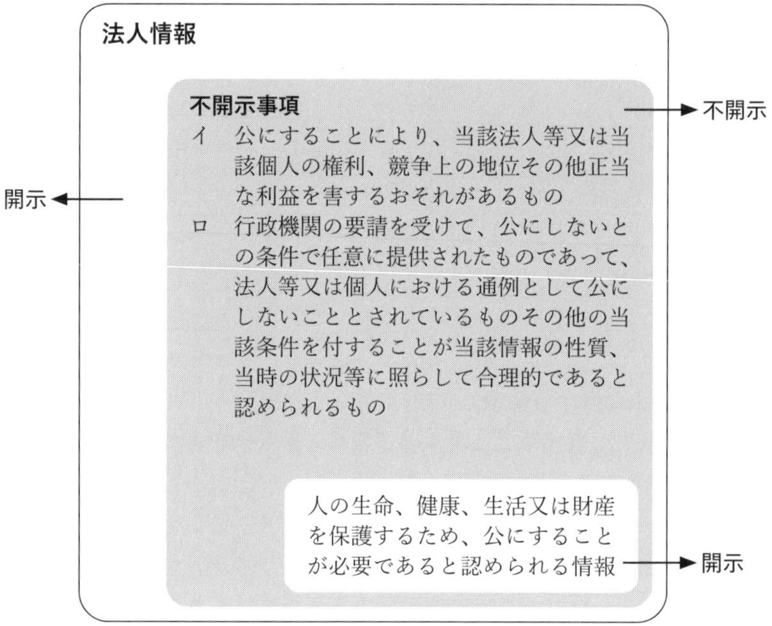

個人識別情報と違って法人情報は法人の正当な利益を害さない限り、開示しなければなりません。また、不開示事由に該当する場合であっても「人の生命、健康、生活又は財産を保護するため、公にすることが必要であると認められる情報」については開示されることになります

⑤　国の安全等に関する情報

公にすることにより、❶国の安全が害されるおそれ、❷他国又は国際機関との信頼関係が損なわれるおそれ又は❸他国又は国際機関との交渉上不利益を被るおそれがあると実施機関の長が認めることにつき相当の理由がある情報は、不開示とされます（法5条3号等）。

たとえば、最判平成30年1月19日[96)]は、内閣官房報償費の支出に関する報償

96）　集民258号1頁

費支払明細書に記録された調査情報対策費及び活動関係費の各支払年月日，支払金額等を示す情報について、「我が国の外交関係や他国等の利害に関係する事項に関するものについては，これを公にすることにより，国の安全が害され，他国等との信頼関係が損なわれ，又は他国等との交渉上不利益を被るおそれがあるとした内閣官房内閣総務官の判断に相当な理由があるものと認められる」としています。

【認めるに足りる相当の理由がある情報】

公にすることにより、国の安全が害されるおそれ等があるか否かの判断は、その性質上、高度の政策的判断を伴うことなどの特殊性が認められるものと考えられます。そのため、この判断について訴訟で争われた場合には、行政機関の第一次的な判断を尊重し、合理性を持つ判断として許容される限度内のものであるかどうかを審理・判断することとするのが適当であるとされています[97]。

⑥　公共の安全に関する情報

公にすることにより、犯罪の予防、鎮圧又は捜査、公訴の維持、刑の執行その他の公共の安全と秩序の維持に支障を及ぼすおそれがあると行政機関の長が認めることにつき相当の理由がある情報については、不開示とすることとしています（法５条４号等)。なお、この犯罪の予防等に支障を及ぼすおそれについても、行政機関の第一次的な判断を尊重する旨の規定がなされています。

なお、本規定は、一般的に司法警察活動（犯罪の証拠の収集・保全等の司法目的を達成するための警察活動）が対象となり、行政警察活動（犯罪の予防・鎮圧・公共の安全の維持という行政目的を達成するため警察活動）は対象にならないと考えられています[98]。したがって、この規定によって不開示とされるのは、犯罪の予防、鎮圧又は捜索、公訴の維持、刑の執行など刑事法の執行に関連する情報に限られます。風俗営業等の許認可、伝染病予防、食品・環境・薬事等の衛生監視、建築規制、災害警備等のいわゆる行政警察に関する情報は、この規定

---

97)　総務省行政管理局「詳解 情報公開法」財務省印刷局、2001年、69頁
98)　総務省行政管理局「詳解 情報公開法」財務省印刷局、2001年、67頁

の対象ではなく、後で説明する「事務・事業情報」として開示あるいは不開示についての判断がなされることになります。

⑦　審議・検討又は協議に関する情報

国の機関、独立行政法人等、地方公共団体及び地方独立行政法人の内部又は相互間における審議、検討又は協議に関する情報であって、公にすることにより、❶率直な意見の交換又は意思決定の中立性が不当に損なわれるおそれ、❷不当に国民の間に混乱を生じさせるおそれ又は❸特定の者に不当に利益を与え若しくは不利益を及ぼすおそれがあるものが、不開示事由として規定されています（法5条5号等）。

国や地方公共団体の事務・事業について意思決定が行われるまでには、様々な検討や協議打ち合わせ、あるいは有識者などによる審議会等での審議を行う場合もありますが、このような情報は、開示することによって支障がある場合には不開示にすることができます。これは、審議会での発言が開示されることによって委員等が自由に意見が言えない場合もあることや検討中の未成熟な情報が地方公共団体から外部に出ることによって住民に混乱が生じる場合もあることなどから不開示とされています。

たとえば、ダムサイト候補地選定位置図について「協議会の意思形成過程における未成熟な情報であり、公開することにより、府民に無用の誤解や混乱を招き、協議会の意思形成を公正かつ適切に行うことに著しい支障が生じるおそれのある」とした裁判例[99)]があります。なお、この「損なわれるおそれ」等について、「『おそれ』は単なる確率的な可能性ではなく、法的保護に値する蓋然性がなければならない」と解されています[100)]。

⑧　行政機関の事務・事業に関する情報

国の機関、独立行政法人等、地方公共団体又は地方独立行政法人が行う事務又は事業に関する情報であって、公にすることにより、以下のおそれその他当

99)　大阪高判平5年3月23日判例タイムズ828号179頁
100)　東京地判平成23年8月2日判例時報2149号61頁

該事務又は事業の性質上、当該事務又は事業の適正な遂行に支障を及ぼすおそれがあるものは、不開示とされています（法5条6号等）。

イ　監査、検査、取締り、試験又は租税の賦課若しくは徴収に係る事務に関し、正確な事実の把握を困難にするおそれ又は違法若しくは不当な行為を容易にし、若しくはその発見を困難にするおそれ ロ　契約、交渉又は争訟に係る事務に関し、国、独立行政法人等、地方公共団体又は地方独立行政法人の財産上の利益又は当事者としての地位を不当に害するおそれ ハ　調査研究に係る事務に関し、その公正かつ能率的な遂行を不当に阻害するおそれ ニ　人事管理に係る事務に関し、公正かつ円滑な人事の確保に支障を及ぼすおそれ ホ　独立行政法人等、地方公共団体が経営する企業又は地方独立行政法人に係る事業に関し、その企業経営上の正当な利益を害するおそれ

行政機関が行うすべての事務・事業は幅広く主権者である住民に開示されるべきものです。しかし、開示することによって適正な遂行に支障を及ぼすおそれがあるような情報は、不開示とされているのです。

⑸　第三者による意見書の提出

開示請求の対象になっている行政文書に第三者に関する情報が含まれている場合には、その第三者のプライバシー等に配慮し情報公開を行う必要があります。実施機関は、開示についての決定をするに当たり、第三者に通知して意見書を提出する機会を与える制度が設けられています。実施機関は、第三者の意見を考慮して開示、不開示の決定を行うことになります。

なお、第三者に対する意見照会は、義務的なものと行政機関が任意で行うものとがあります。

①　義務的な意見照会

以下の場合、行政機関は必ず第三者の意見を聞かなければなりません（法13条2項等）。

①　第三者の個人識別情報であるが、人の生命、健康、生活又は財産を保護するため、公にすることが必要であると認められるとして公開する場合
②　第三者の法人等の情報であるが、人の生命、健康、生活又は財産を保護するため、公にすることが必要であると認められるとして公開する場合
③　第三者に関する情報が本来非公開情報であるが、公益上特に必要があるとして公開する場合

②　任意的な意見照会

第三者に関する情報であっても、義務的な意見照会の対象とはならないものについては、実施機関の判断で意見照会を行うことができます（法13条1項等）。

なお、意見書の提出の機会を与えられた第三者が当該行政文書の開示に反対の意思を表示した意見書を提出した場合、開示決定をするときは、開示決定の日と開示を実施する日との間に少なくとも2週間を置かなければなりません（情報公開法13条3項等）。当該第三者が、不服申立て、取消訴訟等を提起するための時間を保障するためです。

⑹　公益上の理由による裁量的開示

請求された行政情報に個人情報などの不開示事由が含まれている場合には、原則として開示することはできません。しかし、公益上特に必要があると認めるときは当該行政情報を開示することができます（法7条等）。プライバシーを中心とする個人の正当な権利利益や法人の利益等は、その性質上、手厚く保護されるべきですが、なおこれに優越する公益があるときは、実施機関が裁量的に開示することを認める規定です。不開示事由に該当せず開示される情報について実施機関は開示する義務を負いますが、この条項に基づく開示は実施機関が開示する義務を負うのではなく、実施機関の裁量的な判断により開示されることになります。

⑺ 公文書の存否に関する情報

開示請求に係る公文書が存在しているか否かを答えるだけで、不開示情報を開示することとなるときは、当該公文書の存否を明らかにしないで、開示請求を拒否することができます（法８条等）。いわゆる存否応答拒否、グローマー（Glomar）拒否といわれます。

事例として、刑事施設において特定の個人と九州管区警察局の職員との面接事実が分かる文書の公開請求に関して、答申では刑事施設における職員との面接の事実が分かる文書が「存在しているか否かを答えることは、特定個人が特定刑事施設に収容されている又は収容されていたという事実及び当該個人が九州管区警察局職員と面接したという事実の有無（略）を明らかにする結果を生じさせるものと認められる」ものであると判断して、存否応答拒否処分は妥当であるという結論を示しています[101)]。

なお、存否応答拒否を行う場合においても、理由は附記しなければなりません。その場合には、開示請求に係る行政情報が仮に存在した場合に適用することとなる不開示条項及び当該行政情報の存否を明らかにすることが不開示情報を開示することになる理由を記載することになります。

⑻ 開示決定等の期限

開示決定等は、開示請求があった日から30日以内にすることを原則とし（法10条１項等）、正当な理由があるときは、延長することができます（同条２項等）。

開示請求に係る公文書が著しく大量であるため、事務の遂行に著しい支障が生ずるおそれがある場合には、当該公文書のうち相当の部分につき開示決定等をし、残りの公文書については相当の期間内に開示決定等をすれば足りるという規定を多くの地方公共団体が設けています（東京都情報公開条例12条３項等）。

⑼ 濫用的請求

近年、多くの地方公共団体において、情報公開に関して濫用的な請求がなされることが問題となっています。濫用的な請求としては、主に次のような態様

101）　平成19年度（行情）答申第321号答申・判決データベース

があります。

❶　正当な理由なく、対象文書の開示を受けずに請求を繰り返す。
❷　特定の個人または職員等への誹謗、中傷、威圧、攻撃など情報公開と直接関係のない事柄を主たる目的とし、害意を持って請求する。
❸　開示請求の名目で職員を恫喝する。説明を強要する。
❹　著しく大量な文書の開示請求を行う。

濫用的請求の形としては、大きく分けると①大量請求と②狭義の濫用的請求とがあります。

①　大量請求

地方公共団体に対して悪意を持って、通常想定される量を超えた請求を行うものが、大量請求の問題です。この点については、多くの裁判例がありますが、主にその問題点として指摘されるのが、請求に際して文書の特定がないのではないかという点です。たとえば、法４条１項では、開示請求は、「行政文書の名称その他の開示請求に係る行政文書を特定するに足りる事項」を記載した書面を提出してしなければならないとされていますが、著しく大量な文書の請求に関しては、この「特定するに足りる事項」の記載がないため、問題となります。

この点に関して当初の裁判例[102)]は、「請求者が求めている文書が何かが客観的に分かれば、特定としては十分であり、対象となる文書が大量であるかどうかは特定の有無とは別個の問題である」として、大量請求であるのみでは文書の特定がないとの主張を認めませんでした。しかし、近年の裁判例においては「本件条例の定める公開請求制度上は、特定部署の公文書を包括請求する趣旨の記載は、特段の事情のない限り、『公文書を指定するために必要な事項』の記載には当たらないと解すべきである」としています[103)]。

102)　横浜地判所平成14年10月23日 D1-Law.com 判例体系
103)　東京高判平成23年７月20日判例地方自治354号９頁

② 狭義の濫用的請求

狭義の濫用的請求とは、単に大量文書の開示を請求するのではなく、請求過程において職員を罵倒する等請求の態様が濫用的なものをいいます。

東京高判平成23年11月30日[104)]の第１審判決[105)]において、「権利の行使といっても、常に例外なしに無制限に認められるというわけではなく、民法１条３項の『権利の濫用は、これを許さない。』との規定に表象される法の一般原理としての権利の濫用に該当する場合には、外形上権利の行使のように見えても、権利の行使として是認することができない」としています。具体的に濫用となる場合については「対象文書の開示に相当な時間を要することが明らかである場合であっても、そのことのみを理由として、開示請求を拒むことは原則としてできないというべきである」としました。しかし、情報公開請求権「にも限界はあり、対象文書が余りに大量であるため、開示請求を受けた行政機関が、開示決定に至るまでの処理を行うことにより当該行政機関の通常業務に著しい支障を生じさせる場合であって、開示請求者が、専らそのような支障を生じさせることを目的として開示請求をするときや、より迅速・合理的な開示請求の方法があるにもかかわらず、そのような請求方法によることを拒否し、あえて迂遠な請求を行うことにより、当該行政機関に著しい負担を生じさせるときなど例外的な場合には、当該開示請求を権利濫用として不開示とすることができる」としています。

また、特別支援教育課や特別支援学校等が保有する保有個人情報の開示請求を行った**名古屋地平成25年３月28日**[106)]において、「原告は、合理的な理由もなく処分行政庁の補正依頼を拒否し、これに応答しなかったものであって、(略)開示請求の回数、分量、内容、態様や処分行政庁の人的、物的制約等をも併せ考慮すると、処分行政庁の本件各開示請求に対する対応は、無理からぬところであったというべきである」として、不開示決定を適法であるとしています。

104）　訟務月報58巻12号4115頁
105）　東京地判平成23年５月26日訟務月報58巻12号4131頁
106）　判例地方自治388号41頁

個人情報保護制度

1　個人情報の保護

(1)　プライバシーの権利の広がり

古典的なプライバシー権は、国家による私生活への侵害からプライバシーを守るという消極的な権利と理解されていました。しかし、行政機関や民間企業等が保有する国民に関する情報量は飛躍的に増大し、個人情報の保護の観点から古典的なプライバシー概念では不十分なものと考えられるようになってきました。今日では、行政機関や民間企業等が保有する個人情報について、国民自らが管理する「自己情報コントロール権」を含むものとしてとらえられるようになってきています。現在の個人情報保護には、従来からの「ひとりで居させてもらいたい権利」という側面と「自己情報コントロール権」としての側面とがあるものと考えられているのです。

(2)　OECDの８原則

OECDの８原則とは、1980年９月にOECD（経済協力開発機構）の理事会で採択された「プライバシー保護と個人データの国際流通についてのガイドラインに関する理事会勧告」で示された８つの原則です。我が国の個人情報保護制度も、基本的にこの８原則に沿った内容で構築されています。

① 目的明確化の原則 （Purpose Specification Principle）	収集目的を明確にし、データ利用は収集目的に合致しなければならないとする原則
② 利用目的制限の原則 （Use Limitation Principle）	本人の同意がある場合や法律の規定による場合を除いて、収集したデータを目的以外に利用してはならないとする原則
③ 収集制限の原則 （Collection Limitation Principle）	個人データは、適法・公正な手段により、かつ本人に通知または同意を得て収集されなければならないとする原則

④ データ内容の原則 (Data Quality Principle)	収集するデータは、利用目的に沿ったもので、かつ、正確・完全・最新でなければならないとする原則
⑤ 安全保護の原則 (Security Safeguards Principle)	合理的安全保護措置により、紛失・破壊・使用・修正・公開等から保護されなければならないとする原則
⑥ 公開の原則 (Openness Principle)	データ収集の実施方針等を公開し、データの存在、利用目的、管理者等を明示しなければならないとする原則
⑦ 個人参加の原則 (Individual Participation Principle)	データ主体である国民に対して、自己に関するデータの所在及び内容を確認させ、または異議申立を保証しなければならないとする原則
⑧ 責任の原則 (Accountability Principle)	データの管理者は、個人情報保護の諸原則実施の責任を負うとする原則

2 わが国の個人情報保護

(1) 法体系

従来は、個人情報の保護に関する法律（以下「個人情報保護法」といいます）において、基本理念、民間事業者に関する規律が規定され、国及び地方公共団体については責務・個人情報保護施策のみが規定されていました。国の行政機関に関する規律は「行政機関の保有する個人情報の保護に関する法律」（以下「行政機関個人情報保護法」といいます）において、独立行政法人等については「独立行政法人等の保有する個人情報の保護に関する法律」（以下「独立行政法人等個人情報保護法」といいます）、各地方公共団体に関しては各地方公共団体の個人情報保護条例において規律されていました。

令和３年５月19日、デジタル社会の形成を図るための関係法律の整備に関する法律（以下「整備法」といいます）が公布され、個人情報保護法、行政機関個人情報保護法、独立行政法人等個人情報保護法の３本の法律を個人情報保護法に統合するとともに、地方公共団体の個人情報保護制度についても統合後の個人情報保護法（以下個人情報保護制度の解説において「法」といいます）において全国的な共通ルールを規定し、全体の所管を個人情報保護委員会とするとされました。なお、この整備法は段階的に施行され、国の行政機関に関する個人情報保護制度は令和４年４月１日から、地方公共団体に関する個人情報保護制度は令和５年４月１日から個人情報保護法によって一元的に規律されています。

⑵　個人情報保護法における用語の意義

①　個人情報

個人情報保護法では、「個人情報」とは、生存する個人に関する情報であって、次のいずれかに該当するものとされています（法２条１項）。

❶　当該情報に含まれる氏名、生年月日その他の記述等に記載され、若しくは記録され、又は音声、動作その他の方法を用いて表された一切の事項により特定の個人を識別することができるもの（他の情報と容易に照合することができ、それにより特定の個人を識別することができることとなるものを含む。）

❷　個人識別符号が含まれるもの

【生存する個人】

個人情報保護法では、個人情報について「生存する個人に関する情報」に限定し、死者の情報を含まないものとしています。かつては各地方公共団体の個人情報保護条例において「生存する個人に関する情報」に限定せずに、死者の情報も個人情報の範囲に含めるものもありましたが、個人情報保護法において「生存する個人に関する情報」に一元的に限定されることとなりました。

ただし、死者の情報が遺族の個人情報となる場合には、当該遺族が請求者自身の個人情報として開示請求等を行うことができると解されています。この点に関しては、名古屋高裁金沢支部判平成16年４月19日[107)]は、死者の情報が同時にその死亡した者の相続人にとっての個人識別情報に該当する場合として「ある者の財産に関する情報がその者の個人識別情報である場合において、その者の死亡により、上記財産に関する情報は、死亡した者の個人識別情報であるとともに、死亡した者を相続して当該財産を取得した相続人の個人識別情報でも

107）　判例タイムズ1167号126頁

ある」としています。また、**東京高判平成11年８月23日**[108]は、死亡した中学校２年生の女児が作成した作文の開示を親権者が学校に対して求めた事案に関して、「親権者であった者が死亡した未成年の子どもの個人情報の開示を求めているという場合については、社会通念上、この子どもに関する個人情報を請求者自身の個人情報と同視し得るものとする余地もある」としています。

【モザイクアプローチ】

ある情報を他の情報と組み合わせることによって、個人情報として認識することができるかを判断することをモザイクアプローチといいます。個人情報に関する「他の情報と容易に照合することができ、それにより特定の個人を識別することができることとなるもの」の部分がこれに当たります。

従来の行政機関個人情報保護法２条２項２号では、「他の情報と照合することができ、それにより特定の個人を識別することができることとなるものを含む」と規定され、「容易に」が要件とされていませんでした。整備法により「容易に」が要件とされることにより、容易に識別される場合に限ることとなり、保護の対象となる情報の範囲が狭くなる可能性があると指摘されています[109]。

【個人識別符号】

個人識別符号として、次の二種類のものが規定されています（法２条２項）。この２種類のものが含まれる生存する個人に関する情報も「個人情報」として、本法の適用を受けることになります。

❶　特定の個人の身体の一部の特徴を電子計算機の用に供するために変換した文字、番号、記号その他の符号であって、当該特定の個人を識別することができるもの。たとえば、DNA、顔認識データ、指紋・声紋データ等がこの例として挙げられます。

---

108)　判例時報1692号47頁

109)　宇賀克也編「自治体職員のための2021年改正個人情報保護法解説」第一法規、2021年、132頁、高野祥一「自治体の実務のへの影響と法改正に伴う例規整備のポイント」（第２章）

❷　個人に提供される役務の利用若しくは個人に販売される商品の購入に関し割り当てられ、又は個人に発行されるカードその他の書類に記載され、若しくは電磁的方式により記録された文字、番号、記号その他の符号であって、その利用者若しくは購入者又は発行を受ける者ごとに異なるものとなるように割り当てられ、又は記載され、若しくは記録されることにより、特定の利用者若しくは購入者又は発行を受ける者を識別することができるもの。たとえば、旅券番号、基礎年金番号、免許証番号、医療保険・介護保険・雇用保険の被保険者証等が挙げられます。

②　行政機関及び地方公共団体の機関

個人情報保護法は、国の省庁等の機関を「行政機関」として規定しています（法２条11項１号）。また、地方公共団体に関しては、「地方公共団体の機関」と規定しており（法２条11項２号）、知事・市町村長、教育委員会、選挙管理委員会、監査委員等の執行機関がこれに当たります。ただし、地方公共団体の機関から議会は除かれているため（同号括弧書）、議会及びこれに置かれる組織である議会事務局は、個人情報保護法の適用を受けません。このため、各地方公共団体において、独自に、議会に関する個人情報保護条例を設けているのが一般的です。

なお、個人情報保護法では、行政機関、地方公共団体の機関、独立行政法人及び地方独立行政法人を併せて「行政機関等」と規定しています。

③　行政文書

行政機関の職員が職務上作成し、又は取得した文書、図画及び電磁的記録であって、当該行政機関の職員が組織的に用いるものとして、当該行政機関が保有しているものを「行政文書」といいます（法60条１項）。ただし、官報、新聞等不特定多数の者に販売する目的で発行されるものや歴史的、文化的資料等として特別の管理がされているものなどは行政文書に含まれません。

一方、地方公共団体の機関又は地方独立行政法人の職員が職務上作成し、又は取得した文書等であって、当該地方公共団体の機関又は地方独立行政法人の職員が組織的に用いるものとして、当該地方公共団体の機関又は地方独立行政法人が保有しているものは地方公共団体等行政文書とされています。

法では、行政文書、地方公共団体等行政文書及び法人文書（独立行政法人等の文書）を合わせて行政文書等と定義しています。

④ 保有個人情報

保有個人情報とは、国の行政機関、地方公共団体の機関、独立行政法人、地方独立行政法人等の職員が職務上作成し、又は取得した個人情報であって、当該行政機関等の職員が組織的に利用するものとして、当該行政機関等が保有しているものをいいます。ただし、行政文書等に記録されているものに限ります（法60条１項）。

個人情報には、口頭で伝えられ職員が記憶しているにとどまるものもありますが、法律の規律を安定的に運用するために、紙、ディスク等の媒体に記録されているものに限られています[110)]。

⑤ 個人情報ファイル

個人情報ファイルとは、保有個人情報を含む情報の集合物であって、次のいずれかに当たるものをいいます（法60条２項）。

❶ 一定の事務の目的を達成するために特定の保有個人情報を、電子計算機を用いて検索することができるように体系的に構成したもの⇒パソコン上で検索できるファイルのことで電算処理ファイルとよばれます。

❷ 一定の事務の目的を達成するために氏名、生年月日、その他の記述等により特定の保有個人情報を容易に検索することができるように体系的に構成したもの⇒検索できる紙媒体のファイルのことで、五十音順に並べたカルテのように手作業で容易に検索できるものです。マニュアル処理ファイルとよばれます。

110） 宇賀克也「新・個人情報保護法の逐条解説」有斐閣、2021年、442頁

⑥　要配慮個人情報

「要配慮個人情報」とは、本人の人種、信条、社会的身分、病歴、犯罪の経歴、犯罪により害を被った事実その他本人に対する不当な差別、偏見その他の不利益が生じないようにその取扱いに特に配慮を要するものとして政令で定める記述等が含まれる個人情報です（法２条３項）。この規定を受けて、個人情報の保護に関する法律施行令２条では、具体的に次に掲げる事項のいずれかを内容とする記述等を要配慮個人情報として定めています。

① 身体障害、知的障害、精神障害（発達障害を含む。）その他の個人情報保護委員会規則で定める心身の機能の障害があること。
② 本人に対して医師等により行われた疾病の予防及び早期発見のための健康診断その他の検査の結果
③ 健康診断等の結果に基づき、又は疾病、負傷その他の心身の変化を理由として、本人に対して医師等により心身の状態の改善のための指導又は診療若しくは調剤が行われたこと。
④ 本人を被疑者又は被告人として、逮捕、捜索、差押え、勾留、公訴の提起その他の刑事事件に関する手続が行われたこと。
⑤ 本人を少年法３条１項に規定する少年又はその疑いのある者として、調査、観護の措置、審判、保護処分その他の少年の保護事件に関する手続が行われたこと。

法20条２項において、民間事業者である個人情報取扱事業者は、原則として、本人の同意を得ずに要配慮個人情報を取得することは禁止されています。しかし、行政機関や地方公共団体の機関に関しては、このような規定は設けられていません。行政機関や地方公共団体の機関は、そもそも特定された利用目的の達成に必要な範囲内でしか個人情報を保有することができないため、このような禁止規定は不要とされているのです。

また、この要配慮個人情報以外に、法60条５項において「条例要配慮個人情報」が規定されています。この「条例要配慮個人情報」とは、地方公共団体の機関又は地方独立行政法人が保有する個人情報のうち、地域の特性その他の事情に応じて、本人に対する不当な差別、偏見その他の不利益が生じないようにその取扱いに特に配慮を要するものとして地方公共団体が条例で定める記述等が含まれる個人情報とされています。

各地方公共団体は、法が規定する要配慮個人情報に含まれていない情報であっても、条例要配慮個人情報として定めることによって要配慮個人情報と同様の保護措置を講ずることになります。

3　個人情報の収集段階における規律

(1)　個人情報の保有の制限等

行政機関等は、法令あるいは条例の定める所掌事務又は業務を遂行するため必要な場合に限り、個人情報を保有することが許されます。ただし、保有に際しては、利用目的をできる限り特定しなければならず（法61条１項）、特定された利用目的の達成に必要な範囲を超えて個人情報を保有することは禁止されています（同条２項）。したがって、利用目的を超えた個人情報の取得も許されません。

また、個人情報の保有後に利用目的を変更することについては、変更前の利用目的と相当の関連性を有すると合理的に認められる範囲に限り行うことができます（同条３項）。

なお、従来の地方公共団体の個人情報保護条例においては、個人情報は本人から収集しなければならない旨の規定が設けられていましたが（本人収集の原則）、個人情報保護法にはこのような規律はなされていません。

(2)　利用目的の明示

行政機関等は、本人から直接書面（電磁的記録を含む）に記録された本人の個人情報を取得するときは、あらかじめ、本人に対して、その利用目的を明示しなければなりません。ただし、以下の場合には、その必要はありません（法62条）。

① 人の生命、身体又は財産の保護のために緊急に必要があるとき。
② 利用目的を本人に明示することにより、本人又は第三者の生命、身体、財産その他の権利利益を害するおそれがあるとき。
③ 利用目的を本人に明示することにより、国の機関、独立行政法人等、地方公共団体又は地方独立行政法人が行う事務又は事業の適正な遂行に支障を及ぼすおそれがあるとき。
④ 取得の状況からみて利用目的が明らかであると認められるとき。

口頭で個人情報を取得した場合には、その情報が行政文書等に記録され保有個人情報として保有されるとは限りません。一方、書面で取得した情報は、保有個人情報として、以後の行政運営のための重要な資料として利用されることが一般的です。そのため、書面による場合のみを規定しています。

⑶ 適正な取得

行政機関の長、地方公共団体の機関、独立行政法人等及び地方独立行政法人（以下「行政機関の長等」といいます）は、偽りその他不正の手段により個人情報を取得してはならないとされています（法64条）。従来は、民間部門についてのみ規定されていたものですが、整備法による法改正の際に行政機関等についても規定されたものです。

4 保有個人情報の利用、提供に関する規律

⑴ 目的外利用、提供の制限

行政機関の長等は、法令に基づく場合を除き、利用目的以外の目的のために保有個人情報を自ら利用し、又は提供してはなりません（法69条１項）。ただし、次のいずれかに該当すると認めるときは、利用目的以外の目的のために利用し、又は提供することが許されます（同条２項）。

① 本人の同意があるとき、又は本人に提供するとき。
② 行政機関等が法令の定める所掌事務又は業務の遂行に必要な限度で保有個人情報を内部で利用する場合であって、当該保有個人情報を利用することについて相当の理由があるとき。
③ 他の行政機関、独立行政法人等、地方公共団体の機関又は地方独立行政法人に保有個人情報を提供する場合において、保有個人情報の提供を受ける者が、法令の定める事務又は業務の遂行に必要な限度で提供に係る個人情報を利用し、かつ、当該個人情報を利用することについて相当の理由があるとき。
④ ①～③のほか、専ら統計の作成又は学術研究の目的のために保有個人情報を提供するとき、本人以外の者に提供することが明らかに本人の利益になるとき、その他保有個人情報を提供することについて特別の理由があるとき。

ただし、この場合であっても、利用、提供によって、本人又は第三者の権利利益を不当に侵害するおそれがあると認められるときは、目的外の利用又は提供をすることは許されません（同項ただし書）。

⑵ 不適正な利用の禁止

行政機関の長等は、違法又は不当な行為を助長し、又は誘発するおそれがある方法により個人情報を利用することは禁止されています（法63条）。

この「おそれがある方法」の例として、個人情報を提供した場合、提供先において第三者への提供制限に反することが予見できるにもかかわらず、個人情報を提供する場合等が挙げられます。

⑶ 保有個人情報の提供を受ける者に対する措置要求

行政機関の長等は、保有個人情報を提供する場合、必要があると認めるときは、保有個人情報の提供を受ける者に対し、提供に係る個人情報について利用の目的・方法の制限その他必要な制限を付し、又はその漏えいの防止その他の個人情報の適切な管理のために必要な措置を講ずることを求めなければなりません（法70条）。必要な措置とは、保有個人情報の取扱者の限定、利用後の廃棄・返却方法、第三者への再提供の制限、報告の要求等が考えられます[111]。

⑷　外国にある第三者への提供の制限

行政機関の長等は、外国にある第三者に利用目的以外の目的のために保有個人情報を提供する場合には、法令に基づく場合、専ら統計の作成又は学術研究の目的のために保有個人情報を提供する場合等以外には、あらかじめ外国にある第三者への提供を認める旨の本人の同意を得なければなりません（法71条1項）。

この規定は、欧州連合（EU）のGDPR（一般データ保護規則（General Data Protection Regulation））のルールの一つである十分性認定を受けるために、GDPRと同等の規律を設けたものです。十分性認定を受けた国に関しては、EU域内の事業者から個人データの移転を受けることが可能となり、我が国の企業等にとってはEU関係の各種手続の負担やコストが大幅に削減されます。

5　保有個人情報の管理に関する規律

⑴　正確性の確保

行政機関の長等は、利用目的の達成に必要な範囲内で、保有個人情報が過去又は現在の事実と合致するよう努めなければなりません（法65条）。不正確な個人情報が利用されることによって適正な給付を受けることができない、あるいは不当な負担を求められることなどにより、個人の権利利益が侵害されることのないよう、個人情報の正確性を求めるものです。ただし、利用目的の達成に必要な範囲内での努力義務とされているにとどまるため、保有個人情報のすべてについて事実と合致させなければならないわけではありません。

⑵　安全管理措置

行政機関の長等は、保有個人情報の漏えい、滅失又は毀損の防止その他の保有個人情報の安全管理のために必要かつ適切な措置を講じなければなりません

111）　宇賀克也「新・個人情報保護法の逐条解説」有斐閣、2021年、486頁

(法66条1項)。また、行政機関等から個人情報の取扱いの委託を受けた者等も、委託を受けた業務等に関して同様の措置を講ずることが義務付けられます(同条2項)。

⑶ 従事者の義務

個人情報の取扱いに従事する行政機関等の職員・職員であった者、行政機関等から個人情報の取扱いの委託を受けた業務に従事している者・従事していた者等は、その業務に関して知り得た個人情報の内容をみだりに他人に知らせ、又は不当な目的に利用してはなりません(法67条)。ここでは、保有個人情報に限らず、組織として保有していないものも含めて個人情報全般が対象とされています。したがって行政文書等に記録されていない個人情報も保護の対象となります。

これに違反した行政機関等の職員は地方公務員法29条1項1号(法令等違反)又は34条1項(守秘義務違反)により懲戒処分や刑事処罰の対象となる可能性があります。

⑷ 漏えい等の報告等

行政機関の長等は、保有個人情報の漏えい、滅失、毀損その他の保有個人情報の安全の確保に係る事態であって個人の権利利益を害するおそれが大きいものとして**個人情報保護委員会規則で定めるもの**が生じたときは、漏えい等が生じた旨を個人情報保護委員会に報告しなければなりません(68条1項)。

個人情報保護法施行規則で定めるもの

① 要配慮個人情報が含まれる保有個人情報(略)の漏えい、滅失若しくは毀損(漏えい等)が発生し、又は発生したおそれがある事態

② 不正に利用されることにより財産的被害が生じるおそれがある保有個人情報の漏えい等が発生し、又は発生したおそれがある事態

③ 不正の目的をもって行われたおそれがある保有個人情報の漏えい等が発生し、又は発生したおそれがある事態

④　保有個人情報に係る本人の数が100人を超える漏えい等が発生し、又は発生したおそれがある事態

また、行政機関の長等は、以下の場合以外は、漏えい等が生じたことを本人に通知しなければなりません（同条2項）。

①　本人への通知が困難な場合であって、本人の権利利益を保護するため必要なこれに代わるべき措置をとるとき（本人の連絡先が分からない場合等で、このような場合にはウェブサイトに掲載する等の方法が考えられます）。
②　当該保有個人情報に開示請求者の生命、健康、生活又は財産を害するおそれがある情報等が含まれるとき（このような情報は、本人から開示請求があった場合にも不開示決定がなされるため、通知することもできません）。

6　個人情報ファイル簿等

(1)　個人情報ファイル簿の作成及び公表

行政機関の長等は、行政機関等が保有している個人情報ファイルについて、①個人情報ファイルの名称、②利用目的、③記録される項目、④個人情報の収集方法、⑤記録情報に要配慮個人情報が含まれるときはその旨などを記載した個人情報保護ファイル簿を作成し、公表しなければなりません（法75条1項）。ただし、犯罪捜査等に関する個人情報ファイルのように高度の秘密保持を要するファイルや1年以内に消去することとなる記録情報のみを記録する個人情報ファイルのように個人の権利利益を侵害するおそれが小さい場合には作成、公表の必要はありません（同条2項）。

個人情報ファイル簿の作成及び公表は、OECD 8原則の個人参加の原則に基づき、住民に対して、自己に関する個人情報の所在及び内容を確認させ、または異議申立を保証するための制度です。また、OECD 8原則の目的明確化の原則に基づき収集目的を明確にする意味もあります。さらに収集した個人情報を目的以外に利用してはならないため、ファイル簿に登録される目的によって利

用制限の範囲が確定することになります。

⑵　個人情報取扱事務登録簿の作成、公表

従来、多くの地方公共団体では、個人情報ファイル簿ではなく、個人情報取扱事務登録簿の作成、公表を行ってきました。個人情報ファイル簿は個人情報ファイル単位で作成されるのに対して、個人情報取扱事務登録簿は保有個人情報を取り扱う事務、事業単位で作成されています。どのような事務、事業に個人情報が利用されているのかという視点からは一覧性があり便利だといえます。そのため、地方公共団体の機関は、条例で定めるところにより、個人情報ファイル簿とは別の個人情報取扱事務登録簿等を作成し、公表することは可能です(同条5項)。

7　自己情報の開示請求

⑴　開示請求権

何人も行政機関の長等に対して、当該機関が保有する自己の個人情報の開示請求をすることができます（法76条1項)。なお、未成年者・成年被後見人の法定代理人又は本人の委任による代理人は、本人に代わって個人情報の開示請求を行うことができます（同条2項)。

この開示請求権は、形式的には情報公開制度と似ていますが、その目的は大きく異なります。情報公開制度は、知る権利や行政機関等の説明責任に基づくものですが、自己情報の開示制度は自己情報のコントロール権の観点から設けられています。つまり、自己情報の開示請求は行政機関等が保有する自己情報の開示を求めることによって、行政機関等が正しい情報を個人情報保護制度に従って、適法に取得、管理しているかを確認し、必要に応じて訂正請求、利用停止請求等を行うために設けられているのです。

⑵　請求手続

開示請求をしようとする者は、行政機関の長等に対して、①開示請求をする者の氏名及び住所又は居所、②開示請求に係る保有個人情報が記録されている

行政文書等の名称その他の開示請求に係る保有個人情報を特定するに足りる事項を記載した開示請求書を提出しなければなりません（法77条1項）。

なお、開示請求の際には、開示請求に係る保有個人情報の本人又はその法定代理人であることを証明する書類（運転免許証、健康保険の被保険者証、マイナンバーカード等）を提示しなければなりません（同条2項、法施行令22条）。

⑶　保有個人情報の開示義務と不開示情報の範囲

①　開示義務

行政機関の長等は、開示請求があったときは、開示請求に係る保有個人情報に、法に規定する不開示情報が含まれている場合を除き、開示請求者に対し、当該保有個人情報を開示しなければなりません（法78条）。開示請求者にとっては自己の情報であるため、原則開示とされているのです。

②　不開示情報

不開示情報に関しては、行政機関の保有する情報の公開に関する法律（以下「情報公開法」といいます。）5条の不開示情報と整合性が図られており、ほぼ同様のものを不開示情報として規定しています（法78条1項）。そのため、不開示情報に関する説明については、**不開示情報の範囲（111頁）**を参考にしながら読み進めてください。

①　開示請求者の生命、健康、生活又は財産を害するおそれがある情報

情報公開法にはなく、自己情報の開示請求に特有の不開示情報です。この例として、不治の病に関する情報であって、本人がそれを知ることによって精神的に大きな打撃を受け、健康が悪化するおそれがあるような場合が挙げられます。

また、本人と代理人との法的利益が相反する場合もあるため、代理人による個人情報の開示請求が行われる場合、本人の保護をいかに保障するかということが問題になる場合もあります。そのような場合、本号の規定により生命、健康、生活又は財産を害するおそれがある情報として不開示とすることもあります。たとえば、情報公開・個人情報保護審査会平成18年12月15日答申（平成18年度（行情）答申第９号）は、児童に係る小学校児童指導要録に記載された情報全体について、児童の法定代理人からされた開示請求に関して「父親の家庭内暴力の原因が分からない状況下においては、これを開示することによって、およそ児童の生命、健康、生活又は財産を害するおそれがないとまでは言い切れず、これらの情報は不開示とすることが相当である」としています。

② 開示請求者以外の個人に関する情報（事業を営む個人の当該事業に関する情報を除く。）であって、当該情報に含まれる氏名、生年月日その他の記述等により開示請求者以外の特定の個人を識別することができるもの（他の情報と照合することにより、開示請求者以外の特定の個人を識別することができることとなるものを含む。）若しくは個人識別符号が含まれるもの又は開示請求者以外の特定の個人を識別することはできないが、開示することにより、なお開示請求者以外の個人の権利利益を害するおそれがあるもの。ただし、次に掲げる情報を除く。

イ 法令の規定により又は慣行として開示請求者が知ることができ、又は知ることが予定されている情報

ロ 人の生命、健康、生活又は財産を保護するため、開示することが必要であると認められる情報

ハ 当該個人が国家公務員、独立行政法人等の職員、地方公務員及び地方独立行政法人の職員である場合において、当該情報がその職務の遂行に係る情報であるときは、当該情報のうち、当該公務員等の職及び当該職務遂行の内容に係る部分

開示請求者以外の「個人に関する情報」を不開示とするものです。法２条２項２号の「個人情報」の定義とは異なる点に注意が必要です。「個人情報」には死者の情報は含まれませんが、本号は開示請求者以外の個人のプライバシーの保護を目的とするもので、死者についてもプライバシーは保護されるべきであ

ることから、本号の「個人」には死者も含まれると解されます。また、本号のモザイクアプローチにおいても、法２条２項２号の「個人情報」の定義とは異なり、「容易に」は要件とされていません。

なお、個人に関する情報であっても例外的に開示される情報（イ～ハ）については、情報公開制度と同様の規定がなされています。

③　法人その他の団体に関する情報又は開示請求者以外の事業を営む個人の当該事業に関する情報であって、次に掲げるもの。ただし、人の生命、健康、生活又は財産を保護するため、開示することが必要であると認められる情報を除く。

イ　開示することにより、当該法人等又は当該個人の権利、競争上の地位その他正当な利益を害するおそれがあるもの

ロ　行政機関等の要請を受けて、開示しないとの条件で任意に提供されたものであって、法人等又は個人における通例として開示しないこととされているものその他の当該条件を付することが当該情報の性質、当時の状況等に照らして合理的であると認められるもの

法人に関する情報あるいは事業を営む個人の当該事業に関する情報について不開示とするものです。情報公開制度と同様の規定がなされています。

④　行政機関の長が「開示決定等」をする場合において、開示することにより、国の安全が害されるおそれ、他国若しくは国際機関との信頼関係が損なわれるおそれ又は他国若しくは国際機関との交渉上不利益を被るおそれがあると当該行政機関の長が認めることにつき相当の理由がある情報

国の安全等に関する情報について不開示とするものです。なお、本号は、行政機関の長が決定する場合に限るため、地方公共団体の機関が行う決定に関して本号の適用はありません。その理由として、本号は、国の安全等の国民全体の基本的な利益の擁護に携わる内閣の重要な責務に関するものであり、かつ、

開示、不開示の判断に、高度の専門性、政策的判断を必要とする特殊性を有することから、内閣の下にある行政機関の長の不開示決定の判断を尊重する趣旨を示すためとされています[112)]。

> ⑤ 行政機関の長又は地方公共団体の機関（都道府県の機関に限る。）が開示決定等をする場合において、開示することにより、犯罪の予防、鎮圧又は捜査、公訴の維持、刑の執行その他の公共の安全と秩序の維持に支障を及ぼすおそれがあると当該行政機関の長又は地方公共団体の機関が認めることにつき相当の理由がある情報

公共の安全等に関する情報についての規定で、情報公開法とほぼ同様の規定がなされています。ただし、行政機関の長又は都道府県の機関による開示決定のみが規定されており、市町村及び特別地方公共団体の機関はこの規定に基づく不開示決定をすることができません。都道府県に限るとした理由は、地方公共団体において警察組織を有するのは都道府県のみであるためです。市町村等の情報公開条例においては、本号と同様の不開示情報か規定されている場合もありますが（大阪市情報公開条例７条６号等）、その場合は不開示情報について情報公開制度と個人情報保護制度と異なる規定となるため、注意が必要です。

> ⑥ 国の機関、独立行政法人等、地方公共団体及び地方独立行政法人の内部又は相互間における審議、検討又は協議に関する情報であって、開示することにより、率直な意見の交換若しくは意思決定の中立性が不当に損なわれるおそれ、不当に国民の間に混乱を生じさせるおそれ又は特定の者に不当に利益を与え若しくは不利益を及ぼすおそれがあるもの

情報公開制度と同様に、審議、検討、協議に関する情報について、開示によ

112) 宇賀克也「新・個人情報保護法の逐条解説」有斐閣、2021年、558頁

って公益が損なわれるもの等を不開示とするものです。

> ⑦　国の機関、独立行政法人等、地方公共団体又は地方独立行政法人が行う事務又は事業に関する情報であって、開示することにより、次に掲げるおそれその他当該事務又は事業の性質上、当該事務又は事業の適正な遂行に支障を及ぼすおそれがあるもの
> イ　独立行政法人等が開示決定等をする場合において、国の安全が害されるおそれ、他国若しくは国際機関との信頼関係が損なわれるおそれ又は他国若しくは国際機関との交渉上不利益を被るおそれ
> ロ　独立行政法人等が開示決定等をする場合において、犯罪の予防、鎮圧又は捜査その他の公共の安全と秩序の維持に支障を及ぼすおそれ
> ハ　監査、検査、取締り、試験又は租税の賦課若しくは徴収に係る事務に関し、正確な事実の把握を困難にするおそれ又は違法若しくは不当な行為を容易にし、若しくはその発見を困難にするおそれ
> ニ　契約、交渉又は争訟に係る事務に関し、国、独立行政法人等、地方公共団体又は地方独立行政法人の財産上の利益又は当事者としての地位を不当に害するおそれ
> ホ　調査研究に係る事務に関し、その公正かつ能率的な遂行を不当に阻害するおそれ
> ヘ　人事管理に係る事務に関し、公正かつ円滑な人事の確保に支障を及ぼすおそれ
> ト　独立行政法人等、地方公共団体が経営する企業又は地方独立行政法人に係る事業に関し、その企業経営上の正当な利益を害するおそれ

情報公開制度と同様に、事務事業に関する不開示情報を規定しています。また、本号では、国の行政機関に関する４号の規定と同様に、独立行政法人等に関する国の安全等に関する情報及び公共の安全等に関する情報も不開示情報として規定されています。

③　地方公共団体の情報公開条例及び情報公開法との整合性

法78条２項では、本法が定める不開示情報に該当するものでも、地方公共団体の情報公開条例の規定により開示するとされている情報として条例で定めるものは、法で定める不開示情報から除外するとされています。情報公開条例に基づく開示請求に対して開示される情報であるにもかかわらず、本人からの自己情報の開示請求において開示しないことは不合理であるため、この規定が設けられています。

また、情報公開法５条に定める不開示情報に準ずる情報であって地方公共団体の情報公開条例において開示しないとされているもののうち、情報公開条例との整合性を確保するために不開示とする必要があるものとして条例で定めるものは不開示情報とするとされています。情報公開法の規定による不開示情報に準ずる情報であることから、自己情報の開示請求に関しても不開示情報とすることは合理性があるためです。

④　開示請求に対する措置

行政機関の長等は、保有個人情報の全部又は一部を開示するときは、その旨の決定をし、開示請求者に対し、その旨、開示する保有個人情報の利用目的及び開示の実施に関し、次の事項を書面により通知しなければなりません（82条１項）。

通知する事項

①　全部又は一部を開示する旨

②　開示する保有個人情報の利用目的

③　開示決定に係る保有個人情報について求めることができる開示の実施の方法

④　事務所における開示を実施することができる日、時間及び場所等

⑤　写しの送付の方法による保有個人情報の開示を実施する場合における準備に要する日数及び送付に要する費用

⑥　電子情報処理組織を使用して保有個人情報の開示を実施する場合における準備に要する日数その他当該開示の実施に必要な事項（行政機関等が電子情報処

理組織を使用して保有個人情報の開示を実施することができる旨を定めている場合に限る）

ただし、①利用目的を本人に明示することにより、本人又は第三者の生命、身体、財産その他の権利利益を害するおそれがあるとき、②利用目的を本人に明示することにより、国の機関、独立行政法人等、地方公共団体又は地方独立行政法人が行う事務又は事業の適正な遂行に支障を及ぼすおそれがあるときは、利用目的を通知する必要はありません（同項ただし書）。

一方、開示請求に係る保有個人情報の全部を開示しないときは、行政機関の長等は、開示をしない旨の決定をし、開示請求者に対し、その旨を書面により通知しなければなりません（同条２項）。

なお、部分開示（79条）裁量的開示（80条）及び存否応答拒否（81条）については、情報公開制度において同趣旨の規定がなされているため、情報公開制度の該当部分を参考にしてください。

⑤　開示決定等の期限

❶　法律の規定

開示決定等は、開示請求があった日から30日以内にしなければなりません（83条１項）。また、行政機関の長等は、事務処理上の困難その他正当な理由があるときは、開示決定の期間を30日以内に限り延長することができます。この場合は、開示請求者に対し、遅滞なく、延長後の期間及び延長の理由を書面により通知しなければなりません（同条２項）。

❷　条例による規定の可能性

従来の各地方公共団体の個人情報保護条例では開示決定の期限を２週間程度とするものが多くありました。そのため、法律で規定されている期限について条例によって異なる定めをすることが可能かということが問題となります。この点に関して、法108条は「この節の規定は、地方公共団体が、保有個人情報の開示、訂正及び利用停止の手続並びに審査請求の手続に関する事項について、この節の規定に反しない限り、条例で必要な規定を定めることを妨げるものではない」と規定しており、少なくとも法で定める期間より短い期間を定めること（たとえば、従来どおり14日以内とするなど）は、住民の利益という点から、許容されていると解されます。

⑥ 移送

開示請求があった場合に、保有個人情報が他の行政機関等から提供されたものであるとき等、他の行政機関の長等において開示決定等をすることにつき正当な理由があるときは、行政機関の長等は、他の行政機関の長等と協議の上、他の行政機関の長等に事案を移送することができます。移送した場合には、移送をした行政機関の長等は、開示請求者に対し、事案を移送した旨を書面により通知しなければなりません。また、移送を受けた行政機関の長等が開示決定等を行うことになります（法85条）。

地方公共団体の情報公開条例においても同様の規定がなされていますが、情報公開条例においては、当該地方公共団体の機関間の移送しか行うことができません。しかし、本法における移送は、行政機関の長等の間で行うことになるため、当該地方公共団体の機関間のみならず、他の地方公共団体、国の行政機関、独立行政法人、地方独立行政法人等との間で行うこともできます。

⑦ 第三者に対する意見書提出の機会の付与等

開示請求の対象となった保有個人情報に国、独立行政法人等、地方公共団体、地方独立行政法人及び開示請求者以外の第三者に関する情報が含まれているときは、行政機関の長等は、開示決定等をするに当たって、当該情報に係る第三者に対し、その個人情報の内容等を通知して、意見書を提出する機会を与えることができます（法86条１項。裁量的意見照会）。

また、行政機関の長等は、次の各号のいずれかに該当するときは、開示決定に先立ち、当該第三者に対し、個人情報の内容等を書面により通知して、意見書を提出する機会を与えなければなりません（同条２項。義務的意見照会）。

❶ 人の生命、健康、生活又は財産を保護するために、第三者に関する情報

が含まれている保有個人情報を例外的に開示しようとする場合

❷　個人の権利利益を保護するため特に必要があるとして裁量的に、保有個人情報を開示しようとするとき。

なお、意見書の提出の機会を与えられた第三者が、情報の開示に反対の意思を表示した意見書を提出したにもかかわらず、行政機関の長等が開示決定をするときは、開示決定の日と開示を実施する日との間に少なくとも２週間を置かなければなりません（同条３項）。意見書を提出した第三者が、審査請求や取消訴訟によって、開示決定を争う機会を保障するためにこの期間が置かれています。

⑧　手数料

地方公共団体の機関に対し開示請求をする者は、実費の範囲内において条例で定める額の手数料を納めなければなりません（法89条２項）。この点に関しては、情報公開法との違いを意識する必要があります。情報公開法16条では、「開示請求をする者」又は「行政文書の開示を受ける者」は、それぞれ開示請求に係る手数料又は開示の実施に係る手数料を納めなければならないとされています。一方、本法では、「開示請求をする者」に対する手数料のみが規定されており、行政文書の開示を受ける者の手数料は規定されていません。つまり、本法の手数料は、開示請求の段階で徴収する手数料のみ徴収することが規定され、開示を受ける段階での手数料は規定されていないのです。

この手数料は、開示請求を受け付け、保有個人情報を検索し、開示の是非を審査し、開示決定等の通知を発するまでの申請事務処理の費用のみならず開示の実施に必要な費用（電子計算金処理された情報の出力等）も含む趣旨であるとされています[113)]。また、コピー代や記録媒体の費用等の実費について、開示請求の手数料とは別に徴収することは可能であるとされています[114)]。

113）　宇賀克也「新・個人情報保護法の逐条解説」有斐閣、2021年、609頁

114）　個人情報保護委員会事務局「個人情報の保護に関する法律についてのＱ＆Ａ（行政機関等編）令和４年２月（令和４年４月更新）」17頁

⑨　開示の実施

保有個人情報の開示は、当該保有個人情報が、文書又は図画に記録されているときは閲覧又は写しの交付により行います。また、電磁的記録に記録されているときは、その種別、情報化の進展状況等を勘案して行政機関等が定める方法により行うとされています（法87条1項）。このため、各地方公共団体は、電磁的記録についての開示の方法を定めておかなければなりません。

8　自己情報の訂正の請求

開示決定に基づき開示を受けた保有個人情報等の内容が事実でないと考えたときは、訂正の請求をすることができます（法90条1項）。なお、請求に当たっては、開示決定を受けていることが前提となり（開示決定前置主義）、また、開示を受けた日から90日以内に行わなければならないとされています（同条3項）。なお、開示請求と同様に、代理人が訂正の請求を行うこともできます（同条2項）。

⑴　訂正請求の手続

訂正請求は、①訂正請求をする者の氏名及び住所又は居所、②訂正請求に係る保有個人情報の開示を受けた日その他当該保有個人情報を特定するに足りる事項、③訂正請求の趣旨及び理由を記載した書面を行政機関の長等に提出して行います（法91条1項）。なお、開示請求と同様に、訂正請求に係る保有個人情報の本人であること、又は代理人であることを示す書類を提出しなければなりません（同条2項）。

⑵　訂正請求に対する決定

訂正請求があった場合、行政機関の長等は、訂正請求に理由があると認めるときは、訂正請求に係る保有個人情報の利用目的の達成に必要な範囲内で、当該保有個人情報の訂正をしなければなりません（法92条）。あくまで利用目的の達成に必要な範囲内について訂正を求めることができるもので、たとえ保有個人情報が事実と異なる場合であっても利用目的の達成に支障がなければ訂正する義務はありません。

訂正する旨の決定をしたときは、当該訂正請求に係る保有個人情報を訂正した上、訂正請求者に対し、書面によりその旨を通知しなければなりません。一方、訂正しない旨の決定をしたときは、訂正請求者に対し、書面によりその旨を通知しなければなりません（法93条）。

訂正請求に際して、訂正すべき事実を証する書類の提出は請求者に義務付けられていませんが、そのような書類等の提出がない場合には、行政機関の長等は訂正請求に理由がないと判断せざるを得ない場合もあります。そのため、事実上、事実を証する書類の提出が義務付けられることとなる場合があります。また、行政機関の長等としては、必要な調査の一環として、請求者に対して事実を証する書類等の提出を求めることも可能と考えられます。

⑶　決定の期限

行政機関の長等は、請求があった日から30日以内に、必要な調査を行い、訂正請求者に対して、訂正請求に係る保有個人情報を訂正する旨又は訂正しない旨の決定をしなければなりません（法94条１項）。ただし、事務処理上の困難その他正当な理由があるときは、30日以内に限り延長することができます。この場合、訂正請求者に対し、遅滞なく、延長後の期間及び延長の理由を書面により通知しなければなりません（法94条２項）。さらに、その例外として、訂正決定等に特に長期間を要すると認めるときは、30日等の期間制限なく相当の期間内に訂正決定等をすることもできます。この場合、請求があった日から30日以内に、①この規定を適用する旨及びその理由、②訂正決定等をする期限を書面により通知しなければなりません（法95条）。

なお、これら期限についても、開示決定の期限と同様に地方公共団体の条例によって、30日よりも短い期間とすることは可能と解されます。

9　自己情報の利用停止等

開示を受けた自己の保有個人情報が、収集の制限又は利用及び提供の制限に違反した取扱いが行われていると考える者は、以下の態様に応じて利用停止等をすることができます（法98条）。

図表5-3　利用停止等請求に関する行政機関等の行為の態様と請求内容

態　様	請求内容
①　個人情報の保有の制限等（法61条）に違反して保有されているとき、違法又は不当な行為を助長し、又は誘発するおそれがある方法により個人情報が利用されているとき（法63条）、偽りその他不正の手段により個人情報が取得されたものであるとき（法64条）又は利用の制限（法69条）に違反して利用されているとき	保有個人情報の利用の停止又は消去
②　提供の制限（法69条）又は国にある第三者への提供の制限（法71条）に違反して提供されているとき	保有個人情報の提供の停止

利用停止等の請求に当たっては、開示決定を受けていることが前提となり（開示決定前置主義）、また、開示を受けた日から90日以内に行わなければならないとされています（同条３項）。なお、開示請求と同様に、代理人が訂正請求を行うこともできます（同条２項）。

(1)　利用停止等の請求手続

利用停止等を請求しようとする者は、行政機関の長等に対して、①利用停止請求をする者の氏名及び住所又は居所、②利用停止請求に係る保有個人情報の開示を受けた日その他当該保有個人情報を特定するに足りる事項、③利用停止請求の趣旨及び理由を記載した請求書を提出しなければなりません（法99条１項）。

なお、その際に、訂正請求に係る保有個人情報の本人であること、又は代理人であることを示す書類を提出しなければなりません（同条２項）。

(2)　利用停止義務

行政機関の長等は、当該利用停止等請求に理由があると認めるときは、保有個人情報の適正な取扱いを確保するために必要な限度で、保有個人情報の利用の停止、消去又は提供の停止をしなければなりません（法100条）。ただし、当該保有個人情報の利用停止等をすることにより、事務の性質上、当該事務の適正な遂行に著しい支障を及ぼすおそれがあると認められるときは利用停止等を行わないことも許されます。

なお、保有個人情報の適正な取扱いを確保するために必要な限度において、利用停止等を行うとされているため、請求者が個人情報の消去を求めた場合であっても、利用の停止により保有個人情報の適正な取扱いを確保することができるときは、消去請求に応じることなく利用の停止にとどめることも可能です。

10　審査請求による救済

開示請求に係る開示決定等、訂正決定等、利用停止決定等又は開示請求、訂正請求若しくは利用停止請求に係る不作為に係る審査請求に不服がある場合は、行政不服審査法に基づく審査請求をすることができます。この場合、行政不服審査法において規定されている審理員による審理手続は、適用除外とされています（法104条～106条）。審査庁が裁決するに当たっての諮問も各地方公共団体の個人情報保護審査会等に対して行っています。この点に関して、各地方公共団体の諮問機関としては、国の情報公開・個人情報保護審査会ではなく、従来どおり各地方公共団体が条例で設置する個人情報保護審査会等とされています（法106条２項）。

11　個人情報保護委員会

個人情報保護委員会は、地方公共団体に対しても資料の提出の要求及び実地調査（法156条）、指導及び助言（法157条）、勧告（法158条）等の権限を有しています。一方、地方公共団体は、個人情報の適正な取扱いを確保するために必要があると認めるときは、同委員会に対して、情報の提供又は技術的な助言を求めることができるとされています（法166条１項）。

また、これまでは、各地方公共団体は、個人情報の取扱い等について地方公共団体の個人情報保護審議会等に諮問していましたが、法改正後は、個人情報保護委員会が個人情報保護法の解釈として一元的に担うことになりました。

ただし、地方公共団体の機関は、条例で定めるところにより、個人情報の適正な取扱いを確保するため専門的な知見に基づく意見を聴くことが特に必要であると認めるときは、審議会その他の合議制の機関に諮問することができるとされています（法129条）。地方公共団体としては、個人情報保護委員会が定める指針を踏まえて細則を策定する場合に、審議会等に諮問する、あるいは条例要配慮個人情報を定める際に諮問することなどがありえると思われます。

12　罰則

個人情報保護法では、地方公共団体の職員に対して次のような罰則が規定されています。

図表5-4　個人情報保護法における地方公共団体の職員に対する罰則

対象者	行為	罰則
①　行政機関等の職員又は職員であった者	正当な理由がないのに、個人の秘密に属する事項が記録された個人情報ファイルを提供したとき	２年以下の懲役又は100万円以下の罰金（法176条）
②　個人情報事務受託者又は従事していた者	その業務に関して知り得た保有個人情報を自己若しくは第三者の不正な利益を図る目的で提供し、又は盗用したとき	１年以下の懲役又は50万円以下の罰金（法180条）
③　行政機関の職員	その職権を濫用して、専らその職務の用以外の用に供する目的で個人の秘密に属する事項が記録された文書、図画又は電磁的記録を収集したとき	１年以下の懲役又は50万円以下の罰金（法181条）

13　行政機関匿名加工情報の提供

行政機関匿名加工情報制度とは、個人情報の適正かつ効果的な活用が新たな産業の創出や豊かな国民生活の実現に資するものであることから、行政の事務及び事業の適正かつ円滑な運営及び個人の権利利益の保護に支障がない範囲内で、行政機関等の保有する個人情報を加工して作成する匿名加工情報を事業で活用しようとする者に提供する仕組みです。いわゆるビッグデータの収集、分析が可能となる中で、行政機関が保有するパーソナルデータの利活用を推進していくための制度といえます。

⑴　匿名加工情報

匿名加工情報とは、特定の個人を識別することができないように個人情報を加工して得られる個人に関する情報であって、個人情報を復元することができないようにしたものをいいます（法２条６項）。

加工の方法としては、①個人情報に含まれる特定の個人を識別することができる記述等の全部又は一部を削除すること、②個人情報に含まれる個人識別符号の全部を削除すること、③個人情報に含まれる不正に利用されることにより財産的被害が生じるおそれがある記述等を削除すること、により行います（個人情報の保護に関する法律施行規則（以下「法施行規則」といいます。）31条）。

⑵　行政機関等匿名加工情報

行政機関等匿名加工情報とは、個人情報ファイルを構成する保有個人情報を加工して得られる匿名加工情報をいいます（法60条３項）。

⑶　行政機関匿名加工情報の作成等

行政機関の長等が、行政機関等匿名加工情報を作成することは、保有個人情報の目的外利用となるため、法69条１項の規定により禁止されています。しかし、法109条１項により、目的外利用の例外として、行政機関等匿名加工情報を作成することが許容されています。なお、この行政機関等匿名加工情報は、①法令に基づく場合、②保有個人情報を利用目的のために第三者に提供することができる場合に、当該保有個人情報を加工して作成した行政機関等匿名加工情報を当該第三者に提供するとき以外には、提供することはできません（同条2項）。

また、行政機関の長等は、行政機関匿名加工情報を作成したときは、個人情報ファイル簿に①募集をする個人情報ファイルである旨、②提案を受ける組織の名称及び所在地を記載しなければなりません（法110条）。

⑷ 提案の募集、契約の締結

行政機関等は、定期的に、当該行政機関が保有している個人情報ファイルについて、行政機関匿名加工情報を利用して行う事業に関する提案を募集するとされています（法111条）。なお、地方公共団体において、この募集は、都道府県及び政令指定都市は義務とされていますが、その他の地方公共団体については任意に行うことができます（法附則7条）。

この募集に対して、①未成年者、②心身の故障により行政機関匿名加工情報をその用に供して行う事業を適正に行うことができない者、③破産手続開始の決定を受けて復権を得ない者等は提案を行うことができません（欠格事由。法113条）。

行政機関等は、募集に対して提案があったときは、①欠格事由に該当しないこと、②希望する本人の数が1000人以上（法施行規則56条）であり、対象ファイルの本人の数以下であること、③加工方法が加工基準に適合すること、④事業が新産業の創出等に資すること、⑤事業の用に供しようとする期間が個人保護委員会規則で定める期間を超えないこと、⑥安全管理措置等が適切であること等を審査し（法114条1項）、基準に適合すると認めた者と行政機関匿名加工情報の利用に関する契約の締結を行います（法115条）。

⑸ 手数料

行政機関等匿名加工情報の利用に関する契約を締結する者は、手数料を納めなければなりません（法119条1項）。地方公共団体に関する手数料の額は、実費を勘案して政令で定める額を標準として条例で定めるとされています（法119条3項）。

column

個人情報が流出すると…

国や地方公共団体は、デジタル技術の進歩によって住民のさまざまなデータを取得・活用できるようになり、住民の個人情報保護に関する意識も高くなっています。しかし、個人情報流出、漏えいなど、個人情報に関する事件は後を絶ちません。

ところで個人情報を流出させてしまった場合、自治体はどの程度の額の賠償責任を負うのでしょうか。この点について、宇治市の事例があります。宇治市が、住民基本台帳のデータを使用して乳幼児検診システムを開発することを計画し，その開発業務を民間業者に委託したところ，再々委託先のアルバイトの従業員がこのデータを不正にコピーして名簿販売業者に販売し，同業者がさらにこのデータを他に販売するなどの個人情報の漏えいが行われました。これに関して，宇治市の住民が，このデータの流出により精神的苦痛を被ったと主張して，宇治市に対し損害賠償（慰謝料及び弁護士費用）を求めました。これに対して、大阪高裁（平成13年12月25日）は、宇治市に対して、住民１人につき慰謝料１万円と弁護士費用５千円の合計１万５千円の賠償責任を認めました。

また、情報公開制度における情報公開に関して自治体の賠償責任が認められた事案があります。この事案では、地方自治法に基づく住民投票条例制定請求において条例制定請求代表者から署名収集の委任を受けた住民が，氏名，住所及び生年月日の記載された署名収集委任届出書を大洲市情報公開条例に基づき大洲市長により公開され，プライバシーの権利を侵害されたとして，大洲市に対して損害賠償を求めました。松山地裁（平成15年10月２日）は、本件制定請求における受任者であるという情報が明らかになれば，署名活動に対する萎縮的効果が生じることなどから、この受任者であるという情報の要保護性は極めて高いとして、一人当たり５万円の賠償を認めました。

地方公共団体として、住民に対して賠償責任を負うことのない、適正、適切な個人情報の管理が求められます。

第6講

行政活動に対する救済方法を学ぼう

行政機関が行った行政処分などに対して不服がある場合に、相手方である住民が救済を求める方法として行政救済制度があります。行政処分に対する救済制度として、行政不服審査法に基づく審査請求等、行政事件訴訟法に基づく行政訴訟のほか、金銭的な救済制度として国家補償制度（国家賠償、損失補償）があります。

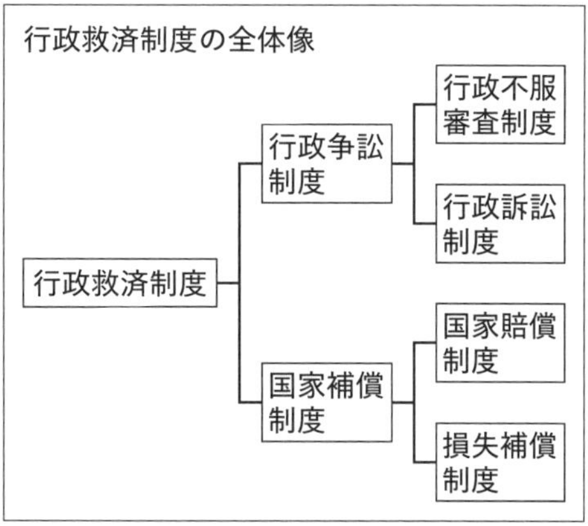

行政不服申立て

1　制度の概要

行政不服申立てとは、行政庁の処分又は不作為に関する不服の申立てに対し、処分等の違法性、不当性について、行政機関が審査を行う制度です。その目的は、「国民が簡易迅速かつ公正な手続の下で広く行政庁に対する不服申立てをすることができるための制度を定めることにより、国民の権利利益の救済を図るとともに、行政の適正な運営を確保する」とされています（行政不服審査法（以下「審査法」といいます）１条１項）。

行政庁の処分について行政事件訴訟法に基づき訴訟によって争うことも可能ですが、訴訟手続とは次のような違いがあります。行政不服申立ては、行政機関自身による審査を前提とした救済制度であり、訴訟手続に比べて簡易・迅速な救済が可能となる点が長所として挙げられています。また、行政不服審査は、行政機関による自己統制の制度であるため処分の妥当・不当の問題についても判断の対象となります。これに対して、行政訴訟は司法権として法的問題の解決に限られることから、処分の適法・違法だけが判断されます。

自治体職員のみなさんは、処分に関してどのように不服申立てがなされるのか、あるいは不服申立てがなされた場合、どのように審査を行うことになるのかという視点で理解を深めてください。

2　不服申立ての種類

(1)　審査請求

審査請求とは、行政庁の処分及びその不作為について、審査庁に対して不服申立てをする手続です。審査庁とは審査請求を審査判定する行政庁のことで、原則として処分庁・不作為庁の最上級行政庁が審査庁に当たるものとされています。なお、処分庁・不作為庁に上級行政庁がない場合には、法律に特別の規定がなければ、処分庁あるいは不作為庁自身が審査庁となります。

⑵　再調査の請求

再調査の請求とは、審査請求よりも簡易な手続で処分庁自身が事実関係を、再度、調査することなどにより処分の見直しを行う手続です。再調査の請求は、処分が大量に行われ、処分に関する不服が法定された要件事実該当性の当否に係るような法制度において、処分庁が審査請求よりも簡略な手続で処分の見直しを行い、迅速に紛争を処理することを目的として設けられた制度です。

この請求は、個別法（審査法ではなく、個別の行政処分の根拠となる法律）に再調査の請求をすることができる旨の定めがあるときに、処分庁に対して求めることができます（審査法５条）。

個別法が再調査の請求を定める場合に、審査請求と再調査の請求のどちらを利用するかは、処分を受けた人の自由な選択にゆだねられています。ただし、再調査の請求をしたときには、原則として、当該再調査の請求についての決定を経た後でなければ、審査請求はできないとされています（同条２項）。なお、不作為については、再調査の請求の対象とされていません。

⑶　再審査請求

再審査請求は、審査請求を行った後に審査庁の判断である裁決に不服がある場合に、さらに別の行政機関（再審査庁）に対して行う不服申立ての制度です（同法６条）。ただし、この再審査請求はすべての裁決に対して行うことができるわけではなく、個別法に再審査請求をすることができる旨の定めがある場合に限って行うことができます。なお、再審査請求は、審査請求に対する裁決、原処分のいずれについても行うことができます（同条２項）。

3　審査請求手続

審査法に基づく不服申立ての中心となる審査請求から、具体的な手続等をみていくことにしましょう。

⑴　審査請求の要件

審査請求を適法に行うためには、①審査請求の対象となる処分・不作為が存在すること、②審査請求の適用除外とされていないこと、③審査請求の方式に従うこと、④不服申立適格を有すること、⑤不服申立期間内であること、⑥審査請求をすべき行政庁に対してなされることが必要です。

①　審査請求の対象となる処分・不作為が存在すること

審査請求の対象としては、「行政庁の処分その他公権力の行使に当たる行為」(以下、単に「処分」と記述します。審査法1条2項) 及び「法令に基づく申請に対して何らの処分をもしないこと」(以下、単に「不作為」と記述します。審査法3条かっこ書) とされています。なお、処分及び不作為については、法令に基づく処分あるいは申請だけでなく、条例に基づく処分及び申請も含まれます。また、不作為とは、あくまで申請に応答しないことを意味するため、規制権限を行使しないなどのように申請に基づかない権限の不行使に対しては審査請求をすることはできません。

②　審査請求の適用除外とされていないこと

審査法又は他の法律で審査請求の適用除外とされていないことが必要です。なお、審査法で審査請求ができないとされている処分は次のとおりです (審査法7条1項)。

【審査請求の対象外の処分】

①　国会の両院若しくは一院又は議会の議決によってされる処分

②　裁判所若しくは裁判官の裁判により、又は裁判の執行としてされる処分

③　国会の両院若しくは一院若しくは議会の議決を経て、又はこれらの同意若しくは承認を得た上でされるべきものとされている処分

④　検査官会議で決すべきものとされている処分

⑤　当事者間の法律関係を確認し、又は形成する処分で、法令の規定により当該処分に関する訴えにおいてその法律関係の当事者の一方を被告とすべきものと定められているもの

⑥　刑事事件に関する法令に基づいて検察官、検察事務官又は司法警察職員がす

る処分

⑦　国税又は地方税の犯則事件に関する法令（他の法令において準用する場合を含む）に基づいて国税庁長官、国税局長、税務署長、収税官吏、税関長、税関職員又は徴税吏員（他の法令の規定に基づいてこれらの職員の職務を行う者を含む）がする処分及び金融商品取引の犯則事件に関する法令（他の法令において準用する場合を含む）に基づいて証券取引等監視委員会、その職員（当該法令においてその職員とみなされる者を含む）、財務局長又は財務支局長がする処分

⑧　学校、講習所、訓練所又は研修所において、教育、講習、訓練又は研修の目的を達成するために、学生、生徒、児童若しくは幼児若しくはこれらの保護者、講習生、訓練生又は研修生に対してされる処分

⑨　刑務所、少年刑務所、拘置所、留置施設、海上保安留置施設、少年院、少年鑑別所又は婦人補導院において、収容の目的を達成するためにされる処分

⑩　外国人の出入国又は帰化に関する処分

⑪　専ら人の学識技能に関する試験又は検定の結果についての処分

③　審査請求の方式に従うこと

審査請求は、審査請求の理由等を明確にするとともに手続を確実に行うため、原則として書面で行わなければならないとされています。ただし、法律（条例に基づく処分は条例）に口頭ですることができる旨の規定がある場合には、口頭で行うこともできます（同法19条1項）。たとえば、国民健康保険法99条、国家公務員共済組合法103条、感染症の予防及び感染症の患者に対する医療に関する法律25条1項において審査請求は、文書又は口頭で行うことができる旨が規定されています。

なお、審査請求を行う場合の書面の書式は特に定められていませんが、必要事項（審査請求人の氏名及び住所、審査請求に係る処分の内容等）を記載した書面を正副2部提出しなければなりません（審査法19条2項、3項、審査法施行令4条）。

審査請求書がこれらの要件を満たしていない場合には、審査庁は相当の期間

を定め、その期間内に不備を補正すべきことを命じなければなりません（審査法23条)。補正を命じても審査請求人が定められた期間内に不備を補正しないとき、あるいは審査請求が不適法であって補正することができないことが明らかなときは、審査庁は、実質的な審理を経ることなく裁決でその審査請求を却下することができます（審査法24条1項、2項)。

④　不服申立適格を有すること

審査請求を行うことができる資格については、審査法2条では「行政庁の処分に不服がある者」と規定されていますが、処分に不服がある人すべてが審査法に基づく審査請求を行うことができるわけではありません。この「行政庁の処分に不服がある者」について、最高裁判決では「当該処分について不服申立をする法律上の利益がある者、すなわち、当該処分により自己の権利若しくは法律上保護された利益を侵害され又は必然的に侵害されるおそれのある者」であるとされています[115)]。つまり、処分により自己の権利や法律上保護された利益を侵害される、あるいは必然的に侵害されるおそれのある人に限って審査請求を行うことができるのです。

一方、不作為について審査請求をできるのは、「法令に基づき行政庁に対して処分についての申請をした者」です（同法3条)。不作為についての審査請求を行うためには、申請を行っていることが前提とされているのです。

なお、審査請求人以外にも、審査請求にかかる処分又は不作為にかかる処分について利害関係を有する者も、審理員の許可を得て、審査請求に参加することができます。このように審査請求に参加した者を参加人といいます。

⑤　不服申立期間内であること

処分についての審査請求は、正当な理由がない限り、処分があったことを知った日の翌日から起算して3か月を経過したときは行うことができません（審査法18条1項。主観的請求期間)。ただし、その処分について再調査の請求をしたときは、再調査の請求についての決定があったことを知った日の翌日から起算

---

115)　主婦連ジュース不当表示事件（最判昭和53年3月14日民集32巻2号211頁)

して1か月を経過したときは行うことができないとされています。なお、この「知った日」というのは、現実に知ったかどうかではなく、社会通念上知ることができる状態になった日をいいます。たとえば郵便で送付した場合、現実に相手が開封して見ていなくても、自宅に郵便が配達されていれば「知った」ということができます。

また、処分があったことを知らない場合であっても、正当な理由がない限り、処分があった日（再調査の請求を行ったときはその決定があった日）の翌日から起算して1年を経過したときは行うことができません（同条2項。客観的請求期間）。

審査請求を行う側の利益だけを考えれば、審査請求は期間の制限なくいつまでも行うことができるほうが望ましいはずです。しかし、行政処分は処分の相手方のみならず第三者に対しても何らかの影響を与える場合も少なくないため、法律関係はできるだけ早期に確定させる必要があります。そのために期間の制限が設けられているのです。

ただし、正当な理由があれば、3か月又は1年の期間を徒過しても審査請求を行うことができます。旧法では「正当な理由」ではなく「やむをえない理由」と規定されていたため、裁判例[116)]でも「審査請求人が審査の請求をするにつき通常用いられると期待される注意をもつてしても避けることのできない客観的な事由を意味する」と厳格に解されていました。現行法では「正当な理由」と規定されたため、より緩やかに解されるものと考えます。

不作為に対する審査請求は、このような期間制限はなく、不作為の状態が継続している限りいつまででも行うことができます。なお、現行法では、審査請求が申請から相当の期間が経過しないでされた場合には、不適法として却下されることが明記されました（同法49条1項）。

⑥　審査請求すべき行政庁

審査請求は、原則として処分庁・不作為庁の最上級行政庁に対して行うとされました（審査法4条）。処分庁、不作為庁に上級行政庁がない場合には当該処分庁、不作為庁自身が審査庁となります。ただし、次のような例外があります。

116）　東京地判昭和45年5月27日判例時報613号40頁

図表6-1　最上級行政庁以外が審査庁となる場合

処分庁・不作為庁	審査庁
①　処分庁・不作為庁に上級行政庁がない場合	当該処分庁・不作為庁
②　処分庁・不作為庁が主任の大臣、宮内庁長官、外局の長である場合	当該処分庁・不作為庁
③　大臣・長官が処分庁・不作庁の上級行政庁である場合	大臣・長官

上級行政庁の存否については、それぞれの行政機関の設置根拠、権限等に関する法令の規定によることになります。地方公共団体が行う処分の多くは知事、市町村長の権限で行われていますが、知事、市町村長には上級行政庁がありませんので、原則として知事、市町村長自身が審査庁となります。地方公共団体のその他の執行機関の上級行政庁については、それぞれの根拠法令等を検討する必要があります。たとえば、地方公営企業管理者の不作為に関する審査請求について、最高裁判決[117)]は「地方公共団体の長は、地方公営企業法における管理者に対し、同法16条所定の場合に限って必要な指示をすることができるにとどまり、地方公共団体の長の管理者に対する一般的指揮監督権は排除されているものと解される。また、本件管理者による開示決定等に関し、知事が本件管理者に対して指揮監督権を有する旨の法令の定めも存しない。そうすると、本件条例に基づく開示請求に対する本件管理者の不作為について、知事は、指揮監督権を有せず、これを是正する職責や権限を有しないから、本件管理者の上級行政庁には当たらない」として、審査庁は公営企業管理者であるとしています。

教育委員会等の地方公共団体の委員会、委員についても、地方公共団体の長は一般的指揮監督権を有さないため、委員会、委員にも上級行政庁はなく、処分庁である委員会、委員自身が審査庁になるものと解されます。

117）　最判令和３年１月22日判例地方自治472号11頁

図表6-2　審査庁の二つのパターン

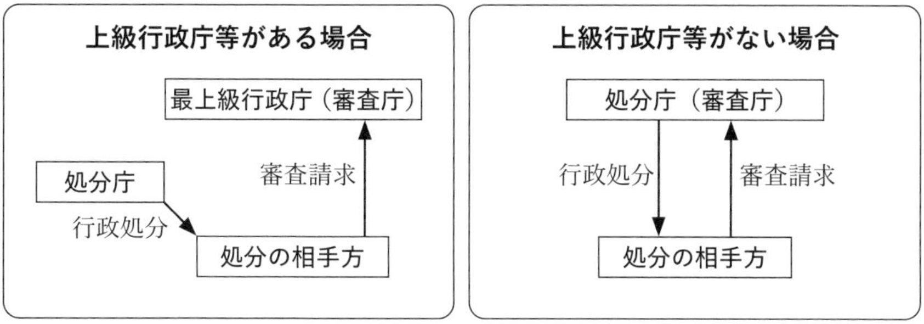

⑵　自由選択主義と審査請求前置義務

行政処分等に不服がある者が審査請求を行うか、あるいは直ちに訴訟を提起するかは、当事者の自由な選択にゆだねられています（自由選択主義。行政事件訴訟法８条１項）。しかし、個別の法律の規定によって、訴訟に先立って審査請求を行うことが義務付けられている場合があります（審査請求前置主義。同項ただし書）。

すべての紛争が裁判所に持ち込まれると裁判所に過剰な負担をかけることになります。また、専門技術的なことについては、むしろ行政機関による解決のほうが望ましい場合もあります。そのような場合にはあらかじめ審査請求を経た後にしか訴訟を提起できないとされている場合もあります。これを審査請求前置主義といいます。たとえば、①国税通則法115条や地方自治法229条５項のように大量に行われる処分であって、行政の統一を図る必要があるものや②特許法178条６項のように専門技術的な性格を有するものなどがあります。しかし、その場合でも、次のいずれかに該当するときは、不服申立てを経ないで処分の取消しの訴えを提起することができます（行訴法８条２項）。

- 審査請求があつた日から３か月を経過しても裁決がないとき。
- 処分、処分の執行又は手続の続行により生ずる著しい損害を避けるため緊急の必要があるとき。
- その他裁決を経ないことにつき正当な理由があるとき。

⑶　標準審理期間

審査庁となるべき行政庁は、審査請求につき標準審理期間を定めるよう努めるとともに、それを公にしておかなければなりません（審査法16条）。これは、行政手続法６条の標準処理期間にならって審理の迅速化のために現行法において新設された制度です。この標準審理期間とは、審査請求がその事務所に到達してから裁決をするまでに通常要すべき標準的な期間を意味します。なお、裁決までの期間であるため、後で説明する行政不服審査会等への諮問に要する期間も含んで設定することになります。

⑷　審理手続

①　審理内容

取消訴訟等の行政訴訟では司法作用として処分などの違法性のみが審理されます。しかし、行政不服申立てでは、行政機関による自己統制の制度であることから、処分の違法性だけではなく、不当性も審査されます（審査法１条１項など）。なお、この不当性とは、裁量権の範囲逸脱や濫用に至らない程度の裁量の不合理な行使をいいます。裁量権の範囲逸脱や濫用の場合にはその処分は違法となり訴訟で取り消すことができます（行政事件訴訟法30条）。

②　審理員による審理手続

審査庁が審査請求を受け付けると審理がスタートします。審査庁が処分庁・不作為庁と異なる場合には、審査請求は処分庁・不作為庁を経由して行うこともできます（審査法21条１項）。

審査請求があると、まず審理員が主張・証拠の整理などを含む審理を行った上で審理員意見書を作成し、これを事件記録とともに審査庁に提出します。

審理員は、審査庁に所属する職員のうち処分・不作為に係る処分に関与していない者の中から審査庁が指名するとされています（同法９条１項）。審理員は、「審査庁に所属する職員」であるために審査庁の指揮監督下にありますが、処分に関与した者などは除かれることから、一定の中立性が確保されています。なお、審理員は、審査庁に所属する職員から指名するとされているのみなので、その職員は常勤、非常勤を問いません。そのため、弁護士等を非常勤職員として任用し、審理員に指名することも可能です。

審査庁が審理員を指名した旨は、審査請求人及び処分庁等に通知しなければなりません。また、審査庁となるべき行政庁は、審理員となるべき者の名簿を作成するよう努め、名簿を作成したときは適当な方法で公にしておかなければなりません（審査法17条）。

審査庁が行政委員会である場合等には、審理員による審理を行う必要はありません（審査法９条１項）。さらに、情報公開制度・個人情報保護制度のように、個別法により審理員による審理手続が全面的に排除されるものもあります（地方公共団体の情報公開制度においては、法律の規定ではなく各地方公共団体の条例で一般的適用除外とされています）。また地方公共団体においては、①教育委員会や選挙管理委員会等の委員会及び執行機関の附属機関が審査庁となる場合、②条例に基づく処分について条例に特別の定めがある場合には、審理員による審理手続を経る必要はありません（同条１項ただし書）。

❶ 弁明書の提出

審査庁から指名された審理員は、直ちに、処分庁・不作為庁に審査請求書の写しを送付しなければなりません（審査法29条１項）。ただし、処分庁・不作為庁が審査庁となる場合には、そもそも処分庁・不作為庁自身が審査請求書を受理しているのですから、送付の必要はありません。

また、審理員は、相当の期間を定めて、処分庁等に対して弁明書の提出を求めます（同条２項）。弁明書には、処分に対する審査請求の場合には処分の内容・理由を、不作為に対する審査請求の場合には処分をしていない理由及び予定される処分の時期・内容・理由を記載します（同条３項）。審理員は、処分庁等から弁明書が提出されたときは、これを審査請求人及び参加人に送付しなければなりません（同条５項）。

❷ 反論書の提出

審査請求人は、弁明書に対して反論書を提出することができます（審査法30条１項）。また、参加人は、審査請求に係る事件に関する意見を記載した書面を提出することができます（同条２項）。審査請求人から反論書の提出があったときは、審理員はこれを処分庁、参加人等に、参加人から意見書の提出があったときはこれを審査請求人・処分庁等に、それぞれ送付しなければなりません（同条３項）。

❸　口頭意見陳述

審査請求人、参加人の申立てがあった場合には、審理員はその審査請求人等に口頭で当該審査請求に係る事件に関する意見を述べる機会を与えなければなりません（審査法31条１項）。この手続を口頭意見陳述といいます。口頭意見陳述は、審理員が期日・場所を指定し、すべての審理関係人を招集して行います（同条２項）。審査請求人は、審理員の許可を得て、審査請求に係る事件に関して、処分庁等に対して質問を行うことができます（同条５項）。ただし、処分庁には、質問に対する応答義務は規定されていません。

❹　証拠書類等の提出、物件の提出要求

審査請求人・参加人は証拠書類・証拠物を提出することができます（審査法32条１項）。一方、処分庁等は処分の理由となる事実を証する書類その他の物件を提出することができます（同条２項）。また、審理員は、審査請求人・参加人の申立て、又は職権で、書類その他の物件の所持人に対し、相当の期間を定めてその物件の提出を求めることができます。なお、提出された物件を留め置くこともできます（審査法33条）。

❺　参考人陳述･鑑定の要求、検証、審理関係人への質問

審理員は、審査請求人・参加人の申立てにより、又は職権で、適当と認める者に対して、参考人陳述又は鑑定を求めることができます（審査法34条）。

また、審理員は、審査請求人・参加人の申立てにより、又は職権で、必要な場所の検証をすることができます（審査法35条１項）。審理員は、申立てによる検証をしようとするときは、申立てをした者に対して、検証の日時・場所をあらかじめ通知し、立ち会う機会を与えなければなりません（同条２項）。

さらに、審理員は、審査請求人・参加人の申立てにより、又は職権で、審査請求に係る事件に関して、審理関係人に質問することができます（審査法36条）。

❻ 審査請求人等による物件の閲覧･謄写

審査請求人・参加人は、審理手続が終結するまでの間、審理員に対し、審理関係人から提出された書類その他の物件の閲覧又は写し等の交付を求めることができます（審査法38条１項）。この場合、審理員は、第三者の利益を害するおそれがあると認めるときのように正当な理由がなければ、閲覧・交付の請求を拒むことはできません。

書類等の写しの交付を受ける審査請求人又は参加人は、実費の範囲内において政令（地方公共団体の場合は条例）で定める額の手数料を納めなければなりません（同条４項）。なお、審理員は、経済的困難その他特別の理由があると認めるときは、手数料を減額又は免除することができます（同条５項）。

❼ 審理手続の終結

審理員は、必要な審理を終えたと認めるときは、審理手続を終結します（審査法41条１項）。また、相当の期間内に、弁明書、反論書、意見書、証拠書類・証拠物等が提出されない場合に、さらに一定の期間を示して当該物件の提出を求めたにもかかわらず提出期間内に当該物件が提出されなかったとき、あるいは審査請求人が正当な理由なく口頭意見陳述に出頭しないときにも審理手続を終了することができます（同条２項）。

❽ 審理員意見書

審理員は、審理手続を終結したときは、遅滞なく、審査庁がすべき裁決に関する意見書（審理員意見書）を作成し、速やかに、これを事件記録とともに、審査庁に提出しなければなりません（審査法42条）。

③ 行政不服審査会等への諮問

審査庁は、審理員意見書の提出を受けたときは、審査庁が国の機関の場合は行政不服審査会に、審査庁が地方公共団体の長等である場合には、各地方公共団体が条例で設置する諮問機関に、諮問しなければなりません（審査法43条１項）。ただし、次の場合には審査会への諮問を行う必要はありません（同条１項）。なお、審査会への諮問を行わない場合には、審査庁は、裁決書を審査請求人に送達する際に、審理員意見書を添付しなければなりません（審査法50条2項）。

○行政不服審査会等への諮問を要しない場合

1　処分、裁決に第三者的立場の審議会等が関与する場合（審査法43条1項1号～3号）

審査請求の対象となった処分又は裁決が第三者的立場の審議会や地方公共団体の議会等の議を経て当該処分がされた場合には、処分等の適正化、客観化は図られているため、あえて行政不服審査会等に関与させる必要はないためです。

2　審査請求人から審査会への諮問を希望しない旨の申出がされた場合（同項4号）

行政不服審査会等が関与することによって、公正・適正な裁決を行うことができるというメリットがあります。しかし、一方では、審査請求手続のメリットの一つとされてきた簡易・迅速性を損なうおそれもあります。そのため、審査請求人自身が公正・適正よりも簡易・迅速という面を重視し、行政不服審査会等への諮問をあえて希望しない場合には、その意思を尊重する必要があることから、行政不服審査会等への諮問は要さないものとされています。

3　行政不服審査会等が諮問を要しないと認めた場合（同項5号）

国民の権利利益及び行政の運営に対する影響の程度その他当該事件の性質を勘案して、諮問を要しないものと行政不服審査会等が認めた場合には、行政不服審査会等に諮問を要しないものとされています。

4　審査請求が不適法で却下する場合（同項6号）

審査請求が不適法な場合には、第三者機関の中立・公正な意見を求める必要がないために行政不服審査会等に諮問する必要がないものとされています。

5　審査請求を全部認容する場合（同項7号）

処分の全部を取り消し、事実上の行為の全部を撤廃する、あるいは申請の全部を認容する旨の判断を審査庁が行う場合には、請求人にとってさらに行政不服審査会等に諮問する実益がないため、諮問する必要がないとされています。

【行政不服審査会の位置付け】

国においては、審査請求手続において客観的かつ公正な判断が得られるよう、有識者から構成される行政不服審査会を設け、審査請求の審理に関与する仕組みが設けられています。地方公共団体の長が審査庁である場合には、条例で設置される同様の機関が関与します（審査法43条１項）。第三者機関が審査庁の判断の妥当性をチェックすることにより、審査庁による裁決の公正性を向上させることが期待されています。

国に置かれる行政不服審査会は、９人の委員で構成されます（審査法68条１項）。一方、地方公共団体は、執行機関の附属機関として、国の行政不服審査会に相当する機関を設置することになります（審査法81条１項）。国の審査会委員は、「審査会の権限に属する事項に関し公正な判断をすることができ、かつ、法律又は行政に関して優れた識見を有する者」のうちから選任するとされていることから、学識経験者等を選任することが想定されています（審査法69条１項）。一方、地方公共団体の附属機関については、名称、委員構成等は各地方公共団体の条例で規定するとされているため、各地方公共団体の判断で学識経験者のみならず市民代表等を委員として位置付けることも可能です。

国の行政不服審査会及び地方公共団体の附属機関（以下、併せて「行政不服審査会等」と総称する）は、いずれも原則として常設の機関です。ただし、地方公共団体の附属機関については、審査請求が非常に少ない地方公共団体も想定されることから、常設ではなく案件ごとに設置することも認められています（審査法81条）。

【行政不服審査会等の調査、審議】

行政不服審査会等の調査、審議手続において審査請求人は、行政不服審査会等に対し主張書面や資料を提出することができます（審査法76条）。さらに申立てにより「口頭で意見を述べる機会」が与えられます（審査法75条１項）。また、資料等の閲覧やその写し等の交付を請求することもできます（審査法78条１項）。ただし、行政不服審査会等が、口頭意見陳述につき「その必要がないと認める場合には」、その機会を与える必要はありません（審査法75条１項ただし書）。

行政不服審査会等は、諮問に対する答申をしたときは、答申書の写しを審査請求人及び参加人に送付するとともに、答申の内容を公表します（審査法79条）。

図表6-3　審査請求の審理手続の全体像

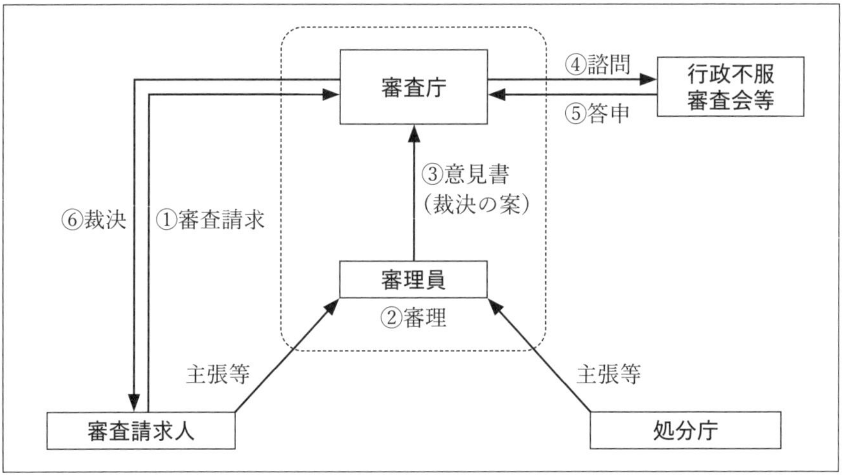

⑸　裁決

審査庁は、審査会から諮問に対する答申を受けたとき（諮問を要しない場合にあっては審理員意見書が提出されたときなど必要な審理を終結したとき）は、遅滞なく、裁決をしなければなりません（審査法44条）。

ところで、審査庁は、行政不服審査会等の答申にどの程度従う義務があるのでしょうか。一般的に諮問庁は、諮問機関の答申に法的拘束力はなく従うべき法的義務はないものと解されています。ただし、審査庁が行政不服審査会等の答申書と異なる内容の裁決をする場合は、裁決書においてその理由を示さなければならないとされています（審査法50条１項４号）。これによって答申に一定の拘束力が担保されています。

①　裁決の種類

審査請求における裁決には、審査請求が不適法である場合には却下裁決、審査請求に理由がない場合には棄却裁決、審査請求に理由がある場合には認容裁決がなされます（審査法45条１項、２項）。さらに、認容裁決は、次のように分類されます。

a　取消し・変更の裁決

処分（事実上の行為を除く）についての審査請求に理由がある場合には、審査庁は、裁決で当該処分の全部又は一部を取り消し、又はこれを変更します。ただし、審査庁が処分庁の上級行政庁又は処分庁のいずれでもない場合には、当該処分を変更することはできません（審査法46条１項）。

b　撤廃・変更の裁決

事実上の行為についての審査請求に理由がある場合には、審査庁は、裁決で当該行為が違法又は不当である旨を宣言します。審査庁が処分庁の上級行政庁である場合には審査庁は当該行為の撤廃又は変更を命じます。また、審査庁が処分庁である場合には、自ら当該行為の撤廃、変更を行います（審査法47条）。

c　不作為についての審査請求の裁決

不作為についての審査請求に理由がある場合には、審査庁は、裁決で当該不作為が違法又は不当である旨を宣言します（審査法49条３項）。さらに、不作為庁に対して義務付け裁決を行う場合もあります。つまり、審査庁が当該申請に対して一定の処分をすべきものと認めるときは、審査庁が不作為庁の上級行政庁である場合には当該不作為庁に対し当該処分をすべき旨を命じます。また、審査庁が不作為庁自身である場合には、自ら当該処分を行うことになります。

d　事情裁決

審査請求に係る処分が違法又は不当ではあるが、これを取り消し、又は撤廃することにより公の利益に著しい障害を生ずる場合には、審査請求人の受ける損害の程度、その損害の賠償又は防止の程度及び方法その他一切の事情を考慮した上で、処分を取り消し、又は撤廃することが公共の福祉に適合しないと認めるときは、審査庁は、裁決で審査請求を棄却することができます。この場合には、審査庁は、裁決の主文で、当該処分が違法又は不当であることを宣言しなければなりません。これを事情裁決といいます（審査法45条3項）。

図表6-4　裁決に関する判断の流れ

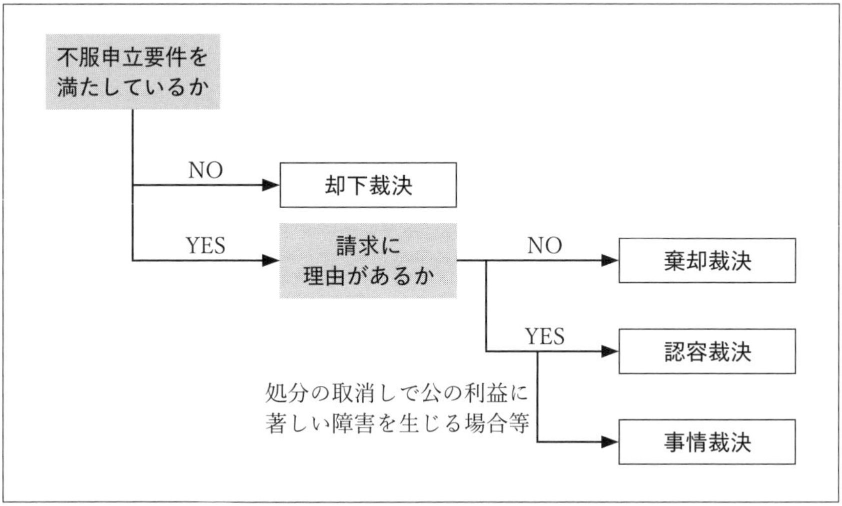

②　不利益変更の禁止

審査庁が処分について審理した結果、審査請求人に対して原処分より不利益な処分を行うべきであるという結論に達した場合であっても、原処分よりも不利益な処分に変更したり、事実上の行為を変更することを命じ、又はこれを変更することはできません（審査法48条）。これを不利益変更禁止の原則といいます。

③　裁決の方式

裁決は裁決書の形式で行い、主文、事案の概要、審査請求人や処分庁などの審理関係人の主張の要旨、理由が記載されるほか、主文が審理員意見書や行政不服審査会等の答申と異なる内容である場合には、異なることとなった理由を併せて記載しなければなりません（審査法50条1項）。審査庁は、審理員意見書や行政不服審査会等の答申を十分に考慮することが求められているのです。

④　裁決の効力

裁決によって、不可変更力、形成力、拘束力が生じます。

・不可変更力

裁決は、行政機関が紛争を解決する作用であるため、一度下された判断が簡単に覆されてしまうことは、紛争を蒸し返すような結果になり妥当ではありません。そのため、裁決は、審査庁がいったん判断を下した以上は自らその判断を覆すことができません。これを不可変更力といいます。

・形成力

裁決は、請求が認容され、もとの処分の全部又は一部が取り消されたときは、もとの処分のその部分の効力は直ちに失われ、初めから存在しないことになります。これを裁決の形成力といいます。

・拘束力

審査請求が認容されにもかかわらず、処分庁が認容裁決の内容に反することを行った場合、あるいは、認容裁決に従わない場合、住民の救済は行われないことになります。そのため、審査請求に対する裁決について処分庁等の関係行政庁を拘束する効力を有し、同一事情の下で同一理由の処分の繰り返しは禁止されます（審査法52条１項）。これを拘束力といいます。申請に基づいてした処分が手続の違法・不当を理由として裁決で取り消され、又は申請を却下・棄却した処分が裁決で取り消された場合には、処分庁は、裁決の趣旨に従い、改めて申請に対する処分をしなければなりません（同条２項）。

⑹　執行停止

審査法25条１項では「審査請求は、処分の効力、処分の執行又は手続の続行を妨げない」として、審査請求が行われても直ちにその行政処分の執行が停止しないことを規定しています。しかし、場合によっては裁決がなされるまでの間、審査請求人の地位を暫定的に保護しておく必要がある場合もあります。そのため、処分の効力等を停止する執行停止の制度が設けられています。

①　執行停止の種類

執行停止としては、次の４種類のものが規定されています（同条２項)。

❶　処分の効力の停止：処分の持つ法効果を停止し、以後処分がなかったことにするものです。

❷　処分の執行の停止：処分を実施する行為を停止するものです。

❸　手続の続行の停止：当該処分を前提とした後続処分をさせないことです。

❹　その他の措置：係争処分に代わる処分を行い係争処分の効力や執行を停止したのと同じ効果を実現することです。

②　執行停止が認められる場合

審査庁は、次の場合に執行停止を行うことができるとされています。

❶　審査庁が処分庁の上級行政庁又は処分庁である場合、審査庁は、必要があると認めるときには、審査請求人の申立て、あるいは職権で、処分の効力、処分の執行又は手続の続行の全部又は一部の停止その他の措置をとることができます（審査法25条２項)。

❷　審査庁が処分庁の上級行政庁又は処分庁のいずれでもない場合、必要があると認めるときには、審査請求人の申立てにより、処分庁の意見を聴取した上で、処分の効力、処分の執行又は手続の続行の全部又は一部の停止の措置をとることができます（同条３項)。

なお、執行停止について審査請求人の申立てがあった場合において、処分、処分の執行又は手続の続行により生ずる重大な損害を避けるために緊急の必要があると認めるときは、審査庁は執行停止をすることが義務付けられています。ただし、公共の福祉に重大な影響を及ぼすおそれがあるとき、又は本案について理由がないとみえるときは、執行停止をする必要はありません（同条４項)。

このほかにも、審理員が、必要があると認める場合には、審査庁に対し、執行停止をすべき旨の意見書を提出することができます（審査法40条)。この意見書が提出されたときは、審査庁は、速やかに、執行停止をするかどうかを決定しなければなりません（同条7項）。

なお、執行停止をした後において、執行停止が公共の福祉に重大な影響を及ぼすことが明らかとなったとき、その他事情が変更したときは、審査庁はその執行停止を取り消すことができます（審査法26条）。

4 再調査の請求

再調査の請求は、処分庁が審査請求よりも簡略な手続で処分の見直しを行い、迅速に紛争を処理することができる制度で、大量に行われる処分で要件事実該当性が問題となるようなものを対象としています。行政側にとっては、審査請求に対応する負担の軽減を図るメリットもあります。再調査の請求の対象とされている事務について、審査請求と再調査の請求のどちらを利用するかは、不服申立人の自由な選択にゆだねられています（審査法5条1項ただし書）。

再調査手続は、処分庁が自ら再調査を行い、処分を見直す手続であるため、審理員による審理はなされず行政不服審査会等への諮問の手続も設けられていません。

なお、再調査請求は、原処分があったことを知った日の翌日から起算して1月を経過したときは行うことができません（主観的請求期間。審査法54条1項）。また、原処分の日の翌日から起算して1年を経過したときは行うことができません（客観的請求期間。同条2項）。いずれも、正当な理由があるときには、この期間を経過しても再調査請求が認められます。

再調査の請求に対する決定書には、全部認容以外の場合には、審査請求をすることができる旨、審査請求をすべき行政庁、審査請求期間の教示をしなければなりません（審査法60条2項）。

5 再審査請求

再審査請求とは、審査請求の裁決に不服がある場合に、さらにもう一段階の不服を申し立てる手続です。再審査請求は、個別法が特に規定している場合にのみ行うことができます。

再審査請求がなされると、審理員による審理手続等、基本的には審査請求と同じ手続で審理を行うことになります（審査法66条）。ただし、行政不服審査会等への諮問手続は行う必要はありません。

再審査請求は、原裁決又は当該処分を対象に審理するとされています（審査法６条２項）。このため再審査請求の前に行われた裁決が違法・不当であっても、審査請求の対象となった処分自体が違法・不当のいずれでもない場合にはその再審査請求については棄却裁決をすることになります（審査法64条３項）。

再審査請求は、原裁決があったことを知った日の翌日から起算して１月（審査法62条１項）、原裁決があった日の翌日から起算して１年（同条２項）以内に行わなければなりません。

6　教示

行政不服審査制度では、どの行政庁に不服申立てをなすべきかなどの点について、一般の市民にとっては分かりにくいのが実情です。また、不服申立期間内に不服申立てを行わなければならないという時間的制約もあることから、審査法では教示の制度を設け、不服申立てをなすべき行政庁や不服申立期間などについて処分の相手方に対して情報提供をしなければならないとされています。

⑴　教示の義務

①　処分の相手方に対する教示（審査法82条１項）

行政庁は、処分を行う際に、審査請求、再調査の請求等を行うことができる処分を行う場合には、処分の相手方に対し、①当該処分につき不服申立てをすることができる旨、②不服申立てをすべき行政庁、③不服申立てをすることができる期間を、書面で教示しなければなりません。当該処分を口頭でする場合は、教示をする必要はありません。

②　利害関係人からの請求に基づく教示（審査法82条２項、３項）

行政庁は、利害関係人から、不服申立てをできるかどうか、不服申立てをすべき行政庁などについて教示を求められたときは、不服申立ての可否、行政庁等を教示しなければなりません。相手方が書面による教示を求めたときは、行政庁は当該教示を書面でしなければなりません。

③ 教示がなかった場合の扱い

行政庁が教示をすべきにもかかわらず教示をしなかったときは、不服申立てをしようとする者は処分庁に不服申立書を提出することができます。たとえ、当該処分が処分庁でない行政庁に対する審査請求しか認められていない場合であっても、それは関係法令の規定に従って正式の不服申立てとして取り扱われます（同法83条１項、４項）。

④ 誤った教示をした場合の扱い

処分庁が誤って審査請求をすべき行政庁でない行政庁を、審査請求をすべき行政庁として教示した場合に、その教示された行政庁に書面で審査請求がされたときは、審査請求を受けた行政庁は、速やかに、審査請求書を処分庁又は審査庁となるべき行政庁に送付するとともに、その旨を審査請求人に通知しなければなりません（審査法22条１項）。審査請求書が審査庁となるべき行政庁に送付されたときは、初めから審査庁となるべき行政庁に審査請求がされたものとみなされます（同条５項）。

7 地方自治法の特則

地方自治法において、法定受託事務に関する不服申立て等について、審査法の特則が規定されています。地方公共団体の職員にとっては重要なポイントです。教示を行う際には、十分に注意しなければなりません。

(1) 法定受託事務に関する不服申立て

法定受託事務の場合は、地方公共団体の各機関が行った処分については、以下等の機関に審査請求するとされています。（地方自治法255条の２）。

図表6-5　法定受託事務について審査請求を行うべき機関

処分の内容	審査請求を行うべき機関
都道府県知事その他の都道府県の執行機関の処分	当該処分に係る事務を規定する法律又はこれに基づく政令を所管する各大臣
市町村長その他の市町村の執行機関（教育委員会及び選挙管理委員会を除く）の処分	都道府県知事
市町村教育委員会の処分	都道府県教育委員会
市町村選挙管理委員会の処分	都道府県選挙管理委員会

このように、地方公共団体の機関がした処分について、国等が審査請求・再審査請求の手続を通じて関与する制度を裁定的関与といいます。法定受託事務の場合は、国又は都道府県の機関による一般的な裁定的関与がなされます。

なお、法定受託事務に関する不服申立て以外にも知事・市町村長の被選挙権を喪失又は請負の禁止への該当についての選挙管理委員会の決定については、都道府県にあっては総務大臣に、市町村にあっては都道府県知事に審査請求を行うこととされています（同法143条3項）。

⑵　地方公共団体の長への審査請求

次の場合は、地方公共団体の委員会等が行った処分について、地方公共団体の長に審査請求を行うこととされています。

・地方公共団体の長以外の機関が行った給与その他の給付に関する処分（地方自治法206条1項）
・地方公共団体の長以外の機関が行った使用料、手数料等の徴収に関する処分（同法229条1項）
・地方公共団体の長以外の機関が行った行政財産を使用する権利に関する処分（同法238条の7第1項）
・地方公共団体の長以外の機関（指定管理者を含む）が行った公の施設を利用する権利に関する処分（同法244条の4第1項）

(3) 議会への諮問を要する審査請求

次の事項に関して不服申立てがなされた場合は、議会への諮問を経て決定しなければなりません。

- 地方公共団体の委員会等が行った給与その他の給付に関する処分についての審査請求（同法206条２項）。
- 分担金、使用料、加入金又は手数料の徴収に関する処分についての審査請求（同法229条２項）。
- 分担金、使用料、加入金、手数料及び過料その他の普通地方公共団体の歳入についての督促、滞納処分等についての審査請求（同法231条の３第７項）
- 行政財産を使用する権利に関する処分についての審査請求（同法238条の７第２項）
- 会計管理者、会計管理者の事務を補助する職員等が故意又は重大な過失により、その保管に係る現金、物品等を亡失、損傷した場合の損害賠償請求に関する審査請求（同法243条の２の２第11項）
- 公の施設を利用する権利に関する処分についての審査請求（同法244条の４第２項）

(4) 審査請求類似の制度

審査請求に類似のものとして、法律の定めるところにより審査請求、再審査請求又は審査の申立てをすることができる場合を除き、地方公共団体の機関がした処分により違法に権利を侵害されたとする者は、その処分があった日から21日以内に、都道府県の機関がした処分については総務大臣、市町村の機関がした処分については都道府県知事に審決の申請をすることができます（同法255条の４）。

この審決の対象となるのは、地方自治法に根拠があるものに限られます。具体的には、①議会の解散（同法178条）、②議員の懲罰議決、③旧慣による公有財産の使用権に係る旧慣の変更・廃止の議会の議決（同法238条の６第１項）、⑥旧慣による公有財産の新たな使用に係る市町村の許可（同法238条６第２項）などが挙げられます。

行政事件訴訟法

　行政機関が行った行政処分等に不服がある場合に救済を求める方法として、審査法に基づく審査請求以外に、訴訟を提起することもできます。行政上の法律関係に関して提起される訴訟は広く行政訴訟と呼ばれます。

　自治体職員のみなさんは、行政処分等に関してどのような訴訟が提起されるのか、あるいは訴訟が提起された場合、どのような手続で訴訟は進行していくのかということを学んでください。

1　行政事件訴訟法の制定

　1962年に行政事件訴訟の一般法である「行政事件訴訟法」が制定、施行されました。一般法としての位置付けは、同法１条の「行政事件訴訟については、他の法律に特別の定めがある場合を除くほか、この法律の定めるところによる」との規定にも現れています。ただし、行政訴訟の手続には、民事訴訟法の規定がそのまま使える場合も多いため、行政事件訴訟法に規定のない事項については民事訴訟法の規定を補充的に用いるということにされています（行政事件訴訟法７条）。

2　行政訴訟の種類

　行政事件訴訟法（以下この講では「行訴法」といいます）は、次のような訴訟類型を規定しています。

⑴　主観訴訟

　自己の権利や法的利益の保護を目的とする訴訟のことを主観訴訟といいます。行政訴訟では、抗告訴訟及び当事者訴訟が主観訴訟に該当します。

① 抗告訴訟

抗告訴訟とは、「行政庁の公権力の行使に関する不服の訴訟をいう」と定義されています（行訴法３条１項）。つまり、行政処分に関する訴訟のことです。取消訴訟、無効等確認訴訟、不作為の違法確認訴訟、義務付け訴訟、差止訴訟が法律で抗告訴訟として定められているほか、法律に定めのない無名抗告訴訟も認められています。

図表6-6　抗告訴訟の種類と内容

抗告訴訟の種類	内　容
処分の取消訴訟	行政処分（裁決を除く）の取消しを求める訴訟です（行訴法３条２項）。行政事件訴訟の中心となる訴訟で、実際に提起される行政訴訟の大半がこの処分の取消訴訟と考えられます。
裁決の取消訴訟	審査請求その他の不服申立てに対する行政庁の裁決、決定その他の行為の取消を求める訴訟です（行訴法３条３項）。
無効等確認訴訟	行政処分や裁決の有効・無効、不存在の確認を求める訴訟です（行訴法３条４項）。無効な行政処分であっても、本来は、取消訴訟で取消しを求めることができます。しかし、取消訴訟の出訴期間が経過してしまった場合には、取消訴訟によることはできないため、無効等確認訴訟の必要性があります。
不作為違法確認訴訟	行政庁が申請に対して相当の期間内に何らかの「処分」をすべきであるにもかかわらず、これを行わないことについての違法の確認を求める訴訟です（行訴法３条５項）。
義務付け訴訟	行政庁が何らかの行政処分又は裁決をすべきであるにもかかわらず、これがなされない場合に、行政庁に処分や裁決の義務付けを求める訴訟です（行訴法３条６項）。判決により、行政庁に処分又は裁決をすることを義務付けることになります。
差止訴訟	行政庁が何らかの処分又は裁決をすべきでないにもかかわらず、これがなされようとしている場合に、行政庁にその処分又は裁決をしてはならない旨を命ずることを裁判所に求める訴訟です（行訴法３条７項）。

②　当事者訴訟

当事者訴訟とは、抗告訴訟と異なり、公権力の行使の違法を争うのではなく、権利主体相互間における権利義務などの法律関係に関する訴訟をいいます。行訴法では、当事者訴訟として、形式的当事者訴訟と実質的当事者訴訟の２種類を規定しています（行訴法４条)。

⑵　客観訴訟

自己の権利や法的利益の保護を目的とせず、国又は公共団体の違法な行為を排除又は是正し、行政法規の正しい適用を確保するための訴訟です。一般的に訴訟においては自己の権利等法律上の利害関係がなければ当事者適格がないものとして訴訟を提起することができません。しかし、客観訴訟は、法律が特別に認めることによって、特別に定められた要件に適合する者が出訴することを認めたものです。

①　民衆訴訟

民衆訴訟とは、国又は公共団体の機関の法規に適合しない行為の是正を求める訴訟です。地方公共団体の違法行為や選挙の効力その他自己の法律上の利益にかかわらない資格で提起することができます（行訴法５条)。客観訴訟の一つで（地方自治法242条の２)、選挙又は当選の効力に関する訴訟（公職選挙法203条、204条、207条、211条）が代表例です。

②　機関訴訟

客観訴訟の一つで、国と地方公共団体、都道府県と市町村、地方公共団体の長と議会等の機関相互間における権限の存否又はその行使に関する紛争についての訴訟です（行訴法６条)。長が提起する議会の議決又は選挙に関する訴訟（地方自治法176条７項)、地方公共団体が提起する国の関与に対する訴訟（同法251条の５)、市町村が提起する都道府県の関与に対する訴訟（同法251条の６）が代表例です。

図表6-7　行訴法の類型

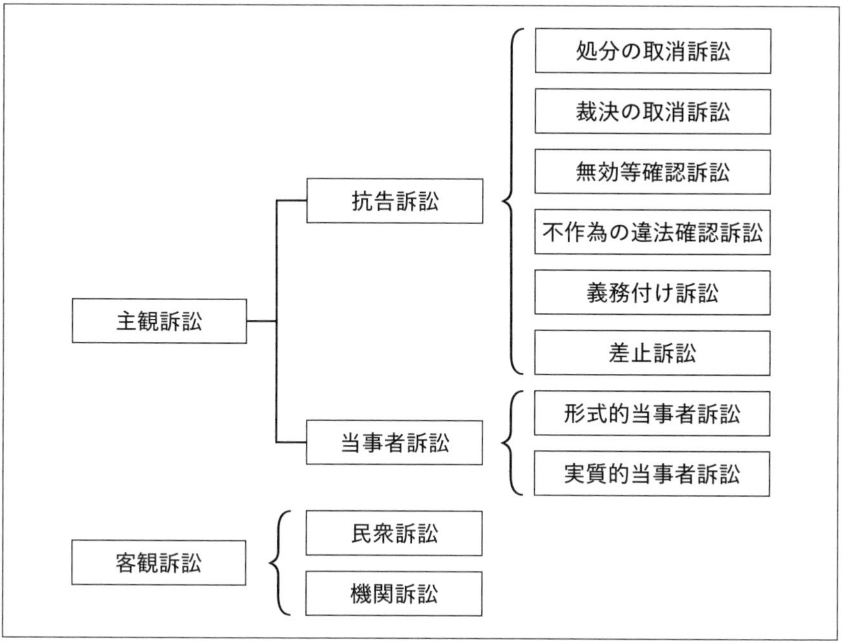

3　取消訴訟

(1)　概要

行政処分又は裁決の取消しを求める訴訟で（行訴法３条２項）、行政訴訟の中心となる訴訟ということができます。

(2)　訴訟要件

訴訟要件とは、訴訟において実質的な審理（本案審理）に入るための要件のことです。訴訟要件がそろっていなければ、本案審理に入ることができず、訴えは却下されます。訴訟要件を満たした場合には、本案審理を行い、判決が下されることになります。取消訴訟の訴訟要件は、処分性、当事者適格、狭義の訴えの利益、出訴期間からなります。

①　処分性

取消訴訟の対象となるのは「行政庁の処分その他公権力の行使に当たる行為」（行訴法3条2項）と規定されており、これに当たらないものは取消訴訟の対象になりません。この点について詳しくは、**行政処分（2頁）**で復習してください。

②　当事者適格

当事者適格とは、個々の取消訴訟において、当事者として訴訟を追行し、判決の名あて人となることにより、有効な紛争解決をもたらすことができる地位をいいます。当事者適格には、被告となることができるという意味の被告適格と原告として裁判を起こすことができるという意味の原告適格の二つのものがあります。

❶　被告適格

有効に取消訴訟を提起するためには、適正な相手方を被告として訴えを提起する必要があります。取消訴訟は、当該処分又は裁決をした行政庁の所属する国又は公共団体を被告とすることになります（行訴法11条1項）。

処分権限の承継があったときは、承継した行政庁が所属する国又は地方公共団体が被告になります（同項括弧書き）。たとえば、ある市が、中核市から政令指定都市になったことにより新たに県から市に処分権限が移った場合に、その事務について都道府県が当事者となって訴訟が係属している場合は、被告の地位は政令指定都市が承継し被告になります。

❷　原告適格

行訴法9条1項は、「取消しを求めるにつき法律上の利益を有する者」に限り、取消訴訟を提起できるとしています。これは取消訴訟が原告本人の権利を保護するための訴訟であるために規定されている要件です。当事者が訴訟による解決を求めていないのに、無関係な第三者が裁判を起こすことは認められません。このように取消訴訟を提起する資格のことを取消訴訟の原告適格といいます。

a　原告適格の判定基準

取消訴訟の原告として、まず考えられるのが行政処分を受けた当事者（名あて人）で、この者に当事者適格が認められることには争いはありません。実際に問題となるのは、行政処分の名あて人以外の者が取消訴訟を提起するような場合（たとえば、ある事業者が開発許可を受けた場合に、周辺住民がその開発許可の取り消しを求めるような場合。**行政処分の三面構造（27頁）**）です。このような事案でも、その者が「取消しを求めるにつき法律上の利益を有する」場合には、原告適格を有することになります。

原告適格の有無の判定基準については、学説では大きく分けて２つの見解があります。一つは、侵害される利益を処分の根拠法規が保護しようとしている場合には原告適格が認められるとする説（法律上保護された利益説）です。もう一つは、侵害される利益が、処分の根拠法規に限らず、法全体から見て法的保護に値するものであれば原告適格が認められるとする説（裁判上保護に値する利益説）で、この説の方が原告適格の範囲は広くなります。判例は、法律上保護された利益説を採用しています[118)]。

図表6-8　「法律上保護された利益説」と「法的保護に値する利益説」

	法律上保護された利益説（判例）	法的保護に値する利益説
判断内容	法律の文言を基準として、法律の解釈として原告適格の有無を判断する	ある者の被る不利益が事実上どのようなものかを勘案して、それが法的救済に値するかどうかを検討する
考え方の枠組み	法律の規定の枠内で原告適格の有無を判断する	法律の解釈から離れて救済の現実的必要性を検討する

b　９条２項による必要的考慮事項

行訴法９条２項では、処分又は裁決の名あて人以外の者について、法律上の利益の有無を判断するに当たっては、当該処分又は裁決の根拠となる法令の規定の文言のみによることなく、①「当該法令の趣旨及び目的」及び②「当該処

118）　最判平成元年２月17日民集43巻２号56頁他

分において考慮されるべき利益の内容及び性質」を考慮するとされています。また、①「当該法令の趣旨及び目的」を考慮するに当たっては、当該法令と目的を共通にする関係法令があるときはその趣旨及び目的をも参酌するとされています。さらに、②「当該利益の内容及び性質」を考慮するに当たっては、当該処分又は裁決がその根拠となる法令に違反してされた場合に①「害されることとなる利益の内容及び性質」及び②「これが害される態様及び程度」をも勘案するとされています。つまり、この規定では、処分の名あて人以外の者の原告適格について次のような三つのポイントが規定されています。

図表6-9　９条２項における考慮ポイント

第１のポイント　法律上の利益の有無を判断するに当たって
裁決の根拠となる法令の規定の文言のみによることなく、「当該法令の趣旨及び目的」及び「当該処分において考慮されるべき利益の内容及び性質」を考慮するものとする

第２のポイント　当該法令の趣旨及び目的を考慮するに当たって
当該法令と目的を共通にする関係法令があるときは、その「趣旨及び目的」をも参酌する

第３のポイント　当該利益の内容及び性質を考慮するに当たって
当該処分又は裁決がその根拠となる法令に違反してされた場合に「害されることとなる利益の内容及び性質」及び「これが害される態様及び程度」をも勘案する

判例では、原子炉から約29キロメートルないし58キロメートルの範囲内の地域に居住住民が提起した原子炉設置許可処分の無効確認訴訟において「当該処分を定めた行政法規が、不特定多数者の具体的利益を専ら一般的公益の中に吸収解消させるにとどめず、それが帰属する個々人の個別的利益としてもこれを保護すべきものとする趣旨を含むと解される場合には、かかる利益も右にいう法律上保護された利益に当たり、当該処分によりこれを侵害され又は必然的に侵害されるおそれのある者は、当該処分の取消訴訟における原告適格を有する」

としています[119)]。

私鉄の連続立体交差化を内容とする鉄道事業認可等について、事業地の周辺住民が取消を求めた訴訟の判決で、都市計画事業の事業地の周辺に居住する住民のうち当該事業が実施されることにより、騒音、振動等による健康又は生活環境にかかる著しい被害を直接に受けるおそれのある者は、当該事業の認可の取消しを求めるにつき法律上の利益を有するものとして、その取消訴訟における原告適格を有するとしています[120)]。

また、建築基準法に規定される容積率制限と隣地斜線制限を緩和するいわゆる総合設計許可に対する取消訴訟について「容積率制限や高さ制限の規定の上記の趣旨・目的等をも考慮すれば、同項が必要な空間を確保することとしているのは、当該建築物及びその周辺の建築物における日照、通風、採光等を良好に保つなど快適な居住環境を確保することができるようにするとともに、地震、火災等により当該建築物が倒壊、炎上するなど万一の事態が生じた場合に、その周辺の建築物やその居住者に重大な被害が及ぶことがないようにするためである（略）総合設計許可に係る建築物の倒壊、炎上等により直接的な被害を受けることが予想される範囲の地域に存する建築物に居住し又はこれを所有する者は、総合設計許可の取消しを求めるにつき法律上の利益を有する者」であると判断しました[121)]。

既存同業者が第三者に対する営業許可の取消しを求めた事案として次のようなものがあります。小浜市長から廃棄物の処理及び清掃に関する法律に基づく一般廃棄物収集運搬業の許可及びその更新を受けているＡが、同市長により同法に基づいてＢに対する一般廃棄物収集運搬業の許可更新処分の取消しを求めた事案において、「廃棄物処理法において、一般廃棄物処理業は、専ら自由競争に委ねられるべき性格の事業とは位置付けられて」おらず、「一般廃棄物処理業の適正な運営が継続的かつ安定的に確保されるように、当該区域における需給の均衡及びその変動による既存の許可業者の事業への影響を適切に考慮することが求められる」ため、「事業に係る営業上の利益を個々の既存の許可業者の個

119）　最判平成４年９月22日民集46巻６号571頁
120）　最判平成17年12月７日民集59巻10号2645頁
121）　最判平成14年１月22日民集56巻１号46頁

別的利益としても保護すべきものとする趣旨を含む」として、既に許可を受けている者は、当該区域を対象として他の者に対してされた許可処分について、その取消訴訟の原告適格を有するとしています。

③　狭義の訴えの利益

狭義の訴えの利益は、客観的訴えの利益ともいい、原告が請求について本案判決を求める必要性、あるいは実効性を意味します。判決によって処分が取り消されたとしても、現実に法律上の利益を回復することができなければ、訴訟を提起、審理する意味がありません。そのため、狭義の訴えの利益が認められない場合には、取消訴訟は却下されることになります。

また、処分の後の事情の変更によって、訴えの利益が消滅する場合があります。判例では、次のような場合には、訴えの利益は消滅するものとしています。

❶　期間の経過

メーデーのための皇居外苑使用許可申請に対して不許可とした処分を取り消すこと等を求めて提訴した事案の上告審[122)]において、「本訴請求は、同日（5月1日）の経過により判決を求める法律上の利益を喪失したものといわなければならない」としました。

ただし、行訴法9条1項括弧書きとして「処分又は裁決の効果が期間の経過その他の理由によりなくなつた後においてもなお処分又は裁決の取消しによつて回復すべき法律上の利益を有する者」は、取消訴訟を提起することができる旨が規定されています。

営業停止処分のように行政処分が一定の期間に限って国民の権利利益を制約するものである場合、原則としてその期間経過後は訴えの利益は認められません。しかし、その期間経過後も法律上の不利益を受ける場合には、取消しの訴えの利益が認められることになります。

判例としては、函館方面公安委員会より代表者が提供商品を客から買い取ったこと（風俗営業等の規制及び業務の適正化等に関する法律23条違反）を理由に同

---

122)　最判昭和28年12月23日民集7巻13号1561頁

法26条１項に基づき、40日間を期間とする風俗営業の停止命令を受けた者が命令に対して取消訴訟を提起しましたが、訴訟中に40日が経過した事案があります。判決[123)]では、「行政手続法12条１項の規定により定められ公にされている処分基準において、先行の処分を受けたことを理由として後行の処分に係る量定を加重する旨の不利益な取扱いの定めがある場合には、上記先行の処分に当たる処分を受けた者は、将来において上記後行の処分に当たる処分の対象となり得るときは、上記先行の処分に当たる処分の効果が期間の経過によりなくなった後においても、当該処分基準の定めにより上記の不利益な取扱いを受けるべき期間内はなお当該処分の取消しによって回復すべき法律上の利益を有するものと解するのが相当である」「本件において、上告人は、行政手続法12条１項の規定により定められ公にされている処分基準である本件規程の定めにより将来の営業停止命令における停止期間の量定が加重されるべき本件処分後３年の期間内は、なお本件処分の取消しによって回復すべき法律上の利益を有する」と、不利益処分（営業停止期間）の満了後であっても、その後の処分になってその後も量定を加重される可能性があることから、訴えの利益を認めています。

図表6-10　処分期間満了後であっても、訴えの利益があるとされる場合

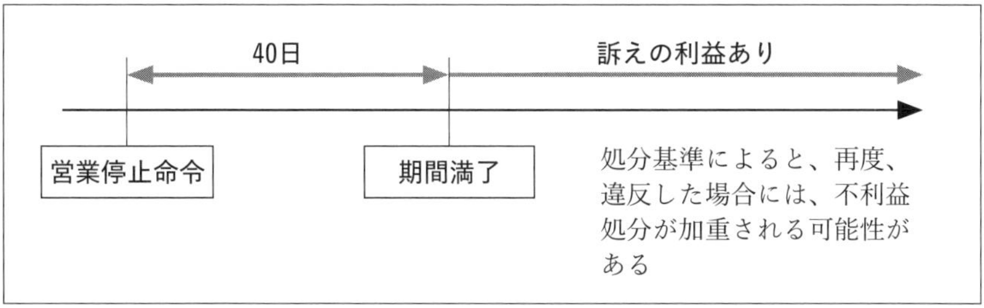

また、１年間の業務停止処分を受けた弁護士がした右処分についての審査請求を棄却する裁決の取消しの訴えについて、懲戒処分を受けた者は３年間は日本弁護士連合会会長の被選挙権を有しない規定があることから、「本件業務停止

123)　最判平成27年３月３日民集69巻２号143頁

期間が経過した後においても被上告人の会長選挙における被選挙権を有しないという不利益を受けていることになり、行政事件訴訟法９条の適用上、なお本件裁決の取消しによつて回復すべき法律上の利益を有するとされる余地がある」とされた事案もあります[124)]。

❷ 工事の完了

建築確認に基づいて建築された建物の近隣住民が、建築確認は違法であるとして、その取消しを求めた事案において「建築確認は、それを受けなければ右工事をすることができないという法的効果を付与されているにすぎないものというべきであるから、当該工事が完了した場合においては、建築確認の取消しを求める訴えの利益は失われる」と判示しました[125)]。

また、兵庫県知事が土地改良法に基づきした町営土地改良事業の施行認可処分の取消しを求めた事案において、差戻控訴審判決[126)]は、「本件事業計画に基づく工事及び換地処分が、全部、完了してしまい、原状回復が、物理的に全く不可能とまでいうことはできないが、社会的、経済的損失を考えたとき、社会通念上、法的に不可能な場合、原告として、残された道は、損害賠償請求しかない。ところで、損害賠償請求は、取消訴訟と関係なく提起できるのであるから、取消訴訟の原告にこの点で事情判決を求める法律上の利益があるということにはならない」として訴えを却下しました。しかし、差戻上告審[127)]は、「本件認可処分が取り消された場合に、本件事業施行地域を本件事業施行以前の原状に回復することが、本件訴訟係属中に本件事業計画に係る工事及び換地処分がすべて完了したため、社会的、経済的損失の観点からみて、社会通念上、不可能であるとしても、右のような事情は、行政事件訴訟法31条（著者注：事情判決）の適用に関して考慮されるべき事柄であって、本件認可処分の取消しを求める上告人の法律上の利益を消滅させるものではない」としました。

---

124)　最判昭和58年４月５日集民138号493頁
125)　最判昭和59年10月26日民集38巻10号1169頁
126)　大阪高判平成２年６月28日判例タイムズ734号114頁
127)　最判平成４年１月24日民集46巻１号54頁

❸ 回復すべき法的地位の消滅

我が国で永住することができる地位を得た者が、出入国管理及び難民認定法に基づく再入国許可申請に対する不許可処分の取消しを求めていました。この者が、再入国の許可を得ないまま米国に出国したため、出国により訴えの利益は失われるかが問題となりました。判決では、「再入国の許可申請に対する不許可処分を受けた者が再入国の許可を受けないまま本邦から出国した場合には、同人がそれまで有していた在留資格が消滅することにより、右不許可処分が取り消されても、同人に対して右在留資格のままで再入国することを認める余地はなくなるから、同人は、右不許可処分の取消しによって回復すべき法律上の利益を失う」としました[128)]。

❹ 原告の死亡

生活保護受給者に対する保護変更決定の取消しを求めていたが、上告後死亡した事案（朝日訴訟）において、最高裁は、生活保護受給権は「被保護者自身の最低限度の生活を維持するために当該個人に与えられた一身専属の権利であつて、他にこれを譲渡し得ないし、相続の対象ともなり得ない」と訴えの利益を認めませんでした[129)]。

一方、免職された公務員が免職処分の取消訴訟の係属中に死亡した事案において、「原告である当該公務員が訴訟係属中に死亡したとしても、免職処分の取消しによつて回復される右給料請求権等が一身専属的な権利ではなく、相続の対象となりうる性質のものである以上、その訴訟は、原告の死亡により訴訟追行の必要が絶対的に消滅したものとして当然終了するものではなく、相続人において引き続きこれを追行することができる」としています[130)]。

❺ 情報公開

愛知県公文書公開条例に基づき公開請求された公文書の非公開決定の取消訴訟において当該公文書が書証として提出された事案について、「公開請求権者

128） 最判平成10年４月10日民集52巻３号677頁
129） 最判昭和42年５月24日民集21巻５号1043頁
130） 最判決昭和49年12月10日民集28巻10号1868頁

は、本件条例に基づき公文書の公開を請求して、所定の手続により請求に係る公文書を閲覧し、又は写しの交付を受けることを求める法律上の利益を有するというべきであるから、請求に係る公文書の非公開決定の取消訴訟において当該公文書が書証として提出されたとしても、当該公文書の非公開決定の取消しを求める訴えの利益は消滅するものではない」としています[131)]。

❻　その他

運転免許証更新処分を受けた際に、「一般運転者」に該当するとして「優良運転者」である旨の記載がない運転免許証の交付を受けたため、当該更新処分の取消し及び「優良運転者」である旨の記載のある免許証を交付する更新処分の義務付けを求めました。判決では、「客観的に優良運転者の要件を満たす者であれば優良運転者である旨の記載のある免許証を交付して行う更新処分を受ける法律上の地位を有することが肯定される以上、一般運転者として扱われ上記記載のない免許証を交付されて免許証の更新処分を受けた者は、上記の法律上の地位を否定されたことを理由として、これを回復するため、同更新処分の取消しを求める訴えの利益を有する」としました[132)]。

④　出訴期間

取消訴訟に関しては出訴期間の定めがあります。これは行政行為の**不可争力**(**25頁**)の実定法上の根拠といえるものです。

取消訴訟は処分又は裁決があったことを知った日から６か月以内に提起しなければなりません（行訴法14条１項。客観的出訴期間)。ただし、正当な理由があるときは６か月経過後でも提起できます（同項ただし書)。

また、処分又は裁決があったことを知らなくても、処分又は裁決の日から１年を経過すると取消訴訟を提起することはできません（行訴法14条３項本文。客観的出訴期間)。ただし、正当な理由があるときは１年経過後でも提起できます(同項ただし書)。

処分等を知った日から６か月、処分の日から１年のいずれか早い日の経過以

131)　最判平成14年２月28日民集56巻２号467頁
132)　最判平成21年２月27日民集63巻２号299頁

降は、取消訴訟を提起することはできません（行訴法14条３項本文）。

図表6-11　主観的主訴期間と客観的出訴期間との関係

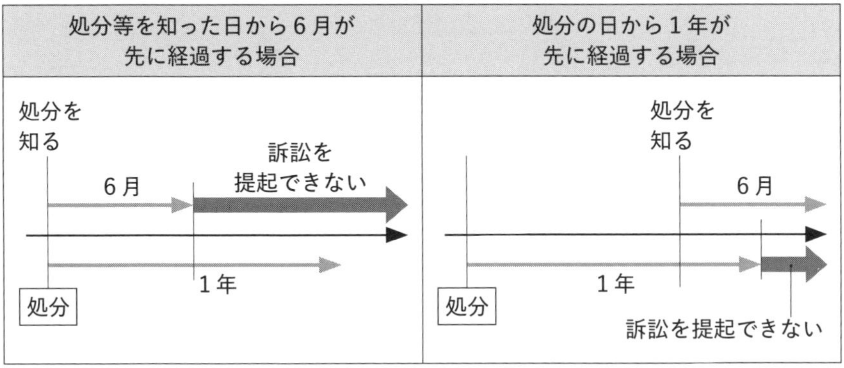

⑶　裁判所の地域管轄

取消訴訟は、管轄権を有する裁判所に提起しなければなりません。裁判所の管轄には、事件の第一審の管轄を地方裁判所と簡易裁判所のいずれにおいて管轄するかという事物管轄及び特定の区域に関係する事件をどの土地の裁判所が担当するかという土地管轄とがあります。

事物管轄については、取消訴訟の第一審は地方裁判所とされています（裁判所法24条、33条１項１号）。ただし、行政委員会等による準司法的な手続を経た場合には、三審制を維持する必要はないため、高等裁判所が第一審裁判所とされている場合もあります（電波法97条、特許法178条１項）。また、選挙の効力に関する訴訟については、早期確定の必要があることから、高等裁判所が第一審裁判所とされています（公職選挙法217条）。

一方、土地管轄については、普通裁判籍と特別裁判籍によって決まります。普通裁判籍とは、事件の種類、内容にかかわりのない一般的な裁判籍をいいます。一方、特別裁判籍とは、種類・内容において限定された事件について認められる裁判籍をいいます。それぞれ次の裁判所とされています。

①　普通裁判籍

被告の普通裁判籍の所在地を管轄する裁判所又は処分・裁決をした行政庁の所在地を管轄する裁判所の管轄に属します（行訴法12条１項）。

②　特別裁判籍

次の事件に関しては、普通裁判籍のほか特別裁判籍が認められています。

- 土地の収用、鉱業権の設定その他不動産又は特定の場所に係る処分・裁決についての取消訴訟は、その不動産又は場所の所在地の裁判所にも、提起することができます（同条２項）。
- 当該処分又は裁決に関し事案の処理に当たった下級行政機関の所在地の裁判所にも、提起することができます（同条３項）。

③　特定管轄裁判所

国、独立行政法人等を被告とする取消訴訟は、原告の普通裁判籍の所在地を管轄する高等裁判所の所在地を管轄する地方裁判所にも、提起することができます（同条４項）。これは、特別裁判籍に関する規定によっても、なお原告である国民にとって身近な場所で裁判を起こすことが困難な場合がありうることに配慮するとともに、行政事件について専門知識を必要とすることから担当裁判所をある程度集中させることを目的とするものです。

⑷　執行停止制度

①　執行不停止の原則

処分の取消しの訴えが提起されても、原則として行政処分の効力は停止されません（行訴法25条１項）。これを執行不停止の原則といいます。もし、執行の停止を認めると、とりあえず取消訴訟を提起し時間稼ぎをするなどで、行政の円滑な執行が阻害されるおそれがあるために、執行不停止の原則がとられています。

② 執行停止

執行停止が一切認められないとすると、原告が最終的に勝訴しても処分が既に行われてしまうなど、原告の救済が不十分な場合もあります。そのため、執行停止の原則の例外として、重大な損害を避けるために緊急の必要があるときは、裁判所は、決定をもって処分の効力、処分の執行又は手続の続行の全部又は一部の停止をすることができます（行訴法25条２項）。

③ 執行停止の要件

執行停止の要件は、次のとおりです。

- 原告、利害関係を有する第三者からの申立てがあること
- 重大な損害を避けるために緊急の必要があること
- 執行停止によって公共の福祉に重大な影響を及ぼすおそれのないこと
- 本案（取消訴訟）について、取り消すべき理由がないとみえないこと

④ 執行停止の効果

執行停止の決定の確定により、処分の効果、処分の執行又は手続の続行の全部又は一部が停止されることになります。

⑤ 即時抗告

執行停止の申立てに対する決定に対し不服のある者は、原裁判所を管轄区域とする高等裁判所に即時抗告ができます（行訴法25条７項）。

⑸ 内閣総理大臣の異議

執行停止の申立てがあった場合又は執行停止の決定がなされた場合、内閣総理大臣は、異議を申し立てることができます。異議の申立てには、処分の効力を存続し、処分を執行し、又は手続を続行しなければ、公共の福祉に重大な影響を及ぼすおそれのある事情を示した理由を付さなければなりません。この異議がなされたときには、裁判所は、執行停止をすることができません。また、既に執行停止の決定がなされているときには、裁判所はこの決定を取り消さな

ければなりません（行訴法第27条）。

学説においては、内閣総理大臣の異議は、裁判官の職権行使の独立性を侵害し、司法権に対する侵犯であり、違憲の疑いが濃厚であるとする見解が支配的です[133]。ただし、裁判例[134]では、行政処分の効力又は執行を停止する権限は行政的作用であり、総理大臣に裁判所のなした停止決定の効力を事実上奪う権限を与えたとしても違憲ではないとしたものがあります。

⑹　教示

行政庁は、取消訴訟を提起することができる処分又は裁決をする場合には、処分又は裁決の相手方に対し、取消訴訟の被告、出訴期間、不服申立前置等に関する事項を原則書面で教示しなければなりません（行訴法46条１項）。なお、処分が口頭でなされる場合は、教示義務はありません（同条２項）。教示義務を怠った場合について行訴法は救済のための仕組みを用意していません。行政事件訴訟は出訴期間について、正当な理由がある場合は６か月を経過した後も出訴できると定めていますが、教示義務を怠った場合はこの「正当な理由」の有無を判断する事由になると考えられます。

⑺　訴えの審理

①　民事訴訟法の準用

「行政事件訴訟に関し、この法律に定めがない事項については、民事訴訟の例による」と、行訴法７条に規定されています。行訴法には、審理に関する規定は多く設けられておらず、基本的には民事訴訟の手続が準用されています。

②　取消訴訟の性質

取消訴訟の性質について通説は、行政処分により生じた法的効果が取消判決により失われる形成訴訟と解しています[135]（形成訴訟説）。これに対して、違法な行政処分は、本来的に無効であり、取消がなされるまでは一応効力を有する

133）　宇賀克也「行政法概説Ⅱ（第７版）」有斐閣、2021年、315頁
134）　東京地判昭和44年９月26日行政事件裁判例集20巻８・９号1141頁
135）　宇賀克也「行政法概説Ⅱ（第７版）」有斐閣、2021年、133頁

ものとされているに過ぎないため、取消訴訟は行政処分が当初から違法無効であることの確認を求める訴訟と解すべきだとする確認訴訟説もあります。

③　訴訟物

訴訟において審判の対象となる事項を訴訟物といいます。**判決の既判力**（**208頁**）の客観的範囲は、訴訟物によって確定されることになるため、訴訟物の理解は既判力に関しても重要な意味をもちます。

通説は、取消訴訟の訴訟物について行政処分の違法性一般と解しています[136)]。所得税決定処分等の取消訴訟に関する判例においても、「本件決定処分取消訴訟の訴訟物は、右総所得金額に対する課税の違法性一般」とされています[137)]。

④　当事者主義

民事訴訟手続では、当事者双方（原告と被告）が積極的ないし主導的に主張・活動し、裁判所は中立的な立場から双方の主張について判断を下します。このような審理方式は当事者主義といわれ、当事者主義の下において処分権主義及び弁論主義とがとられています。

❶　処分権主義

処分権主義とは、当事者が訴訟の開始、訴訟物とその範囲、判決によらない訴訟の終了を選択するかにつき当事者が自由に決定できるという原則をいいます。私的自治の原則を民事訴訟制度に反映させたものといえます。基本的には取消訴訟においても処分権主義がとられています。しかし、行政活動は、法律による行政の原理に基づいて、法律の範囲内で行われています。また、行政庁の裁量においては、公益性あるいは法律の範囲等という限界があります。そのため、取消訴訟において和解や請求の認諾については、民事訴訟とは異なり、一定の限界があるものと考えられます。

---

136)　宇賀克也「行政法概説Ⅱ（第７版）」有斐閣、2021年、134頁

137)　最判昭和49年４月18日訟務月報20巻11号175頁

❷ 弁論主義

弁論主義とは、訴訟資料に対する当事者の処分権限に関するものであって、事件の事実と証拠の収集を当事者の権限と責任において行うものです。弁論主義の下では、次の３点の規律が求められます。

a　当事者が主張していない事実を判決の資料として採用してはならない（主張責任）。

b　当事者間に争いのない事実をそのまま判決の資料として採用しなければならない（自白の裁判所拘束力）。

c　当事者間に争いのある事実を証拠により認定する際には、必ず当事者の申し出た証拠によらなければならない（職権証拠調べの禁止）。

弁論主義に対するものとして、職権探知主義があります。これは、事件の事実と証拠の収集を当事者の権限とせず、裁判所の権限とするものです。行訴法24条では「裁判所は、必要があると認めるときは、職権で、証拠調べをすることができる」として、職権証拠調べが認められています。このことから、通説、判例においては、取消訴訟の審理手続は弁論主義を基本とし、職権探知主義的な手続が加えられていると解しています。ただし、証拠調べの結果については、当事者の意見をきかなければならないとして、職権探知主義的な手続に関しては制約が加えられています（行訴法24条ただし書）。

❸ 釈明処分の特例

裁判所は、訴訟関係を明瞭にするため、訴訟書類又は訴訟において引用した文書その他の物件で当事者の所持するものを提出させることなどの処分をすることができます（民事訴訟法151条１項）。これを釈明処分といいます。さらに、被告である国又は公共団体に所属する行政庁、あるいは被告である行政庁等に対し、処分又は裁決の内容、処分又は裁決の根拠となる法令の条項、処分又は裁決の原因となる事実など処分・裁決の理由を明らかにする資料であって当該行政庁が保有するものの提出を求めること、又は送付を嘱託することを求めることができます（行訴法23条の２第１項）。

❹ 文書提出命令

取消訴訟において、行政機関か保有している処分の根拠となる資料を閲覧できなければ、原告である住民側が適切な主張・立証を行うことは困難です。しかし、行訴法では、原告が被告行政主体に対して文書の閲覧を請求できる特段の規定は設けられていません。そのため、民事訴訟法の文書提出命令（219条以下）が重要な役割を果たすことになります。民事訴訟法220条では、①当事者が訴訟において引用した文書を自ら所持するとき（同条1号）、②挙証者が文書の所持者に対しその引渡し又は閲覧を求めることができるとき（同条2号）、③文書が挙証者の利益のために作成され、又は挙証者と文書の所持者との間の法律関係について作成されたとき（同条3号）は、当該文書について提出義務があるものとされています。

また、これらの文書以外の文書であっても、公務員の職務上の秘密に関する文書でその提出により公共の利益を害し、又は公務の遂行に著しい支障を生ずるおそれがあるもの等以外の文書は提出する義務があります（同条4号）。なお、「その提出により公共の利益を害し、又は公務の遂行に著しい支障を生ずるおそれがある」について判例[138)]は、「単に文書の性格から公共の利益を害し、又は公務の遂行に著しい支障を生ずる抽象的なおそれがあることが認められるだけでは足りず、その文書の記載内容からみてそのおそれの存在することが具体的に認められることが必要である」としています。

⑤ 主張責任、立証責任

訴訟において、原告・被告の間において争いのある主要事実について真偽が不明な場合がありえます。これを「ノン・リケット」といいますが、このような場合であっても裁判所は何らかの判断を行わなければなりません。そのため、事実関係が証明されないときであっても、主張・立証すべき主要事実を主張・立証しなかったことで当事者のいずれか一方が不利益を被ることになるという一定の価値判断の下、判決を下していくことになるのです。この一定の価値判断を「主張・立証責任の分配の法則」といいます。

138） 最判平成17年10月14日民集59巻8号2265頁

当事者が自己に有利な要件事実を立証できなかった場合、その事実は存在しないという取扱いを受けることを「立証責任を負う」といいます。主張すべき主要事実を主張しなかったことで不利益を被ることを「主張責任を負う」といいます。

民事訴訟においては、一般的に、主張責任の配分は立証責任の配分と同じ基準で考えるとされています。取消訴訟においても同様に解されています139)。ただし、人的物的力量、資料量において隔絶した有利さをもつ行政庁は、処分の適法性を具体的に処分経過を含めて主張すべきであるとする説140)や私人の権利を制限する処分を行う場合等には行政庁に理由提示義務が課されていること（行政手続法8条、14条）に照らし、適法要件を具備していることの主張責任は行政が負うとする説141)もあります。

立証責任については、学説において、法律要件分類説、事実考慮説、基本権分類説の対立があります。

❶　法律要件分類説

法律効果を権利発生、権利障害、消滅事実とに分けた上で、法律効果が自己に有利に働く当事者が当該法律効果を基礎づける要件事実についての立証責任を負うと考えます。裁判実務は、この説によっている傾向にあります。

❷　憲法秩序機能説

国民の自由を制限し、又は国民に義務を課す行政行為の取消訴訟においては行政庁が立証責任を負うとします。一方、国民の生活保障の観点から認められている社会保障給付申請等の拒否処分については、原告である私人が立証責任を負うと考えます。

❸　調査義務説

行政処分を行うに当たって、行政庁は法令を誠実に執行すべき任務を負って

---

139)　南博方ほか編「条解行政事件訴訟法（第5版）」弘文堂、2023年、268頁
140)　斎藤浩「行政訴訟の実務と理論（第2版）」三省堂、2019年、340頁
141)　宇賀克也「行政法概説Ⅱ（第7版）」有斐閣、2021年、252頁

おり、その一環として調査義務を負います。そのため、処分を適法とする事実について行政庁は立証責任を負うとします。

❹ 個別具体説

当事者の公平、事案の性質、事物に関する立証の難易等によって個別具体的に判断するとします。

最判平成26年7月14日[142)]は、「情報公開法において、(略)、当該行政機関が当該行政文書を保有していることがその開示請求権の成立要件とされていることからすれば、開示請求の対象とされた行政文書を行政機関が保有していないことを理由とする不開示決定の取消訴訟においては、その取消しを求める者が、当該不開示決定時に当該行政機関が当該行政文書を保有していたことについて主張立証責任を負う」としており、個別具体説的な判断をしています。

⑥ 立証責任の転換

国又は地方公共団体と比較して、私人は専門知識や保有している関係資料の面で不利な立場にあることが少なくありません。このため、判例では一定の範囲で私人の証明責任を軽減したり、事実上立証責任を国や地方公共団体に転換している場合があります。

伊方発電所原子炉設置許可処分取消請求事件判決[143)]において、「原子炉施設の安全性に関する審査の特質を考慮し、右各号所定の基準の適合性については、各専門分野の学識経験者等を擁する原子力委員会の科学的、専門技術的知見に基づく意見を尊重して行う内閣総理大臣の合理的な判断にゆだねる趣旨と解する」とした上で、「被告行政庁がした右判断に不合理な点があることの主張、立証責任は、本来、原告が負うべきものと解される」としています。ただし、「当該原子炉施設の安全審査に関する資料をすべて被告行政庁の側が保持していることなどの点を考慮すると、被告行政庁の側において、まず、その依拠した前記の具体的審査基準並びに調査審議及び判断の過程等、被告行政庁の判断に不合理な点のないことを相当の根拠、資料に基づき主張、立証する必要があり、

142) 集民247号63頁
143) 最判平成4年10月29日民集46巻7号1174頁

被告行政庁が右主張、立証を尽くさない場合には、被告行政庁がした右判断に不合理な点があることが事実上推認される」として、事実上立証責任を行政側に転換しています。

⑦　訴訟参加

係属中の訴訟に当事者以外の第三者が加わることを訴訟参加といいます。行訴法では、第三者の訴訟参加（22条）と行政庁の訴訟参加（23条）とを規定しています。また、行訴法に基づく訴訟参加以外に、訴訟の結果について利害関係を有する第三者は、民事訴訟法42条に基づいて、当事者の一方を補助するため訴訟に参加すること（補助参加）ができると解されています。

❶　第三者の訴訟参加と行政庁の訴訟参加

・第三者の訴訟参加

第三者の訴訟参加は、訴訟の結果によって権利を害される第三者が、その申立て又は裁判所の職権で訴訟に参加するものです。この訴訟参加の趣旨としては、①取消判決には第三者効（32条）、拘束力（33条）が認められているので、それにより不利益を受ける第三者の権利利益の救済を図る必要があること、②第三者を参加させ攻撃防御の機会を与えることによって訴訟資料を豊富にし、適正な裁判を可能にすること、とされています[144)]。

たとえば建築主事が建築主に対して行った建築確認の取消訴訟を近隣住民が提起した場合に、当該建築主が訴訟参加する場合が、第三者の訴訟参加の例として挙げられます。

・行政庁の訴訟参加

行政庁の訴訟参加は、処分又は裁決をした行政庁以外の行政庁が訴訟に参加することです。裁判所は、当事者・当該行政庁の申立て又は職権によって、決定をもって、行政庁を訴訟に参加させることができます。

処分又は裁決をした行政庁は、裁判上の一切の行為をする権限を有するとさ

---

144)　宇賀克也「行政法概説Ⅱ（第７版）」有斐閣、2021年、241頁

れています（行訴法11条６項）。しかし、事案を調査し処分案を具申した下級行政庁や監督権限を有する上級行政庁などのように、実際に処分等をした行政庁以外の行政庁が処分等に関与している場合もあります。こうした行政庁を訴訟に参加させることによって、十分な訴訟資料に基づき適正な裁判が可能になることから認められています。

❷ 補助参加

補助参加は、判決主文又は理由中の判断が第三者の法的地位または法的利益に事実上不利益な影響を及ぼすおそれがある場合に、当該第三者にそれを防止する機会を与えるものです。補助参加をすることができる者は、訴訟の結果について利害関係を有する第三者です。一方、行訴法の第三者の訴訟参加することができる者は、訴訟の結果により権利を害される第三者であるため（行訴法22条１項）、補助参加の方がより広くの者が参加できる可能性があります。

この第三者の範囲について判例は、「補助参加が認められるのは、専ら訴訟の結果につき法律上の利害関係を有する場合に限られ」、これは、「当該訴訟の判決が参加人の私法上又は公法上の法的地位又は法的利益に影響を及ぼすおそれがある場合をいう」としています[145)]。補助参加が認められた事案としては、産業廃棄物の管理型最終処分場の設置許可申請に対する知事の不許可処分の取消訴訟において、当該施設の周辺地域の住民が知事を補助するため訴訟に参加することが認められたものがあります[146)]。

145）　最判平成13年１月30日民集55巻１号30頁
146）　最判平成15年１月24日集民209号59頁

図表6-12　補助参加と第三者の訴訟参加との比較

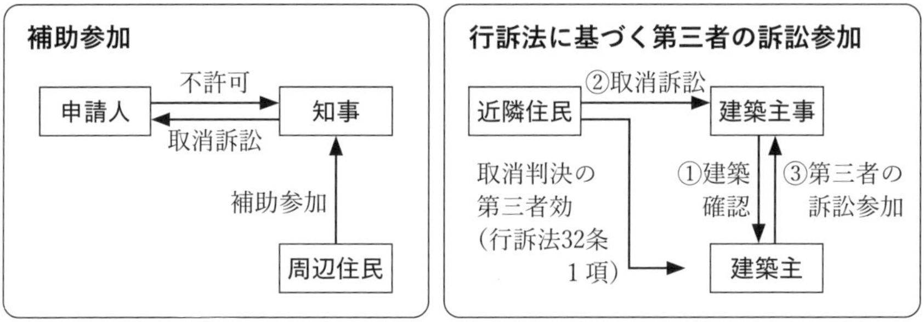

⑧　主張制限

❶　原告側の主張制限

行訴法10条１項では、「自己の法律上の利益に関係のない違法を理由として取消しを求めることができない」と規定しています。この規定は本案審理段階における原告の主張制限を規定しているものであって、原告適格に関する規定ではないことに注意が必要です。なお、本項の規定は、取消訴訟以外の訴訟類型には準用されていません。

この「自己の法律上の利益に関係のない違法」とは、行政庁の処分に存する違法のうち、原告の権利利益を保護する趣旨で設けられたものではない法規に違反したにすぎない違法と解されています[147)]。また、原告の権利利益を保護する趣旨で設けられたものではない法規とは、一般的には、①「公益の実現を目的として処分要件を定める法規」と②「専ら原告以外の人民の利益を保護する趣旨で処分要件を定める法規」とされています[148)]。

新潟空港訴訟判決[149)]において、新潟空港の周辺に居住する住民が、航空騒音により生活利益を侵害されているとして、運輸大臣に対して定期航空運送事業の免許処分の取消しを求めた事案において、航空法における免許基準に適合しない等の住民側の主張について「自己の法律上の利益に関係のない違法をいうものであることは明らかである」として、請求を棄却しています。

---

147)　杉本良吉「行政事件訴訟法の解説」法曹会、1963年、40頁
148)　南博方編著「条解行政事件訴訟法（第５版）」弘文堂、2014年、320頁
149)　最判平成元年２月17日民集43巻２号56頁

また、**東京地判平成20年５月29日**[150]は、「地域全体の住環境の悪化、景観の悪化、都市温暖化の観点からの環境面の悪化などを考慮していないことを理由」とする違法は、「自己の法律上の利益に関係のない違法というべきであるから、本件訴訟において主張することはできない」としました。

❷ 被告側の主張制限

被告側（行政側）の主張制限に関しては、処分理由の追加、差替えが問題となります。つまり、aという理由で行政処分を行った後に取消訴訟においてbという異なる理由を被告行政庁が追加することができるか（理由の追加）、あるいはaという理由で行政処分を行った後に取消訴訟においてaに代えてbという異なる理由を被告が主張できるか（理由の差替え）ということです。

図表6-13　処分理由の追加･差替えのイメージ

理由の追加			理由の差替え		
処分時		訴訟段階	処分時		訴訟段階
処分理由：a	➡	処分理由：a＋b	処分理由：a	➡	処分理由：b

この点については、取消訴訟の訴訟物、当事者の負担・紛争の一回的解決、及び行政手続法にかかわりがあります。

・取消訴訟の訴訟物

通説・判例である違法性一般説は、行政処分はたとえ違法の瑕疵を帯びていても、それが無効事由と認められるものでなければ有効なものとして妥当するので、取消訴訟はそうした有効な行政処分の効力を消滅させる形成訴訟と性格づけられます。その形成要件が行政処分の違法性であることから、民事訴訟の形成訴訟の訴訟物論にならって、行政処分の違法性が訴訟物となるとされています。この見解を前提とすると次のような結論が導かれます。

150）　判例タイムズ1286号103頁

- 原告は、結審まで時機に遅れない限り処分の違法原因を追加・変更することができる。
- 被告も、結審まで係争処分の効力を維持するための一切の法律上及び事実上の根拠を主張することが許され、処分理由の追加・差替えが認められる。
- 請求棄却判決が確定するとその既判力により当該処分の違法性の主張がすべて遮断される[151)]。
- 取消判決後、同一の処分が繰り返されても、それはあくまで別処分であるから取消訴訟の既判力は及ばない。ただし、取消判決の拘束力によって、同一事情の下、同一の理由の同一処分をなすことは禁じられる。

・当事者の負担・紛争の一回的解決

訴訟段階でより詳細な理由が見いだされて処分の適法性が根拠づけられる場合に、処分理由の差替えを一切認めないとすることが当事者の負担あるいは紛争の一回的解決の見地からみて妥当でない場合もあります。

たとえば、行政上の支障を理由とする不開示処分の取消訴訟において、訴訟段階で新たに個人情報該当という不開示理由が主張された場合に、新たな理由の追加を認めず不開示決定が違法として取り消されても、行政庁は再度改めて個人情報該当を理由とする不開示決定をなすことになります。このような場合には、理由の追加を認めた上で、訴訟においてその理由を争った方が当事者にとっても有利だといえます。

・行政手続法との関係

行政手続法の規定により、申請を拒否する場合及び不利益処分をする場合には、同時にその理由を示さなければなりません（手続法8条1項、14条1項）。この理由提示の趣旨について、最高裁は、「名宛人に直接に義務を課し又はその権利を制限するという不利益処分の性質に鑑み、行政庁の判断の慎重と合理性を担保してその恣意を抑制するとともに、処分の理由を名宛人に知らせて不服の申立てに便宜を与える趣旨に出たもの」としています[152)]。理由の追加、差替え

151）　最判昭和48年3月27日集民108号529頁
152）　最判平成23年6月7日民集65巻4号2081頁

を認めると理由提示の趣旨（①処分庁の判断の慎重・合理性の担保、不服申立ての便宜）を損なうことになります。ただし、最高裁は、情報公開請求訴訟において「本件条例の規定をみても、右の理由通知の定めが、右の趣旨を超えて、一たび通知書に理由を付記した以上、実施機関が当該理由以外の理由を非公開決定処分の取消訴訟において主張することを許さないものとする趣旨をも含むと解すべき根拠はない」として、理由の追加を認めました[153)]。

⑨　取消訴訟の判決

❶　訴訟の終了方法

判決には、訴訟判決と本案判決とがあります。訴訟判決とは、原告適格を有さないなど要件を備えていない不適法な訴えとして本案審理に入ることなく退ける判決です（却下）。裁判の審理に入らない、いわゆる「門前払い」です。

一方、本案判決は、本案審理を経た後になされる判決で、認容判決と棄却判決とがあります。認容判決は、原告の請求に従って、処分を取り消すべき瑕疵があると認める判決のことです。一方、棄却判決は、処分を取り消すべき瑕疵がない場合になされる判決です。

図表6-14　取消訴訟の判決の類型

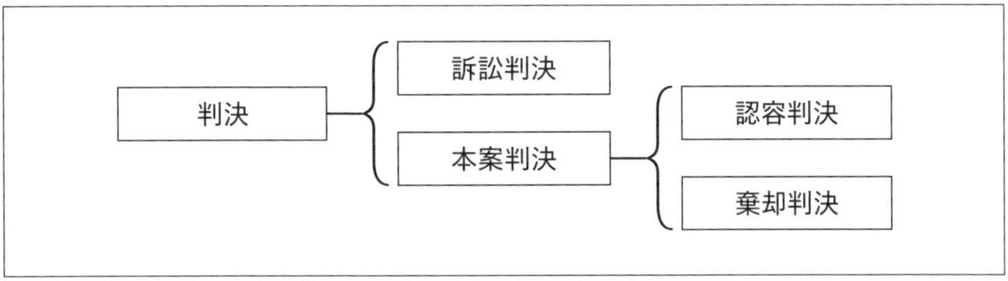

❷　判決の効力

判決の効力として、①既判力、②形成力及び第三者効力、③拘束力が挙げられます。このうち、既判力、形成力については民事訴訟法に基づくもので、行

153）　最判平成11年11月19日民集53巻８号1862頁

訴法に基づき第三者効力（行訴法32条）及び拘束力（行訴法33条）が生じます。

ア　判決の既判力

裁判が確定した場合、同一事項について再び訴訟になった場合であっても当事者はこれに反する主張をすることができず、また裁判所もこれに反する裁判ができないという効力を既判力といいます。訴訟の蒸し返し防止を目的とするものとされています。行訴法には規定はありませんが、民事訴訟法114条が準用され、行政訴訟においても既判力が認められると解されています。また、判例では、本案審理に入らない訴訟判決についても既判力が生じるとされています[154)]。

既判力の範囲には、主観的範囲と客観的範囲があります。主観的範囲については、訴訟の当事者、当事者が他人のために原告又は被告となった場合のその他人、それぞれの承継人等に対して既判力の効力が及びます（民事訴訟法115条１項）。また、既判力の客観的範囲については、確定判決は主文に包含するものに限り既判力を有するとされています（民事訴訟法114条１項）。取消訴訟における訴訟物について通説は、訴訟物は行政処分の違法性一般と解されていますが**（197頁）**、この説によると、認容判決には当該処分が違法であることについて既判力が生じ、一方、棄却判決には当該処分が適法であることについて既判力が生じます。取消訴訟の棄却判決が確定した場合には、処分が適法であることについて既判力が生じるため、前訴の段階で主張しなかった別の違法事由を主張して新たに無効確認訴訟を提起することもできなくなります[155)]。

判例としては、換地処分の違法を理由とする国家賠償請求訴訟において請求棄却の判決が確定した後に、換地処分の違法を主張して国家賠償を請求した事案において、「請求棄却の確定判決を受け、本件換地処分につき取消原因となる違法の存在が否定された以上、その既判力により、本件においても、右換地処分が違法であるとの判断はできない」としたものがあります[156)]。

154）　最判平成22年７月16日民集64巻５号1450頁
155）　宇賀克也「行政法概説Ⅱ（第７版）」有斐閣、2021年、288頁
156）　最判昭和48年３月27日集民108号529頁

イ　形成力

処分又は裁決の取消判決が確定すると、当該処分又は裁決は、処分又は裁決の時点に遡って効力を失い、はじめから処分又は裁決が行われなかったのと同じ状況になります。このような効力を取消判決の形成力といいます。

行訴法には、形成力に関する明文の規定はありません。しかし、取り消すべき瑕疵を有する行政処分についてそのままの効力を認めることは法治主義の原理から許容されないため、取消判決には形成力が認められると解されます。

図表6-15　取消判決の形成力のイメージ

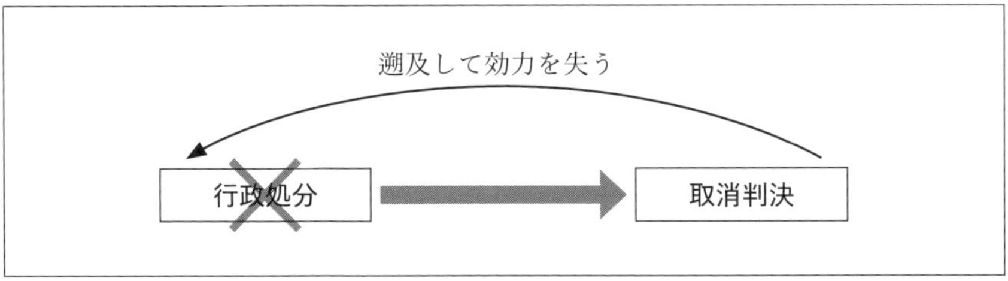

ウ　第三者効力

処分又は裁決を取り消す判決は、第三者に対しても効力を有するとされています（行訴法32条）。取消判決の第三者効といわれるものです。一般の民事訴訟では、原則として訴訟当事者の間に限って判決の効力は生じることになります。しかし、取消訴訟は、私人間の権利利益の救済のための訴訟であるとともに、行政過程における公益性の要請も求められています。そのために、訴訟の対象となった行政処分に関係する法律関係を統一的に規律する必要性もあるため、このように訴訟外の第三者に対する効力も認められています。

どのような範囲の第三者に対して取消判決の効力が及ぶかが問題となります。当該紛争において原告と法的に対立関係にある第三者に対しては、第三者効が及ぶと解されています。たとえば、建築確認や開発許可について近隣住民がその取消を求めて訴訟を提起し取消判決がなされた場合に、その判決の効力が建築主、開発主に及ぶことは当然です。これに対して、原告と法的利益が共通である第三者については、相対的効力説（原告との関係における当該処分の相対的効力のみを第三者との関係でも失わせるものであるとする見解）と絶対的効力説（第三者との関係をも含む当該処分の絶対的効力を失わせるものであるとする見解）とに分かれています。

医療費値上げの職権公告について健康保険組合が取消訴訟を提起した事案[157)]において、「立法行為の性質を有する行政庁の行為が取消訴訟の対象となるとはいつても、それは、その行為が個人の具体的な権利義務ないし法律上の利益に直接法律的変動を与える場合に、その限りにおいて取消訴訟の対象となるにすぎないのであるから、取消判決において取り消されるのは、その立法行為たる性質を有する行政庁の行為のうち、当該行為の取消しを求めている原告に対する関係における部分のみであつて、行為一般が取り消されるのではないと解すべきである」と相対的効力説による判断をしています。この判決の理由としては、「抗告訴訟、特に取消訴訟は行政庁の違法な公権力の行使によつて自己の権利ないし法律上の利益を侵害された者がその権利ないし法律上の利益の救済を求めるために認められた制度であり（行訴法９条、10条１項参照）、自己の権利ないし利益に関係なく違法な行政行為一般の是正を求めることを目的とする民衆訴訟は法律に定める場合において法律に定める者からのみ提起しうるものとされている（同法第５条、第42条）趣旨から考えると、行政事件訴訟法は、行政庁の一個の行為であつても原告の権利義務ないし法律上の利益と何ら関係のない部分についてはその取消しを求め得ないものとしている」などとしています。

一方、絶対的効力説に立つものとして、**最判平成20年９月10日**[158)]における近藤崇晴裁判官の補足意見では「土地区画整理事業の事業計画の決定は、特定の個人に向けられたものではなく、不特定多数の者を対象とするいわゆる一般処分であるが、このような一般処分を取り消す判決の第三者効については、（略）行政上の法律関係については、一般に画一的規律が要請され、原告とそれ以外の者との間で異なった取扱いをすると行政上不要な混乱を招くことなどから、絶対的効力説が至当である」としています。

また、条例制定行為の処分性が争われた**最判平成21年11月26日**[159)]では、「市

157）　東京地決判昭和40年４月22日行政事件裁判例集16巻４号708頁
158）　民集62巻８号2029頁
159）　民集63巻９号2124頁

町村の設置する保育所で保育を受けている児童又はその保護者が、当該保育所を廃止する条例の効力を争って、当該市町村を相手に当事者訴訟ないし民事訴訟を提起し、勝訴判決や保全命令を得たとしても、これらは訴訟の当事者である当該児童又はその保護者と当該市町村との間でのみ効力を生ずるにすぎないから、これらを受けた市町村としては当該保育所を存続させるかどうかについての実際の対応に困難を来すことにもなり、処分の取消判決や執行停止の決定に第三者効（行訴法32条）が認められている取消訴訟において当該条例の制定行為の適法性を争い得るとすることには合理性がある」としていますが、絶対的効力説を前提としているものと考えられます。

エ　拘束力

その事件について、処分又は裁決をした行政庁その他の関係行政庁を拘束します（行訴法33条１項）。これを取消判決の拘束力といい、行政庁は判決の趣旨にしたがって行動する義務を負うことになります。

・拒否処分等の取消判決

申請を却下、棄却した処分又は審査請求を却下し、棄却した裁決が判決により取り消されたときは、その処分又は裁決をした行政庁は、判決の趣旨に従い、改めて申請に対する処分又は審査請求に対する裁決をしなければなりません（同条２項）。

・認容処分等の取消判決

申請に基づいてした処分又は審査請求を認容した裁決が、手続に違法があることを理由として取り消された場合にも、その処分又は裁決をした行政庁は、判決の趣旨に従い、改めて申請に対する処分又は審査請求に対する裁決をしなければなりません（同条３項）。

オ　反復禁止効

取消判決がなされると、行政庁は同一事情のもとで同一理由に基づく同一内容の処分を行うことはできません。これを「反復禁止効」といいます。この反復禁止効について通説は、異なる理由での処分についてはこの効力は及ばず、処分を取り消す判決がなされても行政庁が別の理由で同一内容の処分を行うことができるものとされています。

この根拠としては、手続的瑕疵があったことを理由として実体的には適法な処分をすることができなくなるのは、不合理であること、当初の処分に実体的瑕疵がある場合であっても、別の理由により同一の処分をなしうるときに、たまたま行政庁が当初その理由を援用することを懈怠したために当該処分を行えなくなることは法律による行政の原理に照らして疑問であることを挙げています[160]。

一方、取消判決後、別の理由により同一の処分をなしうるとすると、取消訴訟において攻撃防御の手段を十分に尽くさなかった行政機関に利益を与え、また処分の名あて人は再度訴訟を提起する必要が生じ事件の最終的決着が遅れることになります。そのため、取消訴訟の口頭弁論終結時までに行政機関が提出できるのに提出しなかった理由によって、行政機関が同一の処分を繰り返すことは許されないとする見解もあります[161]。

❸　事情判決

処分又は裁決が違法であると認められるときであっても、処分又は裁決を取り消すことによって公の利益に著しい障害を生ずる場合において、原告の受ける損害の程度、その損害の賠償又は防止の程度及び方法その他一切の事情を考慮したうえ、処分又は裁決を取り消すことが公共の福祉に適合しないときは、裁判所は、請求を棄却することができるとされています（行訴法31条1項）。ただし、この場合には、判決の主文において、処分又は裁決が違法であることを宣言しなければなりません（同条2項）。これを事情判決といいます。

事情判決を行った例としては、**二風谷ダム事件判決**[162]があります。この判決は、土地収用法に基づく収用裁決の取消訴訟において、収用裁決は違法であるが既に本件事業に係るダム本体が完成し湛水している現状において右裁決を取

---

160)　宇賀克也「行政法概説Ⅱ（第7版）」有斐閣、2021年、293頁
161)　芝池義一「行政救済法」有斐閣、2022年、142頁～143頁
162)　札幌地判平成9年3月27日判例時報1598号33頁

り消すことは公共の福祉に適合しないとして、事情判決がなされました。

また、**横浜市立保育園廃止処分取消請求事件判決**[163]では、市立保育所を廃止する内容の条例を制定し、保育所を民営化したことについて、本件条例の制定が違法であるとして廃止処分の取消し及び損害賠償を求めた事案で、本件改正条例の制定によって民営化を実施するとしたことは違法であるが、本件条例の制定を取り消すことは公の利益に著しい障害を生じ、公共の福祉に適合しないものと認められるとして、事情判決がなされました。

4　無効等確認訴訟

(1)　総説

行政処分は、重大かつ明白な瑕疵であってそのために絶対に無効と認められる場合のほかは、行政処分の効力を有すると解されています（公定力）。したがって、行政処分に瑕疵がある場合であっても、取り消されない限り有効なものとして扱われます。一方、無効な行政処分は、取消という過程を経ることなく、法的効果をまったく生じません。そのため、無効等確認訴訟は、処分等の取消しを求めるものではなく、行政処分・裁決の存否又はその効力の有無の確認を求める訴訟です。

訴訟手続については原則的に、取消訴訟と同様のものとされています。ただし、審査請求前置主義が採られている処分等であっても、そもそも行政処分の無効を争うものであるため審査請求を経る必要はありません。また、取消訴訟の排他的管轄に属さず公定力を有しないことになり、出訴期間の制限もありません。つまり、行政処分の効力を争う際に、取消訴訟の出訴期間を経過した後にも無効等確認訴訟であれば提起できるため、取消訴訟の時期を失した者が特別の救済を求めることができる制度ということができます。

なお、この訴訟に「等」が付いているのは、「処分又は裁決の有効確認訴訟」、「処分又は裁決の不存在確認訴訟」、「処分又は裁決の存在確認訴訟」も含まれるためです。

---

163)　横浜地判平成18年5月22日民集63巻9号2152頁

⑵　原告適格

無効等確認訴訟は、①当該処分又は裁決に続く処分により損害を受けるおそれのある者、②その他当該処分又は裁決の無効等の確認を求めるにつき法律上の利益を有する者で、③当該処分・裁決の存否又はその効力の有無を前提とする現在の法律関係に関する訴えによって目的を達することができないものに限り、提起することができるとされています（行訴法36条）。なお、この原告適格の範囲について、①、②、③の要件の関係をどのように解するかにより、一元説と二元説とに分かれています。

一元説は、先の①②両方に③が係ることから、当該処分又は裁決に続く処分により損害を受けるおそれのある者あるいはその他当該処分又は裁決の無効等の確認を求めるにつき法律上の利益を有する者で、かつ当該処分・裁決の存否又はその効力の有無を前提とする現在の法律関係に関する訴えによって目的を達することができないものに限り原告適格を有すると、限定的に考えます。

一方、通説、判例とされる二元説では、①のみの要件を満たした者も②と③の要件を満たした者も原告適格を有するものと考えます。つまり、当該処分又は裁決に続く処分により損害を受けるおそれのある者は予防訴訟に原告適格を有することになり、その他当該処分又は裁決の無効等の確認を求めるにつき法律上の利益を有する者で当該処分・裁決の存否又はその効力の有無を前提とする現在の法律関係に関する訴えによって目的を達することができないものは補充的に無効確認訴訟の原告適格を有することになります。

図表6-16　無効等確認訴訟の原告適格に関する一元説と二元説

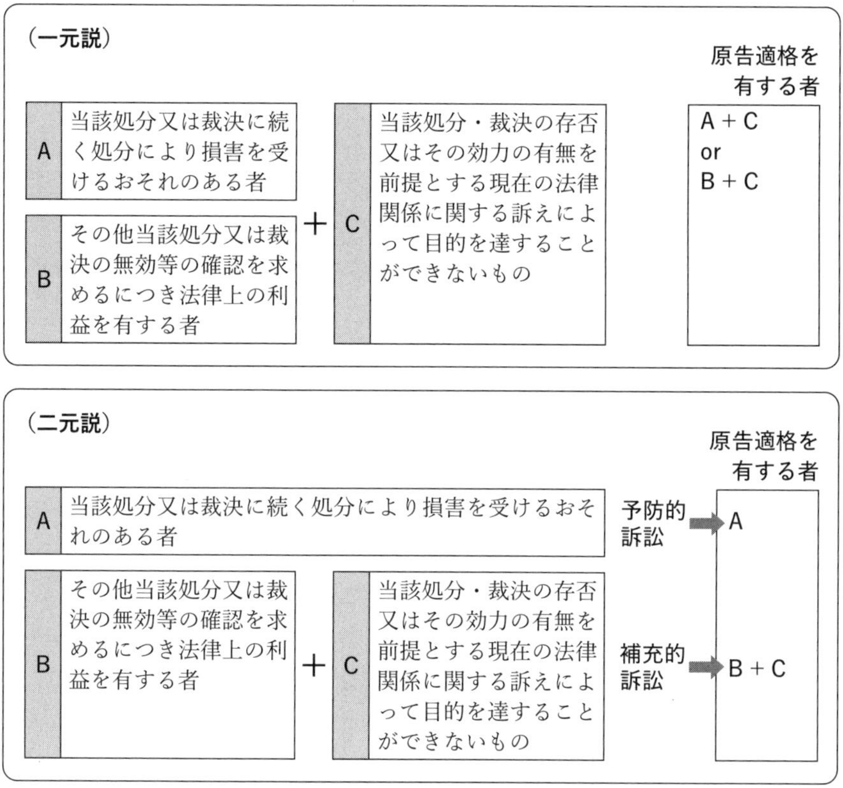

宇賀克也「行政法概説Ⅱ（第７版）」有斐閣、2021年、324頁

⑶　無効等確認訴訟の訴訟類型

行訴法36条に関する一元説においては、当該処分・裁決の存否又はその効力の有無を前提とする現在の法律関係に関する訴えによって目的を達することができない場合に限って、無効等確認訴訟を提起できることになります（補充的無効確認訴訟）。これに対して、二元説によれば、補充的無効確認訴訟のほか、当該処分又は裁決に続く処分により損害を受けるおそれのある者は予防的に無効等確認訴訟を提起できることになります。

①　補充的無効確認訴訟

判例においては、土地改良区が行った換地処分が無効であるとして換地処分の無効確認請求をした事案において、「紛争の実態にかんがみると、当該換地処分の無効を前提とする従前の土地の所有権確認訴訟等の現在の法律関係に関する訴えは右紛争を解決するための争訟形態として適切なものとはいえず、むしろ当該換地処分の無効確認を求める訴えのほうがより直截的で適切な争訟形態というべきであり、結局、右のような場合には、当該換地処分の無効を前提とする現在の法律関係に関する訴えによつてはその目的を達することができない」として、訴えの適法性を認めました[164)]。

また、住民が動燃事業団の高速増殖炉の設置許可処分の無効確認を求めた事案において、住民は人格権等に基づき本件原子炉の建設ないし運転の差止めを求める民事訴訟によって目的を達することができるため、行訴法36条の要件を満たさず不適法であると、被告（国）側が主張しました。しかし、最高裁は、「民事訴訟は、行政事件訴訟法36条にいう当該処分の効力の有無を前提とする現在の法律関係に関する訴えに該当するものとみることはできず、また、本件無効確認訴訟と比較して、本件設置許可処分に起因する本件紛争を解決するための争訟形態としてより直截的で適切なものであるともいえない」として、無効確認訴訟の適法性を認めました[165)]。

②　予防的無効等確認訴訟

判例においては、税務署長がした所得税額の更正処分、過少申告加算税の賦課決定処分の無効確認を求めた事案において、納税者が課税処分を受け当該課税処分にかかる税金をいまだ納付していないため滞納処分を受けるおそれがある場合に、予防的に課税処分の無効を主張してこれを争おうとするときは無効確認を求める訴えの提起を認めています[166)]。

また、所有する宅地につき仮換地指定処分を受けた者が、土地区画整理組合の設立認可処分の無効確認を求めた事案において、「土地区画整理組合の成立に

164)　最判昭和62年4月17日民集41巻3号286頁
165)　最判平成4年9月22日民集46巻6号1090頁
166)　最判昭和51年4月27日民集30巻3号384頁

伴い法律上当然に右のような組合員たる地位を取得せしめられることとなる」として、予防的に無効確認を求める訴えの提起を認めています[167]。

⑶ 審理手続

① 取消訴訟に関する規定の準用

無効確認訴訟については、行訴法38条により多くの取消訴訟に関する規定が準用されていますが、不服申立の前置（8条）、事情判決（31条）などは準用されていません。また、自己の法律上の利益に関係のない違法の主張制限（10条1項）も準用されていません。これは、無効等確認訴訟は、処分が無効であることの確認を求めるものであるため、原告がだれであっても本案の判断が異なるものではないという考えに基づくものです。

② 立証責任

判例は、「行政庁の裁量に任された行政処分の無効確認を求める訴訟においては、その無効確認を求める者において（略）右行政処分が違法であり、かつ、その違法が重大かつ明白であることを主張および立証することを要する」[168]と立証責任が原告住民側にあるとしています。さらに、「無効原因の主張としては、誤認が重大・明白であることを具体的事実（略）に基いて主張すべきであり、単に抽象的に処分に重大・明白な瑕疵があると主張したり、若しくは、処分の取消原因が当然に無効原因を構成するものと主張することだけでは足りない」[169]としています。

⑷ 判決の効力

無効等確認判決にも既判力は認められます。また、拘束力については、行訴法38条1項により33条の規定が準用されるため取消判決と同様に認められます。ただし、第三者効については、取消訴訟に関する規定が準用されていないため、無効等確認判決には認められていません（38条1～3項）。確認判決には、取消

167）　最判昭和60年12月17日民集39巻8号1821頁
168）　最判昭和42年4月7日民集21巻3号572頁
169）　最判昭和34年9月22日民集13巻11号1426頁

判決のように形成力はなく法律関係の確認を行うにとどまり、法律関係の変動は生じません。このため判決の効力が第三者に及ぶことは理論上ありえないためです。第三者効力は理論上認められないという理由によるものです。

事情判決に関する規定も無効等確認訴訟には準用されていません。事情判決は処分が有効であることを前提として処分が瑕疵を有するにもかかわらず取り消さないとするものであり、無効な処分については効力を維持するということはありえないためです。

5　不作為の違法確認訴訟

⑴　総説

許認可等の申請を行ったにもかかわらず行政庁がいつまでも処分をしない場合であっても、申請者に拒否処分等がなければ、取消訴訟を提起することができません。法令に基づく申請に対し処分がなされない場合に違法の確認を求める訴訟です。

⑵　不作為の違法確認の訴えの要件

①　法令に基づく申請の存在

不作為の違法確認の訴えは、処分又は裁決について法令に基づく申請をした者に限って提起することができます（行訴法37条）。この法令に基づく申請については、申請できることが法令に明文で規定されていることは必ずしも必要ではないとされています。たとえば、**京都地判昭和50年３月14日**[170)]は、固定資産課税標準価額を記載した書面の交付申請に対して、「地方税法は評価証明書の交付、不交付について他になんらの規定を設けていないから、もとより法令上申請することができる旨の明文の規定がある場合に該当しないことが明らかである」とした上で、「国民は市町村長に対し、評価証明書に記載された事項が右課税台帳に登録されている事項と同一であることを認証した評価証明書の交付を申請し得ることが地方税法上の制度として認められているものというべく、こ

170)　判例時報785号55頁

の制度を利用した評価証明書交付申請は法令に基づくもので、原告には申請権がある」として、明文による申請を前提としていない場合であっても、訴訟の提起を認めました。また、**大阪高判昭和54年７月30日**[171)]は、市長の制定した保育所児童に対する服装品及び保育用品購入費助成金支給要綱に基づく支給申請について、「法令に基づく申請」に当たるとしています。

②　相当期間の経過

不作為が違法となるには「相当の期間」が経過していなければなりません。この相当の期間については、「その処分をなすに通常必要とする期間を基準として判断し、通常の所要期間を経過した場合には原則として被告の不作為は違法となり、ただ右期間を経過したことを正当とするような特段の事情がある場合には違法たることを免れる」とされています[172)]。

行政手続法の規定により「標準処理期間」が定められている場合には、それが１つの目安になると考えられます。標準処理期間が過ぎても直ちに違法な状態になるとはいえませんが、特別の理由がなければ標準処理期間を過ぎれば、「相当の期間」を経過していると判断される可能性があります。

③　狭義の訴えの利益

❶　不作為状態の継続、解消

不作為の違法確認訴訟は、行政庁の不作為状態について違法であることの確認を求めることを目的としています。そのため、違法性の判断基準時である口頭弁論終結の時点において、行政庁の不作為が継続していない場合（行政庁が何らかの処分等を行った場合）には、訴えの利益は消滅し、訴えは却下されます。

❷　目的の達成不能

申請後の事情変更によって、当該申請の目的を達成することができないこととなった場合、訴えの利益は失われます。たとえば、**長野地判平成５年５月20**

171）　行政事件裁判例集30巻７号1352頁
172）　東京地判昭和39年11月４日行政事件裁判例集15巻11号2168頁

日[173)]は、「不作為の違法確認の訴えの口頭弁論終結時を基準として、申請に対する拒否処分についての取消しの訴えが提起されたと仮定して、取消しの訴えの利益が既に消滅していると解しうる場合には、不作為の違法確認の訴えの利益も消滅する」としています。なお、同判決では、法改正により産業廃棄物処理施設の設置が届出制から許可制に変更され、県知事としてはもはや届出を受理する余地がなくなった以上、当該届出の受理不受理を決定しないことの不作為の違法確認を求める訴えの利益も消滅するとしています。

(3)　審理手続

不作為の違法確認訴訟については、行訴法38条により多くの取消訴訟の規定が準用されていますが、原告適格については37条に独自の規定が設けられていますので取消訴訟に関する規定（9条）は準用されていません。また、事情判決に関する規定（31条）も、違法処分の効力を例外的に維持するものであるため、処分がなされていない不作為については準用されません。さらに不作為の違法確認判決は、形成判決ではないため、形成力の第三者効に関する規定（32条1項）も準用されていません。

(4)　判決の効力

不作為の違法確認訴訟は、行政庁の不作為が違法であることを確認するものであるため、判決の拘束力（38条1項で33条の規定が準用されている）によって、行政庁は何らかの処分を行うことが義務付けられます。ただし、必ずしも申請を認容することが義務付けられるわけではなく、拒否処分がなされることもありえます。

6　義務付け訴訟

義務付け訴訟には、①申請型義務付け訴訟と②非申請型義務付け訴訟との2種類が規定されています（行訴法3条6項）。

173)　判例地方自治128号103頁

図表6-17　二つの義務付け訴訟

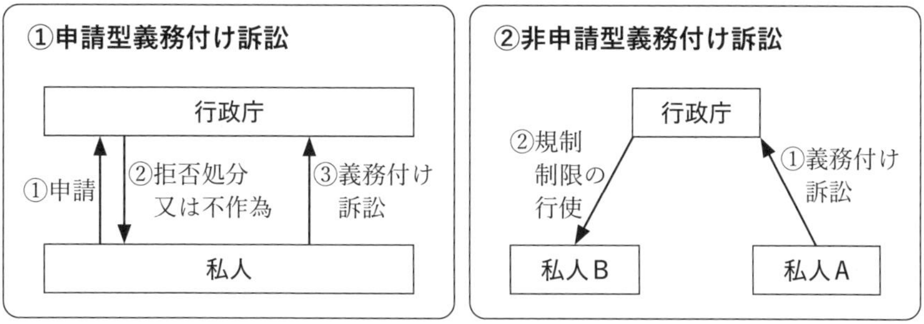

この類型の訴訟は、行政機関に対して何らかの処分を行わないこと、あるいは行うことを求めるものであるため、判決により裁判所が行政権に対して一定の関与を行うことになります。このため、三権分立の観点から抗告訴訟に比べてより厳しい要件が法定されています。

⑴　申請型義務付け訴訟

法令に基づく申請又は審査請求に関して、行政庁に対して一定の処分又は裁決をすべき旨を命じることを求める訴訟です。たとえば、生活保護の申請や労働災害補償給付申請に対する申請拒否処分に対して、ただちに保護の開始や補償給付を義務付けることを求める訴訟が考えられます。また、社会保障等の給付を求めて申請をした者が、行政庁の応答がない場合に、一定の処分の義務付けを求めるといったものも考えられます。

①　訴訟要件

訴訟を提起するためには、次の二つの要件の両方を満たすことが必要です（行訴法37条の３第１項、２項）。

- 申請又は審査請求に対して相当の期間内に処分、裁決がないこと（不作為型）又は申請・審査請求に対して当事者に棄却や却下の処分を下したがその処分が違法で認容の処分を下すべき場合（拒否処分型）
- 原告が法令に基づく申請又は審査請求をした者であること

②　義務付け判決のための要件（本案勝訴要件）

裁判所によって義務付け判決がなされる（原告が勝訴する）ためには、請求に理由があると認められるとともに、次の要件のいずれかを満たすことが必要です（行訴法37条の3第5項）。これを「本案勝訴要件」といいます。

- その義務付けの訴えに係る処分又は裁決につき、行政庁がその処分・裁決をすべきであることがその処分・裁決の根拠となる法令の規定から明らかであると認められること（羈束行為の場合）
- 行政庁がその処分・裁決をしないことがその裁量権の範囲を超え、又はその濫用となると認められること（裁量行為の場合）

裁判例としては、気管切開手術を受けてカニューレ（のどに開けた穴に常時装着して気管への空気の通り道を確保する器具）を装着している原告の保育園への入園申込について、入園を承諾しない旨の処分の取消と承諾の義務付け等を求めた事案があります。判決では、「保育園への入園を承諾しないことは、処分行政庁の裁量権の範囲を超え、又はその濫用となると認められる」として、処分行政庁に対して保育園への入園を承諾すべき旨を命じました[174)]。

(2)　非申請型義務付け訴訟

行政庁が一定の処分をすべきであるにもかかわらず、これがなされないときに提起することができる訴訟です。行政庁が適正に権限を行使しない場合に、住民等がその権限の行使を求めるような場合に提起されます。たとえば、事業者が環境に悪影響を及ぼしているような場合に、規制権限を有する行政庁に対して住民が規制権限の行使を求めて提起する訴訟が想定されます。

①　訴訟要件

次の3つの要件を満たす者に限って、訴えを提起することができます。

①一定の処分がされないことにより重大な損害を生ずるおそれがあること（重

---

174)　東京地判平成18年10月25日判例時報1956号62頁

大性の要件。行訴法37条の２第１項)、②その損害を避けるため他に適当な方法がないときに（補充性の要件。行訴法37条の２第１項)、③行政庁が一定の処分をすべき旨を命ずることを求めるにつき法律上の利益を有する者（原告適格。行訴法37条の２第３項)

・重大性の要件

訴訟要件のうち①の重大性は、非申請型義務付け訴訟に固有の要件として規定されています。重大な損害を生ずるか否かを判断するに当たっては、損害の回復の困難の程度を考慮するものとし、損害の性質・程度及び処分の内容及び性質をも勘案するとされています（行訴法37条の２第２項)。

・補充性の要件

損害を避けるため他に適当な方法がないときに限り提起することができるとして、補充性の要件が規定されています。この要件は、行政過程において、特別の救済ルールが設けられていない場合を念頭に置いているとされています[175)]。

・原告適格

原告適格が認められるのは、行政庁が一定の処分をすべき旨を命ずることを求めるにつき法律上の利益を有する者に限ります。この法律上の利益の有無の判断については、９条第２項の規定が準用されているため（行訴法37条の２第４項)、「法律上の利益」を有するか否かの判断をする際に、当該法令の趣旨及び目的並びに当該処分において考慮されるべき利益の内容及び性質を考慮すべきことになります。

たとえば、いわゆる独占禁止法に基づく課徴金納付命令に応じて課徴金を納付した事業者が納付命令の一部取消の義務付けを求めた事案において「行訴法37条の２第１項所定の『他に適当な方法』の有無については、当該処分の根拠法令及び関係法令において、特別の救済手続としての不服申立方法が法定されている以上、当該法制上、『他に適当な方法』があるものとして、義務付けの訴

175)　宇賀克也「行政法概説Ⅱ（第７版)」有斐閣、2021年、356頁

えによるのではなく、当該不服申立方法によるべきであ」るとしました[176]。

②　義務付け判決のための要件（原告本案勝訴要件）

訴訟の結果、義務付けが認められるためには、請求に理由があると認められとともに、①行政庁がその処分をすべきであることがその処分の根拠となる法令の規定から明らかであると認められるとき又は②行政庁がその処分をしないことがその裁量権の範囲を超え、又は濫用となると認められるときでなければなりません（本案勝訴要件。行訴法37条の３第５項）。

通常の訴訟ではこのような勝訴要件は法律で定められていませんが、裁判所の判断で行政機関に対して一定に義務を課すことになるため、より厳しい要件が法律で規定されているのです。

(3)　審理手続

義務付け訴訟については、行訴法38条により、原則として取消訴訟の規定が準用されています。

(4)　判決

原告勝訴の場合の判決としては、一定の処分をすることを義務付ける抽象的義務付け判決と、具体的な処分（たとえば建築物除却命令）をすることを義務付ける具体的義務付け判決が考えられます。

抽象的義務付け判決の例としては、産業廃棄物処分場の周辺住民が、県知事に対し、生活環境の保全上支障が生じ、又は生じるおそれがあるとして、支障の除去等の措置を講ずべきことの義務付けを求めた事案において、福岡県知事は「廃棄物の処理及び清掃に関する法律19条の５第１項に基づき、生活環境の保全上の支障の除去又は発生の防止のために必要な措置を講ずべきことを命ぜよ」としました[177]。この判決は、行政庁に一定の裁量を認めた抽象的義務付け判決ということができます。また、前掲東京地裁平成18年10月25日は「C保育園、D保育園、E保育園、F保育園又はG保育園のうち、いずれかの保育園への

176)　東京地判平成22年４月28日判例タイムズ1349号87頁
177)　福岡高判平成23年２月７日判例時報2122号45頁

入園を承諾せよ」という一定の幅をもった内容の判決を行っています。

7 差止訴訟

差止訴訟は、行政庁が一定の処分又は裁決をすべきでないにもかかわらず行われようとしている場合に、処分又は裁決の差止を求める訴訟です（行訴法3条7項）。

(1) 訴訟要件

差止訴訟を提起するためには、次の要件をすべて充たしていることが必要です。

① 原告適格

行政庁が一定の処分又は裁決をしてはならない旨を命ずることを求めるにつき法律上の利益を有する者であることが要件とされています（行訴法37条の4第3項）。非申請型義務付け訴訟と同様に、9条第2項の規定が準用されています。

② 重大性の要件

一定の処分又は裁決がされることにより重大な損害を生ずるおそれがあることが要件とされています（行訴法37条の4第1項）。重大な損害を生ずるか否かを判断するに当たっては、損害の回復の困難の程度を考慮するものとし、損害の性質及び程度・処分又は裁決の内容及び性質をも勘案するものとされています（同条2項）。

たとえば、教職員が東京都教育委員会に対して、国歌斉唱の際にピアノ伴奏をする義務違反等を理由とする懲戒処分の差止めを求めた事案において、「差止めの訴えの訴訟要件としての上記『重大な損害を生ずるおそれ』があると認められるためには、処分がされることにより生ずるおそれのある損害が、処分がされた後に取消訴訟等を提起して執行停止の決定を受けることなどにより容易に救済を受けることができるものではなく、処分がされる前に差止めを命ずる方法によるのでなければ救済を受けることが困難なものであることを要する」

としました[178]。

③　補充性の要件

非申請型義務付け訴訟と同様に、その損害を避けるために他に適当な方法がないことが消極的要件として規定されています（行訴法37条の4第1項ただし書）。

⑵　差止判決のための要件（原告本案勝訴要件）

差止が認められるためには、行政庁が処分・裁決をすべきでないことが根拠となる法令の規定から明らかであると認められるか、あるいは行政庁がその処分・裁決をすることが裁量の逸脱、濫用となると認められることが必要です（行訴法37条の4第5項）。

8　仮の義務付け制度・仮の差止制度

⑴　総説

仮の義務付け制度とは義務付け訴訟における仮の救済で、また仮の差止制度とは差止訴訟における仮の救済制度です。判決がなされるまで待っていたのでは何らかの不利益が予想される場合に、仮の処分を義務付けたり、仮に差し止めたりすることによって、損害の発生等を未然に防止することが目的です。

⑵　要件

仮の義務付け、仮の差止めが認められるためには、次の積極要件と消極要件とを充たしていることが必要です（行訴法37条の5第1項、2項）。

①　積極要件

- 義務付け訴訟又は差止訴訟の提起があったこと
- 償うことのできない損害を避けるため緊急の必要があること
- 義務付け訴訟又は差止訴訟について理由があると認められること

178）　最判平成24年2月9日民集66巻2号183頁

② 消極要件

・公共の福祉に重大な影響を及ぼすおそれがないこと

(3) 裁判例

・仮の義務付けに関する事例

町教育委員会がした幼児の町立幼稚園への就園不許可決定に対し、幼児の親権者が就園不許可決定の取消し及び就園許可の義務付けを求める訴えを提起した事案において、就園を仮に許可することの義務付けを求める申立てが認容されました179)。また、未成年の子の保護者が、市教育委員会に対して未成年の子を市の設置する特別支援学校である養護学校に就学させるべき旨の指定通知をすべきことの仮の義務付けを求める申立てにつき、「緊急の必要」「重大な損害を生ずるおそれがある」等の各要件を満たすとして、申立てが認容されました180)。

・仮の差止めに関する事例

市立保育所に入所していた保護者らが行った、同保育所を廃止して民間の社会福祉法人に運営を移管することを内容とする処分の仮の差止めを求める申立てについて、社会通念に照らして金銭賠償のみによることが著しく不相当であるから、「償うことのできない損害」があると仮の差止め請求が認容されました181)。

9 当事者訴訟

(1) 概要

行訴法は、当事者訴訟として、①「当事者間の法律関係を確認又は形成する処分・裁決に関する訴訟で法令の規定によりその法律関係の当事者の一方を被告とするもの（形式的当事者訴訟）」及び②「公法上の法律関係に関する確認の

179） 徳島地判平成17年6月7日判例地方自治270号48頁
180） 大阪地判平成19年8月10日賃金と社会保障1451号38頁
181） 神戸地判平成19年2月27日賃金と社会保障1442号57頁

訴えその他の公法上の法律関係に関する訴訟（実質的当事者訴訟）」の２種類を規定しています（行訴法４条）。

①　形式的当事者訴訟

当事者間の法律関係を確認又は形成する処分・裁決に関する訴訟で、法令の規定により法律関係の当事者を一方の被告とするものです。

たとえば、土地収用に伴う補償金の増額を起業者に対して求める訴訟（土地収用法133条）などがあります。土地収用に対する補償額（収用の補償として支払われる、いわば土地代）は、収用委員会の裁定によって決まります。この裁定は行政処分であるため、原則どおりであれば不服がある場合には収用委員会を被告として、この裁定の取消しを求める取消訴訟を提起することになります。しかし、土地収用法133条ではこの原則に例外を設けていて、損失補償額に不服があるときは、起業者（収用で土地を取得する者）と土地所有者との間の訴訟によって決することになります。これが形式的当事者訴訟と呼ばれるものです。

図表6-18　形式的当事者訴訟のイメージ

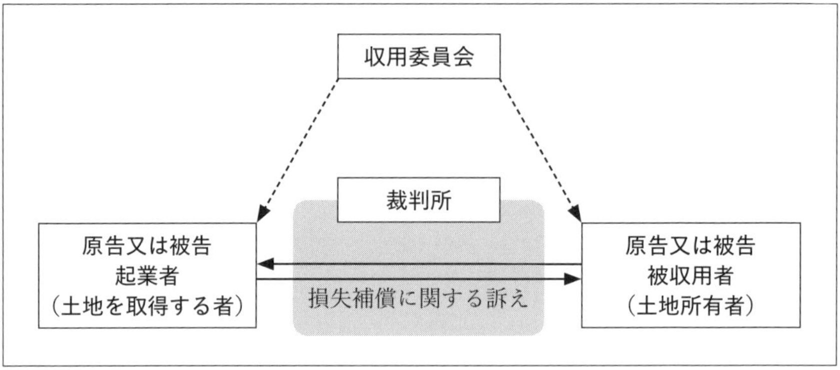

② 実質的当事者訴訟

公法上の法律関係に関する確認の訴えその他の公法上の法律関係に関する訴訟です。この訴訟は、平成16年の行訴法改正によって「公法上の法律関係に関する確認の訴え」として明記されました。実質的当事者訴訟の一般的な類型として考えられるのは、給付訴訟と確認訴訟です。

❶ 給付訴訟

給付訴訟の例としては、国家公務員の退職手当の支払請求を求めた事件[182]、未支給年金の支払を国に求めた事件[183]などがあります。

❷ 確認訴訟

確認訴訟の例としては、都立学校に勤務する教職員である上告人らが、被上告人東京都教育委員会に対し、校長の職務命令により、各所属校の入学式、卒業式等の式典において国旗に向かって起立して国歌を斉唱する義務のないこと及び国歌斉唱の際にピアノ伴奏をする義務のないことの確認等を求めた訴訟において「行政処分以外の処遇上の不利益の予防を目的とする訴訟として構成する場合には、公法上の当事者訴訟の一類型である公法上の法律関係に関する確認の訴え（行訴法４条）として位置付けることができる」として、本件訴訟は公法上の当事者訴訟として適法であるとしました[184]。このほかに、在外選挙人名簿に登録されていることに基づいて投票をすることができる地位にあることの確認を求めた事案[185]、日本国籍を有することの確認を求めた事案[186]、弁護士照会に対する報告をする義務があることの確認を求めた事案[187]などがあります。

選挙権を有することの確認を求める訴訟において、「次回の衆議院議員の総選挙における小選挙区選出議員の選挙及び参議院議員の通常選挙における選挙区選出議員の選挙において、在外選挙人名簿に登録されていることに基づいて投

182） 最判昭和47年７月20日民集26巻６号1171頁
183） 最判平成７年11月７日民集49巻９号2829頁
184） 国歌斉唱義務不存在確認等請求事件判決（最判平成24年２月９日民集66巻２号183頁）
185） 最判平成17年９月14日民集59巻７号2087頁
186） 最判平成20年６月４日民集62巻６号1367頁
187） 最判平成30年12月21日民集72巻６号1368頁

票をすることができる地位にあるというべきであるから、(略) 更に弁論をするまでもなく、これを認容すべきものである」とした例があります[188)]。

⑵　抗告訴訟に関する規定の準用

行訴法41条の規定により、行政庁の訴訟参加（23条)、職権証拠調べ（24条)、拘束力（33条１項）及び訴訟費用の裁判の効力（35条）の規定は、当事者訴訟に準用されます。

⑶　確認訴訟の訴訟要件

実質的当事者訴訟における確認訴訟がどのような要件で認められるかについて最高裁は判示していません。しかし、学説では、民事訴訟における確認訴訟の訴訟要件を基礎として判断するとしています[189)]。そして、民事訴訟の訴訟要件としては、以下のものが挙げられています[190)]。

①　紛争解決にとって確認訴訟・確認判決という手段が有効・適切であるか（方法選択の適切性)。
②　確認対象として選んだ訴訟物が、紛争解決にとって有効・適切であるか（対象選択の適切性)。
③　当該紛争が確認判決によって即時に解決しなければならないほど切迫したものか（紛争の現実性、即時確定の利益)。
④　確認判決による紛争の解決を図るのに有効・適切な被告を選んでいるか（被告選択の適切性)。

したがって、実質的当事者訴訟としての確認訴訟についても、これらの要件を充たす場合に提起できるものと考えられます。

---

188)　最判平成17年９月14日民集59巻７号2087頁
189)　神橋一彦「行政救済法（第３版)」信山社、2023年、262頁など
190)　新堂幸司「新民事訴訟法（第６版)」弘文堂、2019年、269頁

図表6-19　抗告訴訟と確認訴訟との相違点のイメージ

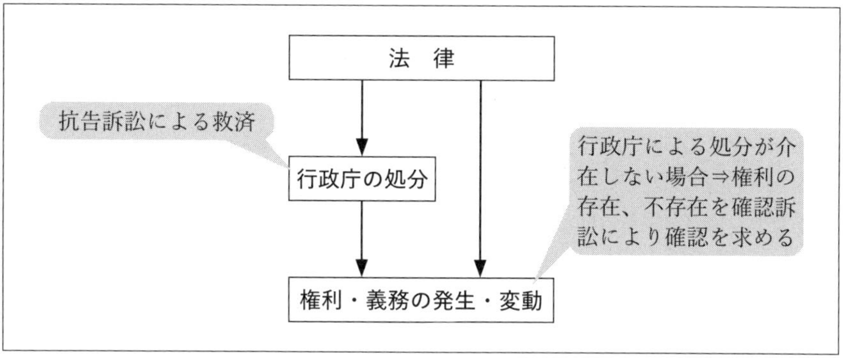

神橋一彦「行政救済法（第３版）」256頁をもとに修正

10　客観訴訟

裁判所法３条は、裁判所は日本国憲法に特別の定のある場合を除いて一切の法律上の争訟を裁判する旨を規定しています。法律上の争訟とは、「法令を適用することによつて解決し得べき権利義務に関する当事者間の紛争」であるとされています[191]。このような訴訟は、私人の権利利益の保護救済を目的とする訴訟であることから主観訴訟といわれます。

一方、私人の権利利益の保護救済を目的とせず、行政活動の適法性の統制のみを目的とする訴訟を客観訴訟といいます。客観訴訟には、民衆訴訟と機関訴訟が規定されています。

⑴　民衆訴訟

①　概要

民衆訴訟とは、国又は公共団体の機関の法規に適合しない行為の是正を求める訴訟です。選挙人たる資格その他自己の法律上の利益にかかわらない資格で提起することができます（行訴法５条）。具体的には、選挙訴訟や住民訴訟があります。

191）　最判昭和29年２月11日民集８巻２号419頁

❶　選挙訴訟

地方公共団体の議会の議員及び長の選挙の効力に関して、当該選挙に関する事務を管理する選挙管理委員会に対して異議の申出、当該都道府県の選挙管理委員会に対して審査の申立て（公職選挙法202条）に対する都道府県の選挙管理委員会の決定又は裁決に不服がある者は、当該都道府県の選挙管理委員会を被告として高等裁判所に訴訟を提起することができます（同法203条1項）。

また、衆議院議員又は参議院議員の選挙において、その選挙の効力に関し異議がある選挙人又は公職の候補者は、参議院比例代表選出議員の選挙にあっては中央選挙管理委員会を、その他については当該選挙に関する事務を管理する都道府県の選挙管理委員会を被告とし、高等裁判所に訴訟を提起することができます（同法204条）。

❷　住民訴訟

住民訴訟は、「地方自治の本旨に基づく住民参政の一環として（略）裁判所に請求する権能を与え、もつて地方財務行政の適正な運営を確保することを目的としたもの」であり、「地方公共団体の構成員である住民全体の利益を保障するために法律によつて特別に認められた参政権の一種であり、その訴訟の原告は、（略）住民全体の利益のために、いわば公益の代表者として地方財務行政の適正化を主張するもの」[192]とされています。もっとも、住民監査請求、住民訴訟の制度は、選挙権を有しない外国人や法人も利用しうることから、これを直接民主主義制度の一環として位置付けることについては、地方自治における主権者との関係で慎重な検討が必要です。

②　抗告訴訟又は当事者訴訟に関する規定の準用

民衆訴訟の訴訟手続に関しては、原則として次のとおり抗告訴訟又は当事者訴訟の規定が準用されます。

- 処分又は裁決の取消しを求める民衆訴訟：取消訴訟に関する規定（43条1

192）　最判昭和53年3月30日民集第32巻2号485頁

項）

- 処分又は裁決の無効の確認を求める民衆訴訟：無効等確認の訴えに関する規定（同条２項）
- その他の民衆訴訟：当事者訴訟に関する規定（同条３項）

⑵ 機関訴訟

客観訴訟の一つで、国と地方公共団体、都道府県と市町村、地方公共団体の長と議会等の機関相互間における権限の存否又はその行使に関する紛争についての訴訟です（行訴法６条）。長が提起する議会の議決又は選挙に関する訴訟（地方自治法176条７項）、地方公共団体が提起する国の関与に対する訴訟（同法251条の５）、市町村が提起する都道府県の関与に対する訴訟（同法251条の６）が代表例です。

① 機関訴訟の類型

❶ 国の関与・都道府県の関与に対する訴訟

国地方係争処理委員会に審査の申し出を行った地方公共団体の執行機関は、一定の場合に国の行政庁を被告として違法な国の関与の取消し又は国の不作為の違法確認の訴訟を提起することができます（地方自治法251条の５）。また、自治紛争処理委員に審査の申し出を行った地方公共団体の執行機関は、一定の場合に都道府県の行政庁を被告として違法な関与の取消し又は不作為の違法確認の訴訟を提起することができます（同法251条の６）。

たとえば、泉佐野市長が、ふるさと納税指定制度に関連して総務大臣が行った不指定の取消しを求めた訴訟[193)]があります。

❷ 地方公共団体の不作為に対する訴訟

国が是正の要求等を行った場合に、地方公共団体がこれに応じた措置を講じず、かつ、地方公共団体が国地方係争処理委員会への審査の申出も行わない場合等には、国は不作為の違法確認訴訟を提起することができます（同法251条の

193） 最判令和２年６月30日民集74巻４号800頁

7）。また、国による違法確認訴訟と同様に、各大臣の指示に基づき都道府県の執行機関が行った是正の要求に市町村が従わない場合には、その執行機関は不作為の違法確認訴訟を提起できます（同法252条）。

たとえば、沖縄県知事が行った埋立承認取消しの取消しを求める国土交通大臣の指示に従わず、知事が埋立承認取消しを取り消さないことが違法であることの確認を求めた訴訟[194)]があります。

❸　地方公共団体の議会と長との関係に関する訴訟

地方公共団体の長は、議会の議決又は選挙が議会の権限を越え、又は法令、会議規則に違反すると認めるときは、理由を示してこれを再議に付し、又は再選挙を行わせなければならないとされています。この請求の後に行われた再議決・再選挙がなおその権限を越え、又は法令、会議規則に違反すると、長が認めるときは、都道府県知事にあっては総務大臣、市町村長にあっては都道府県知事に対し、その議決又は選挙があった日から21日以内に、審査を申し立てることができます。さらに、議会又は長が、総務大臣又は都道府県知事の裁定に不服があるときは、裁定のあった日から60日以内に、裁判所に出訴することができます（同法176条）。

②　抗告訴訟又は当事者訴訟に関する規定の準用

機関訴訟の訴訟手続に関しては、原則として次のとおり抗告訴訟又は当事者訴訟の規定が準用されます。

- 処分又は裁決の取消しを求める機関訴訟：取消訴訟に関する規定（行訴法43条１項）
- 処分又は裁決の無効の確認を求める機関訴訟：無効等確認の訴えに関する規定（同条２項）
- その他の機関訴訟：当事者訴訟に関する規定（同条３項）

194）　最判平成28年12月20日民集70巻９号2281頁

国家補償制度

国や地方公共団体の活動によって私人に損失（損害）が生じることがあります。このような損失（損害）について国や地方公共団体が保障する制度が国家補償制度といわれます。国等の違法な行為によって生じる場合の私人に対する補償を国家賠償といい、国等の適法な行為によって生じた場合の補償を損失補償といいます。この二つの制度を合わせて、国家補償制度といいます。

自治体職員のみなさんは、どのような場合に地方公共団体が賠償責任を負う可能性があるのかを理解して、できる限りそのリスクを避ける必要があります。また一方、どのような場合に損失補償を行う必要があるのかを理解することによって、適切に損失補償を行うことも重要です。

1　国家賠償制度

大日本帝国憲法では、国家無答責の法理（主権無答責の法理）が支配的であり、権力的行為についてはこの法理が貫徹され、国については民法による不法行為責任も認められませんでした。日本国憲法は、国家無答責の法理を否定し、その17条に国家賠償請求権を規定しました。この規定自体はプログラム規定（国に対して政治的・道徳的義務を課しただけであり、法的権利性を持たない規定）であると理解され、本条を実施する法律の制定によってはじめて具体的な賠償請求権が確立されると解されています。

2　賠償責任の類型

国家賠償法（以下「国賠法」といいます）は、「公権力の行使に基づく賠償責任」と「営造物の設置・管理の瑕疵に基づく賠償責任」の２つの類型を定めています。

⑴　公権力の行使に基づく賠償責任

国賠法1条1項は、国又は公共団体の公権力の行使に当る公務員が、その職務を行うについて、故意又は過失によって違法に他人に損害を加えたときは、国又は公共団体が、これを賠償する責に任ずるとして、公務員の違法行為に対する損害賠償を定めています。

この賠償責任の根拠としては、代位責任説と自己責任説の二つの考え方があります。

①　代位責任説

代位責任説は、国賠法1条が公務員の故意又は瑕疵を要件としていることなどを理由として、本来は加害者である公務員が負うべき責任を国・公共団体が代わって負うものであるとするものです。この説が、通説・判例となっています[195)]。

代位責任説については、公務員個人に責任能力がない場合や加害行為を行った公務員が特定できない場合の問題点が指摘されています。ただし、この指摘に対しては、公務員個人の責任能力については、平均的公務員を念頭に置いた客観化された過失を論ずることによって妥当な結論を導くことは可能であるという反論がなされています[196)]。

なお、**最判昭和57年4月1日**[197)]は、「国又は公共団体の公務員による一連の職務上の行為の過程において他人に被害を生ぜしめた場合において、それが具体的にどの公務員のどのような違法行為によるものであるかを特定することができなくても、右の一連の行為のうちのいずれかに行為者の故意又は過失による違法行為があつたのでなければ右の被害が生ずることはなかつたであろうと認められ、かつ、それがどの行為であるにせよこれによる被害につき行為者の属する国又は公共団体が法律上賠償の責任を負うべき関係が存在するときは、国又は公共団体は、加害行為不特定の故をもつて国家賠償法又は民法上の損害賠償責任を免れることができないと解するのが相当」であるとして、そもそも

195)　佐藤幸治「日本国憲法論（第2版）」成文堂、2020年、393頁
196)　宇賀克也「行政法概説Ⅱ（第7版）」有斐閣、2021年、437頁
197)　民集36巻4号519頁

加害行為を行った公務員を特定する必要さえないとしています。

② 自己責任説

自己責任説は、公務員の加害行為は職務に関してなされたものであること、さらに、行政活動には常に国民に損害を与える危険が伴っておりこの危険から生じた損害に対して国・公共団体が賠償責任を直接に負うべきであることを理由とします。通説、判例は、代位責任説であるとされていますが、今日の国家賠償請求の多くが組織的決定を争うものである以上、多くの場合、自己責任説の方が実態に適合した理論構成であると評価する見解もあります[198)]。また、**東京地判昭和39年６月19日**[199)]は、「国家賠償法によつて国または公共団体が損害賠償責任を負うのは、公務員が、法人でいう機関にあたると使用人にあたるとを問わず、公権力を行使するにあたつて違法に他人に損害を与えた場合は、国または公共団体が直接不法行為責任を負う旨を定めたものと解する」として、自己責任説によることを明確に示しています。

⑵ 成立要件

国賠法１条は、国又は公共団体が賠償責任を負う場合の要件として次の５つを規定しています[200)]。

① 国又は公共団体の公権力の行使に当る公務員の行為
② その職務を行うについて（職務関連性）
③ 違法に（違法性）
④ 故意又は過失によって（有責性）
⑤ 他人に損害を加えた（損害の発生）

198） 宇賀克也「行政法概説Ⅱ（第７版）」有斐閣、2021年、438頁
199） 下級裁判所民事裁判例集15巻６号1438頁
200） 小早川光郎、青柳馨編著「論点体系　判例行政法３」第一法規、2016年、179頁

①　国又は公共団体の公権力の行使に当る公務員の行為

❶　公共団体の意義

この「公共団体」の範囲は必ずしも明確ではありません。地方公共団体は当然これに該当しますが、その他にも公権力を行使する団体がこれに当たるものと考えられます。たとえば、弁護士会の懲戒権の行使は、公権力の行使に当たるため、弁護士会は「公共団体」に当たると考えられています[201)]。また、国立大学法人の職員が行う職務は、公務員が行う公権力の行使に当たるとした裁判例もあります[202)]。

❷　行政活動の民間委託等の場合

国賠法1条の「公務員」とは、国家公務員法あるいは地方公務員法の規定に基づく身分を有する公務員に限るものではなく、公権力の行使をゆだねられた者の意味であると、通説・判例は解しています。したがって、公権力の行使をゆだねられた者は、たとえ私人であっても国賠法1条に規定する公務員に該当することになります。もっとも「公権力をゆだねられた者」という範囲については不明確であることは否定できません。

特に近年では、民間委託や公の施設の指定管理者制度の導入によって、行政活動を民間が担うことが多くなってきていることから、この点はさらに複雑になっています。そこで、判例の状況を概観してみることにしましょう。

まず、私人であっても国賠法1条の公務員に当たるとした事案としては、次のようなものがあります。

ア　児童養護施設の管理委託者が公務員に当たるとした事例[203)]

「法は、保護者による児童の養育監護について、国又は地方公共団体が後見的な責任を負うことを前提に」、「児童養護施設の長が入所児童に対して監護、教育及び懲戒に関し」「必要な措置を採ることを認めている」この法の規定及び趣旨に照らせば、「入所後の施設における養育監護は本来都道府県が行うべき事務

201)　東京地判平成15年10月28日判例タイムズ1163号173頁
202)　東京地判平成21年３月24日判例時報2041号64頁
203)　最判平成19年１月25日判例時報1957号60頁

であり」、「児童の養育監護に当たる児童養護施設の長は」、「都道府県が有する公的な権限を委譲されてこれを都道府県のために行使するものと解される」ことを根拠として、「当該施設の職員等による養育監護行為は、都道府県の公権力の行使に当たる公務員の職務行為と解するのが相当である」としました。

イ　指定管理者の従業員が公務員に当たるとした事例[204)]

名古屋市が設置する公の施設である本件自転車駐車場の利用者が、指定管理者の従業員が当該利用者の個人情報を不正使用して原告の自宅を訪問しようとしたり、電話をかけたりしたこと等により私生活の平穏が侵害されたなどと主張して、名古屋市に対しては国賠法１条１項に基づき、損害賠償を求めた事案において「本件自転車駐車場の利用者の個人情報の取得及び管理は、公の施設である本件自転車駐車場の管理の一環であり、本来、その設置者である被告名古屋市が行うべき事務であって、被告会社は、これを本件自転車駐車場の指定管理者として、被告名古屋市に代わって行っているというべきである。したがって、被告会社の従業員による本件自転車駐車場の利用者の個人情報の取得及び管理の業務は、被告名古屋市の公の施設の管理という公権力の行使に当たる公務員の職務行為に当たる」としました。

②　その職務を行うについて（職務関連性）

国賠法上で国又は公共団体が責任を負うのは、「その職務を行うについて」なされた場合に限ります。公務員が職務とまったく関係なしに、第三者に損害を与えても公共団体は賠償責任を負うことはありません。このような場合は公務員個人が民法の不法行為等の規定に従って賠償責任を負うことになります。

「職務」の範囲ですが、公務員が上司の指示などによって定められた担当事務について、勤務時間中に行った行為は、適法である場合はもちろん違法であっても「職務」に当たるといえます。

公務員が職務執行の意思を有していなくても、客観的に職務執行の外形を備える行為をした場合には「職務」に該当すると解されています。この考え方は、

---

204)　名古屋地判令和３年８月26日 D1-Law.com 判例体系

外形標準説と呼ばれています。警視庁の巡査が非番の日に駅前で制服制帽を着用のうえ、強盗殺人を行ったという事件について「公務員が主観的に権限行使の意思をもつてする場合にかぎらず、自己の利をはかる意図をもつてする場合でも、客観的に職務執行の外形をそなえる行為をしてこれによつて、他人に損害を加えた場合には、国又は公共団体に損害賠償の責を負わ」せるべきであると判示しています[205)]。もっとも、この事案では当該警察官が制服制帽を着用しており、拳銃も携帯していたからこそ相手方が信頼して、金銭等を預けたと考えられるので、一般論として外形標準説を採用しているとまではいい切れません。

③　違法に（違法性）

国賠法1条の賠償責任が発生するには、公務員の行為が違法な場合に限られます。不法行為に関する民法709条は故意・過失とともに違法性を不法行為成立の要件としており、同条が規定する違法性とは「他人の権利又は法律上保護される利益を侵害」することとされています。国賠法上の違法性についても同様に解するべきと考えられます。

❶　違法性一元説と違法性二元説

この違法性の判断基準については、①公権力の行使の内容の違法（行政処分等の実体要件等に係る違法性）と国賠法上の違法性が同一であるとする違法性一元説と②国賠法上の違法性は公権力の行使の内容の違法とは別に判断をする違法二元論説とがあります。

違法一元説は、法律による行政の原理の下で行政活動に関する根拠法令に適合している限り損害賠償責任を負いませんが、違反した場合には国賠法上も違法となると考えます[206)]。これに対して、違法性二元説は、国家賠償請求の違法性は他人に損害を加えることが法の許容するところであるかどうかという見地からする行為規範であり、損害補填の公平負担の見地から被侵害法益の重大性、加害行為の態様、被害者側の事情などを総合的に判断した結果、行為者側に責任を負担させることを根拠づける意味での加害者側の帰責であると考えます。

205）　最判昭和31年11月30日民集10巻11号1502頁

206）　宇賀克也「行政法概説Ⅱ（第7版）」有斐閣、2021年、320頁

そのため、行政処分等の効力発生要件に関する違法とはその性質を異にし、根拠法令に対する関係では適法な職務行為であるにもかかわらず国家賠償上の違法とされることがあります。一方、根拠法令に違反して違法であるにもかかわらず国賠法上の違法とされないこともあるとします。

❷　違法性の判断基準

国賠法１条１項の違法性の判断基準に関しては、ⅰ. 結果不法説、ⅱ. 行為不法説、ⅲ. 相関関係説とが主張されています。

ⅰ. 結果不法説

法益侵害と被害者救済を重視し、行政活動によって不法な状態を生じさせたことについて違法性を認める見解です。損失補償との違いも相対化されるため、国家賠償と損失補償を国家補償として統一的に把握する立場に近づくことになります。

ⅱ. 行為不法説

公務員の行為の違法性に着目し、侵害行為の態様から、不法な行為を行ったことについて違法性を認める見解です。この説は、さらに、職務行為基準説と公権力発動要件欠如説に分かれています。

・職務行為基準説

公務員が行政活動を行うに際して職務上尽くすべき注意義務に違反した場合に、違法になるという説です。この説によれば、国賠法上の違法性は、行政作用法上の違法性とは必ずしも一致しないことから、違法性二元説につながります。

この説は判例でも取られています[207)]が、①行政処分に関してこの説を採用することは国賠法の制裁的・違法行為抑止・違法状態排除機能が大きく損なわれることになる、②この説の下では取消訴訟と国家賠償請求訴訟がともに提起さ

---

207)　最判平成５年３月11日民集47巻４号2863頁

れた場合、前者では処分を違法としながら、後者では処分を違法ではないとする事態が起こりうる、などの批判があります[208]。

・公権力発動要件欠如説

行政活動（公権力の発動）の根拠法令によって定められた要件が欠如しているにもかかわらず行政活動が行われた場合に、違法になると考えます。この説によれば、国賠法上の違法性は、行政作用法上の違法性と一致することになり、違法性一元説の立場に立つことになります。

この説は、①根拠規範、規制規範をもって国賠法上の違法とする法治主義国家責任論に立てば、根拠規範、規制規範違反自体によって国、公共団体に責任を負わせることに親和性がある、②行政主体による侵害が公権力発動要件に適合したものであれば、行政法体系上は損害賠償の問題ではなく、損失補償の要否の問題として考えるべきである、などを根拠としています。この説が学説では有力となっています[209]。

ⅲ. 相関関係説

違法性判断において侵害行為の態様と被侵害利益の双方を勘案するもので、行為不法説と結果不法説の折衷的立場といえます。

図表6-20　国賠法上の違法性に関する学説

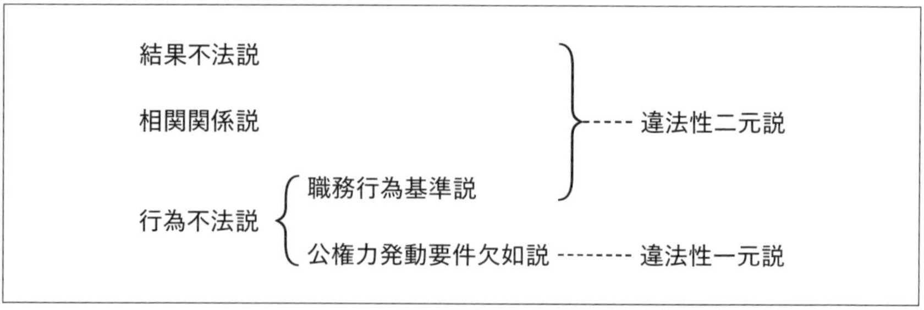

宇賀克也「行政法概説Ⅱ（第７版）」450頁

208）　宇賀克也「行政法概説Ⅱ（第７版）」有斐閣、2021年、472頁
209）　宇賀克也「行政法概説Ⅱ（第７版）」有斐閣、2021年、473頁

❸ 判例等の状況

ア　逮捕、起訴等

窃盗罪等などで告訴されたが無罪判決を得た者が国に対して、捜査や公訴の提起について故意・重過失があったとして損害賠償を求めた事案において、「刑事事件において無罪の判決が確定したというだけで直ちに起訴前の逮捕・勾留、公訴の提起・追行、起訴後の勾留が違法となるということはない。けだし、逮捕・勾留はその時点において犯罪の嫌疑について相当な理由があり、かつ、必要性が認められるかぎりは適法であり、（略）起訴時あるいは公訴追行時における検察官の心証は、（略）起訴時あるいは公訴追行時における各種の証拠資料を総合勘案して合理的な判断過程により有罪と認められる嫌疑があれば足りるものと解するのが相当である」としました[210)]。

イ　裁判手続

前訴において敗訴判決を受けた者が、適用すべき法条を適用しなかった違法な判決であるとして、国に対して損害賠償を請求した事案において、「裁判官がした争訟の裁判に上訴等の訴訟法上の救済方法によつて是正されるべき瑕疵が存在したとしても、これによつて当然に国家賠償法１条１項の規定にいう違法な行為があつたものとして国の損害賠償責任の問題が生ずるわけのものではなく、右責任が肯定されるためには、当該裁判官が違法又は不当な目的をもつて裁判をしたなど、裁判官がその付与された権限の趣旨に明らかに背いてこれを行使したものと認めうるような特別の事情があることを必要とする」としています[211)]。

ウ　立法

在宅投票制度を廃止しこれを復活しなかった立法行為の違法性が争われた事案において、国会議員の立法行為が国賠法１条１項において「国会議員の立法行為（立法不作為を含む。以下同じ）が同項の適用上違法となるかどうかは、国会議員の立法過程における行動が個別の国民に対して負う職務上の法的義務に

210）　最判昭和53年10月20日民集32巻７号1367頁

211）　最判昭和57年３月12日民集36巻３号329頁

違背したかどうかの問題であ」る。そして、「国会議員は、立法に関しては、原則として、国民全体に対する関係で政治的責任を負うにとどまり、個別の国民の権利に対応した関係での法的義務を負うものではないというべきであつて、国会議員の立法行為は、立法の内容が憲法の一義的な文言に違反しているにもかかわらず国会があえて当該立法を行うというごとき、容易に想定し難いような例外的な場合でない限り、国家賠償法１条１項の規定の適用上、違法の評価を受けない」としています[212)]。

エ　行政処分

税務署長から更正処分を受けた者が、所得金額を過大に認定した違法な処分だとして国に対して損害賠償請求をした事案において「税務署長のする所得税の更正は、所得金額を過大に認定していたとしても、そのことから直ちに国家賠償法１条１項にいう違法があったとの評価を受けるものではなく、税務署長が資料を収集し、これに基づき課税要件事実を認定、判断する上において、職務上通常尽くすべき注意義務を尽くすことなく漫然と更正をしたと認め得るような事情がある場合に限り、右の評価（著者註：国賠法１条１項にいう違法）を受けるものと解するのが相当である」としました[213)]。

また、原爆特別措置法に基づく健康管理手当の受給権は日本からの出国によって失権の取扱いになると、厚生省の局長通達[214)]が定めていたため、これに従って国が在外被爆者Ｘに支給拒否をしたことに関して国に損害賠償請求を行った事案において、「402号通達の発出の段階において、原爆二法の統一的な解釈、運用について直接の権限と責任を有する上級行政機関たる上告人（著者注：厚生省）の担当者が、それまで上告人が採ってきたこれらの法律の解釈及び運用が法の客観的な解釈として正当なものといえるか否かを改めて検討することとなった機会に、その職務上通常尽くすべき注意義務を尽くしていれば、当然に認識することが可能であったものというべきである。そうすると、上告人の担当者が、原爆二法の解釈を誤る違法な内容の402号通達を発出したことは、国家賠

212）　最判昭和60年11月21日民集39巻７号1512頁
213）　最判平成５年３月11日民集47巻４号2863頁
214）　昭和49年７月22日衛発402号（厚生省公衆衛生局長通達）

償法上も違法の評価を免れないものといわざるを得ない」としました[215)]。

❹ 不作為と違法性

国賠法１条１項の「公権力の行使」には不作為も含まれます。行政機関の不作為がどのような場合に国賠法上の違法となるかについて学説としては、①裁量権収縮論から説明する見解、②裁量権消極的濫用論から説明する見解があります。

自治体職員にとって権限の不行使等の不作為によって、損害賠償責任が問われることはあってはならないことです。そのために、最高裁判決は十分に理解しておく必要があります。

ア　裁量権収縮論

この理論によれば①社会的危険が切迫しており（危険の切迫)、②行政権の講師が容易に可能で（可能性)、③権限を行使しなければ危険を防止することができず（行政手段の補充性)、④国民が行政権限の行使を期待しており（期待可能性)、かつ行政権限の行使によって危険が回避されうると認められる（結果回避可能性）場合には、行政庁に与えられた裁量の幅が収束するとされます[216)]。その状況になった場合には、取りうる措置の幅（裁量）がゼロに収縮し、特定の措置を取ることが義務付けられるということになります。

イ　裁量権消極的濫用論

規制権限の不行使が裁量の範囲を逸脱し、裁量権の濫用に当たる場合には権限の不行使が違法となるという見解です。その判断基準は、おおむね裁量権収縮論が示している要件に包摂されると考えられています[217)]。この考え方は、**最判平成元年11月24日**[218)]でとられた考え方で、この判決が最高裁のリーディングケースとなっています。

---

215)　最判平成19年11月１日民集61巻８号2733頁
216)　原田尚彦「行政法要論（全訂第７版補訂２版)」学陽書房、2012年、101頁
217)　磯部力他編「行政法の新構想Ⅲ」有斐閣、2008年、宇賀克也「行政介入請求権と危険管理責任」260頁（第12章）以下
218)　民集43巻10号1169頁

なお、**最判平成16年４月27日**[219]では、「国又は公共団体の公務員による規制権限の不行使は，その権限を定めた法令の趣旨，目的や，その権限の性質等に照らし，具体的事情の下において，その不行使が許容される限度を逸脱して著しく合理性を欠くと認められるときは，その不行使により被害を受けた者との関係において，国家賠償法１条１項の適用上違法となるものと解するのが相当である」と、より明確に判断基準を示しています。

ウ　判例の状況

・**最判昭和57年１月19日**[220]

酒に酔って飲食店でナイフをちらつかせたりなどした者を警察署に連れていったが、その者が帰宅を許され、再び飲酒をしていた同人に切りつけられ重傷を負ったため、警察官がナイフを領置するなど適切な措置をとることなく加害者にナイフを携帯したまま帰ることを許したことが違法であるとして、大阪府に対して国家賠償を求めた事案です。判決は、「同人に帰宅を許す以上少なくとも（銃砲刀剣類所持等取締）同法24条の２第２項の規定により本件ナイフを提出させて一時保管の措置をとるべき義務があつたものと解するのが相当であつて、前記警察官が、かかる措置をとらなかつたことは、その職務上の義務に違背し違法である」としました。

・**最判昭和59年３月23日**[221]

第二次世界大戦後の武装解除により海中に投棄され、その後海岸に打ち上げられた砲弾の爆発により死亡、負傷した事案において「単に島民等に対して砲弾類の危険性についての警告や砲弾類を発見した場合における届出の催告等の措置をとるだけでは足りず、更に進んで自ら又は他の機関に依頼して砲弾類を積極的に回収するなどの措置を講ずべき職務上の義務があつたものと解するのが相当であつて、前記警察官が、かかる措置をとらなかつたことは、その職務上の義務に違背し、違法である」としました。

219）　民集58巻４号1032頁
220）　民集36巻１号19頁
221）　民集38巻５号475頁

・最判平成元年11月24日[222)]

詐欺的不動産取引によって損害を被った者が、宅地建物取引業法所定の免許基準に適合しない免許の付与ないし更新をしたことを理由として京都府に対して損害賠償請求を行った事案です。判決は、「知事等に監督処分権限が付与された趣旨・目的に照らし、その不行使が著しく不合理と認められるときでない限り、右権限の不行使は、当該取引関係者に対する関係で国家賠償法１条１項の適用上違法の評価を受けるものではない」とした上で、本件に関しては「京都府知事において誠和住研に対する業務の停止ないし本件免許の取消をしなかったことが、監督処分権限の趣旨・目的に照らして著しく不合理であるということはできないから、右権限の不行使も国家賠償法１条１項の適用上違法の評価を受けるものではない」としました。

・最判平成７年６月23日[223)]

医薬品（クロロキン製剤）の副作用による被害が発生した場合において、厚生大臣が右医薬品につき製造の承認等をしたこと及び右副作用による被害の発生を防止するために薬事法上の権限を行使しなかったことを理由として、国に対して損害賠償請求を行った事案です。判決は、「厚生大臣の薬事法上の権限の行使についての右のような性質ないし特質を考慮すると、医薬品の副作用による被害が発生した場合であっても、厚生大臣が当該医薬品の副作用による被害の発生を防止するために前記の各権限を行使しなかったことが直ちに国家賠償法１条１項の適用上違法と評価されるものではなく、副作用を含めた当該医薬品に関するその時点における医学的、薬学的知見の下において、前記のような薬事法の目的及び厚生大臣に付与された権限の性質等に照らし、右権限の不行使がその許容される限度を逸脱して著しく合理性を欠くと認められるときは、その不行使は、副作用による被害を受けた者との関係において同項の適用上違法となる」とした上で、本件については「薬事法上の権限を行使してクロロキン網膜症の発生を防止するための措置を採らなかったことが、薬事法の目的及び厚生大臣に付与された権限の性質等に照らし、その許容される限度を逸脱して

222）　民集43巻10号1169頁
223）　民集49巻６号1600頁

著しく合理性を欠くとまでは認められず、国家賠償法１条１項の適用上違法ということはできない」としました。

・最判平成16年４月27日[224]

当時の通商産業大臣が、石炭鉱山保安規則によるけい酸質区域指定制度をじん肺法の制定以後も26年間にわたって存続させ規制権限を行使しなかったことが違法であるなどとして国に対して損害賠償請求を行った事案です。判決は、「国又は公共団体の公務員による規制権限の不行使は、その権限を定めた法令の趣旨、目的や、その権限の性質等に照らし、具体的事情の下において、その不行使が許容される限度を逸脱して著しく合理性を欠くと認められるときは、その不行使により被害を受けた者との関係において、国家賠償法１条１項の適用上違法となるものと解するのが相当である」としたうえで、本件については「鉱山保安法に基づく監督権限を適切に行使して、上記粉じん発生防止策の速やかな普及、実施を図るべき状況にあったというべきである。そして、上記の時点までに、上記の保安規制の権限（省令改正権限等）が適切に行使されていれば、それ以降の炭坑労働者のじん肺の被害拡大を相当程度防ぐことができたものということができる。本件における以上の事情を総合すると、（略）鉱山保安法に基づく上記の保安規制の権限を直ちに行使しなかったことは、その趣旨、目的に照らし、著しく合理性を欠くものであって、国家賠償法１条１項の適用上違法というべきである」としました。

④　故意又は過失によって（有責性）

❶　故意、過失の概念

国賠法１条の要件のうち、違法性は客観的要件であるのに対して、故意・過失は主観的要件です。主に問題となるのは過失ですが、過失について客観的な注意義務違反ととらえて、違法に他人に損害を生じさせることについて予見可能性があり、回避可能性があるにもかかわらず、権利侵害を発生させないようするために必要な注意義務を怠ることとされます。その注意義務の判断の基準

224）　民集58巻４号1032頁

とされるのは、当該加害公務員ではなく、その職種の平均的公務員の注意力を標準として、職種によってより重い注意義務が課されるものと解されています[225]。

❷ 過失と違法性との関係

違法性の判断基準に関して最高裁がとる職務行為基準説によれば、公務員が行政活動を行うに際して職務上尽くすべき注意義務に違反した場合に違法になるとするため、過失と違法性とが一元的に審査されることになります。たとえば、**最判昭和62年2月6日**[226]では、学校事故に関する損害賠償請求に関して、過失の有無と違法性の有無を区別して判断することなく、「注意義務違反」として一元的に判断しています。

ただし、過失と違法性とを二元的に判断し、当該行為が違法とされた場合であっても、過失が認められず賠償責任が否定された事案もあります。たとえば、在留資格を有しない外国人に国民健康保険被保険者証の交付をしなかったことに関して、**国と横浜市に損害賠償を請求した事案**[227]において、最高裁は当該行為の違法性は認めたものの、過失については「法律解釈につき異なる見解が対立し，実務上の取扱いも分かれていて，そのいずれについても相当の根拠が認められる場合に，公務員がその一方の見解を正当と解しこれに立脚して公務を遂行したときは，後にその執行が違法と判断されたからといって，直ちに上記公務員に過失があったものとすることは相当ではない」として、過失と違法性を二元的に判断しています。

⑤ 他人に損害を加えた（損害の発生）

国などに賠償責任が認められるためには損害が発生していることが当然の要件です。損害には、生命身体、健康、財産にかかわるものはもちろんのこと、精神的損害も賠償の対象となります。

なお、賠償請求が認められるためには公務員の行為と損害の発生の間に因果

225） 西埜章「国家賠償法コンメンタール（第３版）」勁草書房、2020年、498頁
226） 集民150号75頁
227） 最判平成16年１月15日民集58巻１号226頁

関係が存することが必要です。損害が公務員の行為と無関係に発生した場合に賠償請求が認められないのは当然のことです。

(4)　公務員に対する求償

国賠法1条1項に基づいて被害者に対して直接に賠償責任を負うのは国や公共団体です。しかし、公務員に故意又は重大な過失があったときは、国や公共団体はその公務員に対して求償することができます（同条2項）。

①　求償権の法的性格

国家賠償責任の性質に関する代位責任説によれば、国又は公共団体は加害行為を行った公務員に代わって賠償責任を果たしたことになるため、国又は公共団体の有する求償権は不当利得返還請求権に類似する法的性格を有するものと考えられます。一方、自己責任説に立つと、加害行為を行った公務員の職務上の義務違反により国又は公共団体は損害を被る結果となることから、国又は公共団体の有する求償権は損害賠償請求権に類似する法的性格を有するものと考えられます。

②　求償の要件

国又は公共団体が求償権を行使するためには、①国又は公共団体が被害者に対して損害賠償を行ったこと、②加害行為を行った公務員に故意又は重過失があることの二つの要件を満たす必要があります。

(5)　公務員個人への直接請求

公務員が第三者に損害を与えた場合は、国賠法1条に基づき国又は公共団体が賠償責任を負いますが、被害者が加害行為を行った公務員個人に対して直接に賠償請求を行うことができるかという問題があります。この点について国賠法は明文の規定を設けていないため、公務員個人に直接請求できるとする説（肯定説）、直接請求を否定に解する説（否定説）とに分かれています。

肯定説は、次の2点が根拠とされています。まず、公務員個人の賠償責任を認めることによって公務員による職務執行の適正を担保することが根拠の一つ目であり、二点目は公務員を私人以上に保護すべき理由がないことが根拠とされています[228)]。さらに、肯定説は、個人責任を認める要件として、故意又は過失とする説と、故意又は重過失とする説とに分かれます。故意又は過失とする説は、公務員個人の責任の法的根拠である民法709条（不法行為）の要件と同様に解すべきであるとします。一方、故意又は重過失とする説は、１条２項の求償権の要件が故意又は重過失である以上、個人責任についても同様に解すべきであるとします。

一方、否定説は、国の側から公務員個人に対して求償権があること。国家に責任を負わせることで、被害者救済という目的は達成されることなどを理由としています[229)]。また、本法の立法過程において、日本政府はGHQに対して、公務員個人の責任を認めることにより公務員が萎縮し公務の適正な執行に支障が生ずることを理由として、公務員個人の責任を否定する考えをとる旨の説明をしていました。

なお判例は、リーディングケースである**最判昭和30年４月19日**[230)]で「国または公共団体が賠償の責に任ずるのであつて、公務員が行政機関としての地位において賠償の責任を負うものではなく、また公務員個人もその責任を負うものではない」と判示して以来、その見解を維持しています。ただし、下級審判決ではありますが、個人が直接賠償責任を負うとした事例もあります（東京地判平成６年９月６日判例時報1504号41頁、東京高判平成９年６月26日判例時報1617号35頁、札幌地判昭和46年12月24日判例時報653号22頁等）。

⑹　営造物の設置・管理の瑕疵に基づく賠償責任

国賠法２条は、公の営造物（例、道路、河川）の設置または管理に瑕疵があり、これによって損害が第三者に生じたときに国又は公共団体が損害賠償の責任を負う、と規定しています。国賠法１条の規定とは異なり、公権力の行使とはいえない「公の管理作用に基づく損害」について、国又は公共団体の損害賠償責任を規定しています。

228）　芝池義一「行政救済法」有斐閣、2022年、338頁
229）　塩野宏「行政法Ⅱ（第６版）」有斐閣、2019年、353頁
230）　民集９巻５号534頁

①　無過失責任

判例[231)]は、国賠法２条の賠償責任について、「国家賠償法２条１項の営造物の設置または管理の瑕疵とは、営造物が通常有すべき安全性を欠いていることをいい、これに基づく国および公共団体の賠償責任については、その過失の存在を必要としない」として、無過失責任である旨を示しています。ただし、この判決も不可抗力ないし回避可能性がない場合には、賠償責任を負わないとする余地を残しています。

②　公の営造物

公の営造物とは、国又は公共団体によって直接公の目的に供されている個々の有体物又は物的施設をいうものとされています。原則として、国又は公共団体によって行政目的に供される「行政財産」は公の営造物に含まれることになり、その他の財産である「普通財産」は含まれないことになります。ただし、行政財産を公の営造物に当たらないとした裁判例[232)]や、普通財産を公の営造物に当たるとした裁判例[233)]もあります。行政財産と普通財産との区別は、行政機関の管理上の区分であるため、公の営造物の判断に当たっては「直接公の目的に供されている」という基準により実質的な判断が行われているものと考えられます。

ところで、財産に関して公物という概念があります。公物とは、行政主体が直接に公の用に供する有体物をいいます。公物は物自体に着目した概念であるのに対して、営造物は人的、物的施設の総合体としてとらえたものです。なお、立法者意思としては、公の営造物を公物の意味で理解していたため[234)]、国賠法２条の解釈においては公物と公の営造物は、ほぼ同義だといえます。

---

231)　最判昭和45年８月20日民集24巻９号1268頁

232)　普通財産として管理されていた溜池を公の営造物に該当するとした（東京高判昭和53年12月21日判例時報920号126頁）。

233)　国有林野は、行政財産であり治山、営林事業等を通して国民の福祉に寄与するものではあるが、直接に公の目的に供されるものということはできないから、公の営造物には当たらないとした（長野地裁松本支判昭和54年３月１日判例時報941号89頁）。

234)　宇賀克也「行政法概説Ⅲ（第５版）」有斐閣、2019年、570頁

❶　不動産と動産

本条は、基本的には民法717条の特別法ですが、①国賠法２条の「公の営造物」は、民法717条の「土地の工作物」より広い概念です。「公の営造物」には、不動産だけでなく動産も含まれると解されています。裁判例としては、飛込台について公の営造物に当たるとした裁判例があります。この判決では、「都教育委員会の臨海学校教育の許可を得たことになるので、それに伴う教育施設は当然学校施設の延長として区の設置、管理をなすべき営造物」に当たるとし「飛込台は臨海学校の構成物として営造物に包含される」としました[235)]。また、組立作業に従事する際に使用する椅子について、「本件椅子が被告の設置、管理にかかるものであることは当事者間に争いないところ、本件椅子は、戸別組立作業に従事する際に使用するもので、京橋郵便局の施設の一部を構成するものであるから、国家賠償法第２条第１項にいう公の営造物に該当する」としたものもあります[236)]。一方、無体財産や人的施設は含まれないとされています[237)]。

③　瑕疵の概念

❶　設置又は管理の瑕疵

営造物の瑕疵について、判例は「営造物が通常有すべき安全性を欠いていること」を指すとしています[238)]。通常有すべき安全性を備えていれば、国・公共団体は責任を負いません。ガードレールに腰掛けて遊んでいた子供が転落した事案において「その安全性に欠けるところがない」としました[239)]。また、テニスコートの審判台の反対側から子供が降りたために審判台が倒れて子供が下敷きになった事案において「審判台が本来の用法に従ってこれを使用する限り転倒の危険を有する構造のものでなかった」、「審判台の後部から降りるという極めて異常なもので、本件審判台の本来の用法と異なることはもちろん、設置管理者の通常予測し得ない」としました[240)]。

---

235)　東京地判昭和28年11月21日民集７巻11号858頁
236)　東京地判昭和48年12月21日判例時報731号97頁
237)　大阪地判昭和61年１月27日判例時報1208号96頁
238)　最判昭和45年８月20日民集24巻９号1268頁
239)　最判昭和53年７月４日民集32巻５号809頁
240)　最判平成５年３月30日民集47巻４号3226頁

❷ 人工公物と自然公物に関する瑕疵

人公物は、人工的に設けられる人工公物（道路、都市公園等）と自然に形成された自然公物（河川、海岸等）に分類されます。人工公物については、公衆の利用が可能になる時点を明確にするため、行政処分としての公用（供用）開始行為が行われます。これに対して自然公物は。自然に形成されるという性質上、公用（供用）開始行為はありません。また、人工公物と自然公物では、その性質上瑕疵の概念も異なります。

道路のような人工公物は、施設の設置が人為的に行われ供用開始行為により公共の用に供されることになります。一方、河川のような自然公物は、自然のままで危険性を内包しており防災対策等により安全性を高めていくことになります。そのため、人工公物と自然公物とでは、瑕疵の判断基準は異なると考えられます。判例においても「河川は、本来自然発生的な公共用物であつて、管理者による公用開始のための特別の行為を要することなく自然の状態において公共の用に供される物であるから、通常は当初から人工的に安全性を備えた物として設置され管理者の公用開始行為によつて公共の用に供される道路その他の営造物とは性質を異にし、もともと洪水等の自然的原因による災害をもたらす危険性を内包しているものである。したがつて、河川の管理は、道路の管理等とは異なり、本来的にかかる災害発生の危険性をはらむ河川を対象として開始されるのが通常であつて、河川の通常備えるべき安全性の確保は、管理開始後において、予想される洪水等による災害に対処すべく、堤防の安全性を高め、河道を拡幅・掘削し、流路を整え、又は放水路、ダム、遊水池を設置するなどの治水事業を行うことによつて達成されていくことが当初から予定されているものということができる」としています[241]。

ア　人工公物（道路）

県道上に工事標識板赤色灯標柱などが倒れ赤色灯が消えたままであったことにより交通事故が生じた事案において「工事標識板、バリケード及び赤色灯標柱が道路上に倒れたまま放置されていたのであるから、道路の安全性に欠如が

241）　大東水害訴訟判決（最判昭和59年１月26日判例時報1104号26頁）

あつたといわざるをえないが、それは夜間、しかも事故発生の直前に先行した他車によつて惹起されたものであり、時間的に被上告人において遅滞なくこれを原状に復し道路を安全良好な状態に保つことは不可能であつたというべく、このような状況のもとにおいては、被上告人の道路管理に瑕疵がなかつた」と回避可能性の点から責任を否定しています[242)]。

また、北海道内の高速道路で自動車の運転者がキツネとの衝突を避けようとして自損事故を起こした場合において、「本件資料に示されていたような対策（筆者加筆：金網の柵に変更した上、柵と地面との透き間を無くし、動物が地面を掘って侵入しないように地面にコンクリートを敷くこと）が全国や北海道内の高速道路において広く採られていたという事情はうかがわれないし、そのような対策を講ずるためには多額の費用を要することは明らかであり、加えて、前記事実関係によれば、本件道路には、動物注意の標識が設置されていたというのであって、自動車の運転者に対しては、道路に侵入した動物についての適切な注意喚起がされていたということができる」として道路が通常有すべき安全性を欠いていたということはできないとしました[243)]。

一方、国道上に約87時間放置されていた大型貨物自動車に衝突して死亡した事案において「故障車のあることを知らせるためバリケードを設けるとか、道路の片側部分を一時通行止めにするなど、道路の安全性を保持するために必要とされる措置を全く講じていなかつたことは明らかであるから、このような状況のもとにおいては、本件事故発生当時、同出張所の道路管理に瑕疵があつた」としています[244)]。

国道上に停車中のバスが集中豪雨に伴う土砂崩れに巻き込まれて増水していた飛騨川に転落し、乗員・乗客104名が死亡した事故について、「国道41号は、その設置（改良）に当たり、防災の見地に立つて、使用開始後の維持管理上の問題点につき、詳細な事前調査がなされたとは認め難く、そのため崩落等の危険が十分に認識せられなかつたため、その後における防災対策や道路管理上重要な影響を及ぼし、防護対策および避難対策の双方を併用する立場からの適切

242） 最判昭和50年６月26日民集29巻６号851頁
243） 最判平成22年３月２日判例時報2076号44頁
244） 最判昭和50年７月25日民集29巻６号1136頁

妥当な道路管理の方法が取られていなかつたもので、国道41号の管理には、交通の安全を確保するに欠けるところがあり、道路管理に瑕疵があつたものといわなければたらない」(原文ママ)としました[245]。

点字ブロック等の新たに開発された視力障害者用の安全設備が駅のホームに敷設されていなかったことから視力障害者の原告が転落し電車に轢かれて重傷を負った事案において、「点字ブロック等のように、新たに開発された視力障害者用の安全設備を駅のホームに設置しなかつたことをもつて当該駅のホームが通常有すべき安全性を欠くか否かを判断するに当たつては、その安全設備が、視力障害者の事故防止に有効なものとして、その素材、形状及び敷設方法等において相当程度標準化されて全国的ないし当該地域における道路及び駅のホーム等に普及しているかどうか、当該駅のホームにおける構造又は視力障害者の利用度との関係から予測される視力障害者の事故の発生の危険性の程度、右事故を未然に防止するため右安全設備を設置する必要性の程度及び右安全設備の設置の困難性の有無等の諸般の事情を総合考慮することを要する」としました[246]。

イ　自然公物(河川管理)

河川に関しては、自然公物であるため改修が行われる場合が多くあります。判例上は、改修の前後によって、瑕疵に関する判断が異なります。

【未改修河川に関する判例】

大阪府大東市にある未改修河川が集中豪雨のために氾濫したため、床上浸水などの被害を受けた住民が、河川管理者である国、河川管理の費用負担者である大阪府、および排水路の管理者である大東市に対して、国賠法第2条により損害賠償を請求した事案において、財政的、技術的及び社会的「諸制約のもとでの同種・同規模の河川の管理の一般水準及び社会通念に照らして是認しうる安全性を備えていると認められるかどうかを基準として判断すべきであると解するのが相当である。そして、既に改修計画が定められ、これに基づいて現に

245)　名古屋高判昭和49年11月20日判例時報761号18頁
246)　最判昭和61年3月25日判例時報1190号3頁

改修中である河川については、右計画が全体として右の見地からみて格別不合理なものと認められないときは、その後の事情の変動により当該河川の未改修部分につき水害発生の危険性が特に顕著となり、当初の計画の時期を繰り上げ、又は工事の順序を変更するなどして早期の改修工事を施行しなければならないと認めるべき特段の事由が生じない限り、右部分につき改修がいまだ行われていないとの一事をもつて河川管理に瑕疵があるとすることはできないと解すべきである」と河川管理における瑕疵について一般的な基準を示しています（前掲大東水害訴訟判決）。

【改修済河川に関する判例】

豪雨によって多摩川が増水し、同水系の工事実施基本計画により改修や整備が必要とされていなかった箇所の堤防が計画高水流量以下の規模の洪水により破壊され、家屋の流出などに至った事案において「工事実施基本計画が策定され、右計画に準拠して改修、整備がされ、あるいは右計画に準拠して新規の改修、整備の必要がないものとされた河川の改修、整備の段階に対応する安全性とは、同計画に定める規模の洪水における流水の通常の作用から予測される災害の発生を防止するに足りる安全性をいうものと解すべきである。けだし、前記判断基準に示された河川管理の特質から考えれば、改修、整備がされた河川は、その改修、整備がされた段階において想定された洪水から、当時の防災技術の水準に照らして通常予測し、かつ、回避し得る水害を未然に防止するに足りる安全性を備えるべきものであるというべきであり、水害が発生した場合においても、当該河川の改修、整備がされた段階において想定された規模の洪水から当該水害の発生の危険を通常予測することができなかつた場合には、河川管理の瑕疵を問うことができないからである」としました[247)]。

247）　多摩川水害訴訟（最判平成２年12月13日民集44巻９号1186頁）

図表6-21　人工公物と自然公物との対比

	公用開始の時期	安全性確保の基準	安全性に対する制約要因
人工公物（道路等）	設置後の供用開始行為	当初から通常予想される災害に対応する安全性を備えたものでなければならない	人工的に設置するものであるため、制約要因はすくない
自然公物（河川等）	自然発生的な開始（設置・供用開始行為はない）	過渡的な安全性で足りる（もともと危険性を内包）	財政的・技術的・社会的制約が存在する

図表6-22　大東水害訴訟判決と多摩川水害訴訟判決の比較

1　未改修河川：大東水害訴訟（最判昭和59年1月26日） ①人工公物である道路と自然公物である河川との違いを強調し、河川管理の瑕疵には最判昭和45年8月20日（道路落石事件判決）の射程が及ばない。 ②河川管理には財政的・技術的・社会的制約が伴うことから、過渡的安全性で足りる。 ③未改修河川については、改修計画が不合理でないときは、特段の事由がない限り、管理の瑕疵は認められない。
2　改修済河川：多摩川水害訴訟（最判平成2年12月13日） ①河川管理には財政的・技術的・社会的制約が伴うことから、河川の改修・整備の段階に対応する安全性で足りる。 ②改修河川に関する上記安全性とは、計画高水流量規模の流水の通常の作用から予測される災害の発生を防止するに足りる安全性をいう。改修済の河川の瑕疵について具体的な基準を示した。

④　費用負担者の責任の問題

❶　損害賠償責任

国又は公共団体が損害賠償の責任を負う場合において、①1条における公務員の選任又は監督に当たる者と公務員の俸給、給与その他の費用を負担する者とが異なるとき、及び②2条における公の営造物の設置又は管理に当る者と管理の費用を負担する者とが異なるときは、費用を負担する者も損害賠償の責任を負うとされています（国賠法3条1項）。

本条の趣旨について「当該営造物の設置もしくは管理にあたる者とその設置

もしくは管理の費用の負担者とが異なるときは、その双方が損害賠償の責に任ずべきであるとしているのは、もしそのいずれかのみが損害賠償の責任を負うとしたとすれば、被害者たる国民が、そのいずれに賠償責任を求めるべきであるかを必らずしも明確にしえないため、賠償の責に任ずべき者の選択に困難をきたすことがありうるので、対外的には右双方に損害賠償の責任を負わせることによつて右のような困難を除去しようとすることにあるのみでなく、危険責任の法理に基づく同法２条の責任につき、同一の法理に立つて、被害者の救済を全からしめようとするためでもある」とされています[248]。

国が、地方公共団体に対して国立公園に関する公園事業について補助金を交付し、また、その後の改修にも補助金を交付している事案において、「公の営造物の設置者に対してその費用を単に贈与したに過ぎない者は同項所定の設置費用の負担者に含まれるものではないが、法律の規定上当該営造物の設置をなしうることが認められている国が、自らこれを設置するにかえて、特定の地方公共団体に対しその設置を認めたうえ、右営造物の設置費用につき当該地方公共団体の負担額と同等もしくはこれに近い経済的な補助を供与する反面、右地方公共団体に対し法律上当該営造物につき危険防止の措置を請求しうる立場にあるときには、国は、同項所定の設置費用の負担者に含まれるもの」としています（前掲最判昭和50年11月28日）。

国道への落石の事故に関する損害賠償請求がなされた事案において、本件国道は高知県が管理者であり、また道路法49条において道路の管理に関する費用は道路管理者の負担とされていることを踏まえて、「上告人国は国家賠償法２条１項により、上告人県は管理費用負担者として同法３条１項により損害賠償の責に任ずべきことは明らかである」としています[249]。

❷ 求償権

国賠法３条１項の規定によって費用を負担する者が損害を賠償した場合には、内部関係でその損害を賠償する責任ある者に対して求償権を有するとされています（国賠法３条２項）。

248） 最判昭和50年11月28日民集29巻10号1754頁
249） 最判昭和45年８月20日判例時報600号71頁

賠償費用の負担割合が法令で定められている場合には、法令で定められた割合に基づいて負担することになります。たとえば食品衛生法62条では「国庫は、政令で定めるところにより、次に掲げる都道府県又は保健所を設置する市の費用に対して、その２分の１を負担する」と規定されています。したがって、国賠法３条１項の規定に基づき対外的に支出した者は、他方に対して負担割合を超過する部分については、求償権を有することになります。

この点に関する判例として、福島県郡山市が設置する中学校の教諭の体罰によって生徒が受けた損害を国賠法１条１項、３条１項に従い、福島県が賠償した後に国賠法３条２項に基づいて県が市に賠償額全額を求償した事案において、学校教育法５条及び地方財政法９条によれば「市町村が設置する中学校の経費については、原則として、当該市町村がこれを負担すべきものとされて」いるため、「損害を賠償するための費用については、法令上、当該中学校を設置する市町村がその全額を負担すべきもの」であるとし、郡山市は福島県からの「求償に応ずべき義務を負う」としました[250)]。

3　損失補償

(1)　概要

日本国憲法29条３項は、「私有財産は、正当な補償の下に、これを公共のために用ひることができる」と規定しています。行政主体の適法行為によって、国民・住民の私有財産の侵害性が法律上認められる場合に生ずる損失を補償する旨を規定するものです。

損失補償の例として、道路等の公共施設の建設予定地の土地所有者が売買に応じない場合には、土地収用法に基づき国や公共団体が所有権を取得し、その対価として土地の価格を所有者に補償することがあります。

---

250)　最判平成21年10月23日民集63巻８号1849頁

図表6-23　土地収用法の仕組

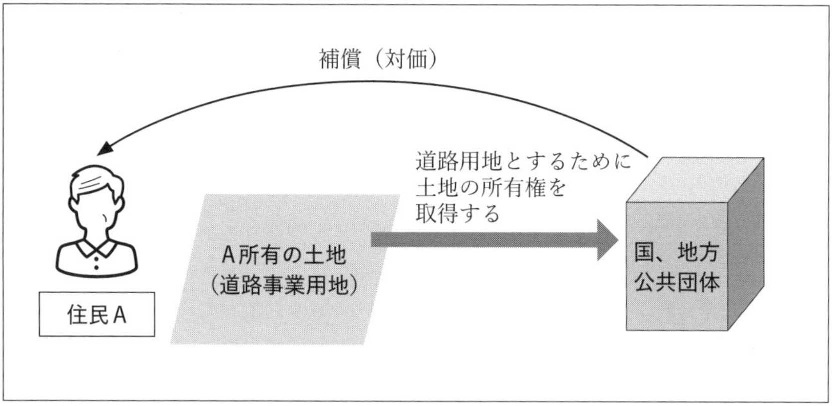

⑵　損失補償制度の法的根拠

損失補償制度については、個別法として土地収用法や消防法などはありますが、一般法はありません。そのため、憲法29条３項に基づく損失補償の請求の可否が問題となります。この点については、判例は、「公共のためにする財産権の制限が一般的に当然受忍すべきものとされる制限の範囲をこえ、特定の人に対し特別の犠牲を課したものである場合には、これについて損失補償を認めた規定がなくても、直接憲法29条３項を根拠として補償請求をすることができないわけではな」いとしています[251)]。

⑶　損失補償の要件

憲法29条３項に基づいて損失補償を行うための要件としては、①「公共のために用いる場合」と②「特別の犠牲に当たること」が必要と考えられています。

①　公共のために用いる場合

「公共のために用いる」について、国、公共団体や公衆の直接の用に供する収用に限るとする説もありますが、通説・判例は間接的に公共の利益達成のため

251）　最判昭和50年４月11日判例時報777号35頁

に用いられる場合も含めて、あらゆる財産のはく奪、制限を意味すると解しています。最高裁も、いわゆる農地改革に関して、自作農創設特別措置法に基づき買収された宅地が特定の者に売却されるとしても、その買収は「公共のために用いる」に当たるとしています[252)]。

②　特別の犠牲に当たること

住民に財産的損失が生じる行政活動のすべてに補償が必要となるわけではなく、社会生活上、誰もが甘受すべきだと考えられるような場合もあります。そのような制約は、いわば普通の犠牲であって補償の対象になりませんが、特定の者に通常以上の犠牲を要求するような「特別の犠牲」は、公平性の観点から補償が必要と考えられます。次の二つの点から判断がされています[253)]。

❶　その財産権の制約が内在的制約として受忍すべき限度を超え、財産権の本質的内容を侵すほどに強度なものか
❷　財産権制限について権利者側に受忍すべき理由があるか

したがって、国民一般が等しく受忍すべき財産権制限であれば、損失補償によって「負担の公平」を図る必要がないので、一般的に、財産権の内在的制約（権利の行使がもたらす弊害を除去するための制約）とされる制限には損失補償は必要ないと考えられます。

前掲最判昭和50年４月11日は、「公共のためにする財産権の制限が一般的に当然受忍すべきものとされる制限の範囲をこえ、特定の人に対し特別の犠牲を課したものである場合には」補償を請求できる旨を判示しています。

最判平成17年11月１日[254)]は、都市計画決定により建築制限を受けることによる「損失は、一般的に当然に受忍すべきものとされる制限の範囲を超えて特別の犠牲を課せられたものということがいまだ困難であるから、上告人らは、直接憲法29条３項を根拠として上記の損失につき補償請求をすることはできない

252）　最判昭和29年１月22日民集８巻１号225頁
253）　木下智史ほか「基本憲法Ⅰ」日本評論社、2017年、227頁
254）　判例時報1928号25頁

わけではな」いとしています。

⑷ 損失補償の内容

① 正当な補償

憲法29条３項が規定している「正当な補償」については、社会通念上、公正・妥当な補償で足りるとする相当補償説と、損失の完全な補てんが必要とする完全補償説とがあります。最高裁は、土地収用に関して「収用によつて当該土地の所有者等が被る特別な犠牲の回復をはかることを目的とするものであるから、収用の前後を通じて被収用者の財産価値を等しくならしめるような補償をなすべき」として[255)]、完全補償が必要としています。また、土地収用法においても、補償金の額は「近傍類地の取引価格」等を規準として算定することとし（71条）、完全補償を規定しています。ただし、土地収用における土地収用補償金が争われた事案[256)]において、最高裁は「憲法29条３項にいう『正当な補償』とは、その当時の経済状態において成立すると考えられる価格に基づき合理的に算出された相当な額をいうのであって、必ずしも常に上記の価格と完全に一致することを要するものではない」として、完全な補償額と完全に一致する必要はなく、合理的に算出された相当な額であるとしています。

⑸ 国家賠償と損失補償との谷間

国家補償制度においては、国、公共団体の違法な行為に起因する損害⇒国家賠償、国、公共団体の適法な行為に起因する損失⇒損失補償、という構造になっています。ただし、国賠法１条に基づき損害賠償を請求するためには、国、公共団体の違法な行為に加えて、故意・過失が要求されます。また判例が採用する違法性二元説によれば、行政処分等として違法であっても国賠法上は違法ではないという場合もあります。一方、損失補償については、財産権を公のために用いるということが要件となるため、行政機関の適法行為によって損失が生じた場合であっても損失補償の対象とならない場合もあります。このように、国家賠償と損失補償の狭間で、いずれの制度の対象にもならない場合が生じる

255） 最判昭和48年10月18日民集27巻９号1210頁
256） 最判平成14年６月11日判例時報1792号47頁

可能性があります。

国家賠償と損失補償との谷間の典型的な問題が、予防接種禍です。伝染病の発生、蔓延を予防するという公益目的のため、国が法律によって強制又は勧奨し、予防接種を受けさせた結果、ごく一部の者ですが重篤な後遺障害が生じた問題です。

この問題については、損失補償からアプローチする見解と国家賠償からアプローチする見解とがあります。

損失補償説は、伝染病の発生、蔓延を予防するという公共の利益のために特定の個人が特別の犠牲を強いられる結果が生じているという点において、損失補償の共通の状況が生じていることに着目し、憲法は国民の生命・身体を財産権より格段に厚く保障しているのだから、憲法29条３項の類推解釈ないし、もちろん解釈により、損失補償請求権が認められると解します[257)]。

判例は、一貫して、国家賠償説に立っています。たとえば最判昭和51年９月３日[258)]は「適切な問診を尽さなかつたため、接種対象者の症状、疾病その他異常な身体的条件及び体質的素因を認識することができず、禁忌すべき者の識別判断を誤つて予防接種を実施した場合において、予防接種の異常な副反応により接種対象者が死亡又は罹病したときには、担当医師は接種に際し右結果を予見しえたものであるのに過誤により予見しなかつたものと推定するのが相当である。そして当該予防接種の実施主体であり、かつ、右医師の使用者である地方公共団体は、接種対象者の死亡等の副反応が現在の医学水準からして予知することのできないものであつたこと、若しくは予防接種による死亡等の結果が発生した症例を医学情報上知りうるものであつたとしても、その結果発生の蓋然性が著しく低く、医学上、当該具体的結果の発生を否定的に予測するのが通常であること、又は当該接種対象者に対する予防接種の具体的必要性と予防接種の危険性との比較衡量上接種が相当であつたこと（実施規則四条但書）等を立証しない限り、不法行為責任を免れない」として、医師の過失を推定するとの判断を示しています。

ただし、国家賠償説による場合、違法性や故意・過失を被害者側が主張・立

257）　塩野宏「行政法Ⅱ（第６版）」有斐閣、2019年、408頁
258）　判例時報827号14頁

証する必要がありますが、国民の側が立証するのは非常に困難だといえます。そのため、「予防接種の異常な副反応により接種対象者が死亡又は罹病したときには、担当医師は接種に際し右結果を予見しえたものであるのに過誤により予見しなかつたものと推定する」[259)]、あるいは予防接種による重篤な後遺障害の発生した発生した場合には、「被接種者は禁忌者に該当していたと推定する」[260)]など実質的に立証責任を国等の側に転換しています。

なお、予防接種禍の問題に関して医薬品副作用被害救済制度によって実質的な解決が図られています。なお制度は、医薬品を適正に使用したにもかかわらず、入院治療が必要な程度の副作用が生じた場合に、医療費や障害年金などの健康被害についての救済給付を行う公的な制度です。

259）　最判昭和51年９月30日判例時報827号14頁
260）　最判平成３年４月19日民集45巻４号367頁

column

地方公共団体にとって行政救済制度とは…

2021年7月3日午前10時半頃に、静岡県熱海市伊豆山地区の逢初川で大規模な土砂災害が発生し、多数の住民が亡くなり、多くの建物が被害を受けました。このことに関して、遺族、被災者らは、土石流の起点で行われた違法な盛り土造成を黙認したなどとして、熱海市と県に計約64億円の損害賠償を求め、静岡地裁沼津支部に提訴しました。

地方公共団体としてかかわる行政救済制度の多くが、このように住民が地方公共団体に対して損害賠償を求めたり、行政処分が違法であるとして取り消しを求めるような事案が中心となります。

しかし、地方公共団体が行政救済制度を通じて救済を求める事例もあります。ここでは、二つの事例をみてみましょう。

まず、いわゆる辺野古抗告訴訟です。この訴訟は、名護市辺野古の新基地建設を巡り、沖縄県による埋め立て承認撤回を取り消した国土交通相の裁決は違法だとして、沖縄県が裁決取り消しを求めた抗告訴訟です。福岡高等裁判所那覇支部（令和3年12月15日）は、沖縄県には、この訴訟における「法律上の利益」がなく原告適格は認められないとしました。さらに最高裁（令和4年12月8日）は、沖縄県は取消訴訟を提起する適格を有しないとして、県の上告を棄却しました。この事例は、沖縄県における米軍基地に関する政治的な問題とも大きく関係があり、新聞でも大きく取り上げられていたと思います。自治体職員の視点からは、法定受託事務や国と地方公共団体との関係等に関する非常に興味深い判決だと思います。

次は、泉佐野市がふるさと納税に関して提起した訴訟です。総務大臣が泉佐野市をいわゆるふるさと納税として特例控除の対象に指定しない旨の決定を行ったことから、泉佐野市がその取消を求めた事案です。1審の大阪高等裁判所（令和2年1月30日判決）は取り消しを認めませんでしたが、最高裁（令和2年6月30日）は、国の地方公共団体に対する関与等に関する問題点等を踏まえて、不指定の取消を認めました。

この二つの事案のように地方公共団体の側から救済を求める場合もあるため、自治体職員としても、行政救済制度を理解しておくことも重要なのです。

第7講

自治体実務を法的に学ぶ

ここからは、地方公共団体の実務を法律面から概観しながら、それぞれの活動が法的にどのような位置づけになるのかを学んでいきましょう。地方公共団体の事務の中でも、比較的身近な廃棄物処理法、地方税法、都市計画法、生活保護法、消防法及び食品衛生法を取りあげていきます。

廃棄物処理法

1　廃棄物処理法の趣旨

廃棄物の処理及び清掃に関する法律（廃棄物処理法）は、廃棄物の排出を抑制するとともに、廃棄物の適正な処分等の処理を行うこと等によって、生活環境の保全及び公衆衛生の向上を図ることを目的としています（同法１条）。

廃棄物処理法では、事業活動に伴う廃棄物のうち法令で定める20種類（廃油、廃プラスチック等）を「産業廃棄物」として区分し（２条４項）、その処理責任を排出事業者が負うとされています（３条１項、11条１項）。一方、家庭から出るごみは「一般廃棄物」として（２条２項）、市町村が処理責任を負うこととしています（６条の２第１項）。

2　廃棄物処理に関する計画

市町村は、一般廃棄物の発生量及び処理量の見込み等を内容とする一般廃棄物処理計画を定め（６条）、その計画に従って、区域内における一般廃棄物を生活環境の保全上支障が生じないように収集し、運搬し、及び処分しなければなりません（６条の２）。一般廃棄物処理計画は**行政計画（97頁）**の一つですが、市町村のみを拘束し、住民を直接に拘束するものでないため、**非拘束的計画（97頁）**に位置付けることができます。

3　廃棄物収集、運搬業の許可

⑴　一般廃棄物

一般廃棄物の収集又は運搬を業として行おうとする者は、業を行おうとする区域の市町村長の**許可（14頁）**を受けなければなりません（７条１項）。市町村長は、①当該市町村による一般廃棄物の収集又は運搬が困難であること、②申請の内容が一般廃棄物処理計画に適合するものであること、③事業の用に供する施設及び申請者の能力が事業を的確に、かつ、継続して行うに足りるものとして環境省令で定める基準に適合するものであること、④破産者等の欠格者でないこと、の４要件を満たしていなければ許可をすることはできません（同条５項）。なお、この許可は、**申請に基づく処分**（**54頁**）に当たるため、行政手続法に基づき**審査基準**（**55頁**）を定めておく必要があります。また、不許可とする場合等は、行政不服審査法に基づく**審査請求**（**156頁**）、行政事件訴訟法に基づく**取消訴訟**（**183頁**）等の対象となるため、その旨を処分の相手方に示す**教示**（**176頁、196頁**）が必要です。

なお、③の環境省令で定める基準は、法律の具体的な委任に基づき許可の基準を定めるものであるため、行政立法のうち**委任命令**（**40頁**）に位置付けられます。行政手続法２条８号に規定する命令等（法律に基づく命令）に当たるため、この省令の制定、改正に当たっては、**意見公募手続**（**65頁**）を行う必要があります。

一般廃棄物処理計画に関する判例

一般廃棄物の収集、運搬業の許可申請が一般廃棄物処理計画に適合しないとしてなされた不許可処分について争われた事案です[261)]。

最高裁は、「一般廃棄物処理計画には、一般廃棄物の発生量及び処理量の見込み、一般廃棄物の適正な処理及びこれを実施する者に関する基本的事項等を定めるものとされている（廃棄物処理法６条２項１号、４号）。これは、一般廃棄物の発生量及び処理量の見込みに基づいて、これを適正に処理する実施主体を定める趣旨のものと解される。そうすると、既存の許可業者等によって一般廃棄物の適正な収集及び運搬が行われてきており、これを踏まえて一般廃棄物処理計画が作成されているような場合には、市町村長は、これとは別にされた一般廃棄物収集運搬業の許可申請について審査するに当たり、一般廃棄物の適正な収集及び運搬を継続的かつ安定的に実施させるためには、既存の許可業者等のみに引き続きこれを行わせることが相当であるとして、当該申請の内容は一般廃棄物処理計画に

261）　最判平成16年１月15日集民213号241頁

適合するものであるとは認められないという判断をすることもできる」としました。

一般廃棄物の収集運搬業については、法律上は、**許可（14頁）**と規定されていますが、この判決においては市町村長の**行政裁量（31頁）**を幅広く認めており、実際の運用においては**特許（15頁）**に近い性質を持つものとして扱われています。

⑵　産業廃棄物収集、運搬業の許可

産業廃棄物の収集又は運搬を業として行おうとする者は、業を行おうとする区域の都道府県知事の**許可（14頁）**を受けなければなりません（14条１項）。知事は、①事業の用に供する施設及び申請者の能力が事業を的確に、かつ、継続して行うに足りるものとして環境省令で定める基準に適合するものであること及び②破産者等の欠格者でないこと、の２要件を満たしていなければ許可をすることはできません（同条５項）。なお、この許可については、要件を充足している場合には、許可をしない**裁量（30頁）**はないとされています[262)]。

この収集、運搬業の許可申請に対して申請書を返戻したことに関する訴訟[263)]があります。判決では、「本件各申請が被告に到達した以上、他に何らの行為を要件とすることなく、直ちに行政手続法７条にいう審査の開始を行うことが義務づけられているところ、それが到達したにもかかわらず、本件返戻行為に及び、何らその審査をしていないのであるから、本件各申請に対する被告の不作為（本件不作為）が存在することは明らかである」としています。このように許可等を求める申請に関しては行政手続法（条例）により**審査開始義務（56頁）**が課されていることも理解しておかなければなりません。

262)　北村喜宣「環境法（第６版）」弘文堂、2023年、476頁
263)　仙台地判平成10年１月27日判例時報1676号43頁

4 廃棄物処理施設

(1) 施設の種類

廃棄物処理施設は、中間処理施設と最終処分場とに区分されます。中間処理施設とは粉砕、焼却し廃棄物の量を減らす施設をいい、最終処分場とは最終的に廃棄物の埋立てを行う施設をいいます。また、一般廃棄物については、この他にし尿処理施設があります。

(2) 許可

一般廃棄物処理施設又は産業廃棄物処理施設を設置しようとする者は、都道府県知事の許可を受けなければなりません（8条、15条1項）。なお、市町村が一般廃棄物処理施設を設置する場合には、許可は要さず知事への届出が求められています（9条の3）。

知事は、次の4要件を充足しない限り、許可をすることはできません（8条の2第1項、15条の2第1項）。

① 廃棄物処理施設の設置に関する計画が技術上の基準に適合していること
② 廃棄物処理施設の設置に関する計画及び維持管理に関する計画が当該廃棄物処理施設に係る周辺地域の生活環境の保全及び周辺の施設について適正な配慮がなされたものであること
③ 申請者の能力がその廃棄物処理施設の設置に関する計画及び維持管理に関する計画に従って当該廃棄物処理施設の設置及び維持管理を的確に、かつ、継続して行うに足りるものであること
④ 破産者等の欠格者でないこと

この許可に関する**行政裁量（30頁）**については、札幌地判平成9年2月13日[264)]は、「廃棄物処理法15条2項各号所定の要件に適合するかどうかの点に限られ、右各号の要件に適合すると認められるときは、必ず許可しなければならないの

264） 行政事件裁判例集48巻1・2号97頁

であって、この点に関する裁量は羈束されている」として、裁量を認めていません。

5　許可の取消と監督措置

廃棄物の収集、運搬等の許可を受けた者が違法行為等を行った場合には、知事や市町村は許可の取消等の監督措置を行うことになります。

⑴　報告徴収と立入検査

知事（産業廃棄物）、市町村長（一般廃棄物）は、それぞれの権限の範囲内において必要な限度で、①事業者、一般廃棄物・産業廃棄物等の処理業者、処理施設設置者に対し、必要な報告を求め（18条１項）、また②自らの職員に、関係者の事務所・事業場・処理施設等に立ち入り帳簿等の検査等をさせることができます（19条１項）。また、試験の用に供するのに必要な限度において廃棄物又は廃棄物であることの疑いのある物を収去させることができます（19条２項）。

これらは**行政調査（90頁）**の一つに位置付けられますが、これらの報告徴収、検査等を拒んだ場合には30万円以下の罰金に処される（30条）ことから、この調査は**間接強制調査（91頁）**であるといえます。

⑵　監督処分

①　事業停止命令と許可取消し

知事、市町村長は、一般廃棄物・産業廃棄物の処理業者に法令違反がある場合、それぞれの権限の範囲内において、事業の全部、一部の停止の命令を行うことができます（７条の３、14条の３）。この停止命令は、業を行わないことという不作為を命じるものであり、行政処分のうちの**禁止（13頁）**に位置付けられます。

違反が悪質な場合には業の許可の取消しが義務付けられ、悪質でない場合は裁量取消しができるとされてます（７条の４、14条の３の２）。法律上は「取消」と規定されていますが、行政法学上の**撤回（85頁）**に当たります。

なお、停止命令や許可の取消しは、行政手続法上の**不利益処分（57頁）**に当たるため、**処分基準の設定（57頁）**、**意見陳述の機会の保障（58頁）**が必要となります。

②　改善命令と措置命令

処理基準に適合しない処理が行われた場合、保管、収集、運搬又は処分を行った者（処分者等）に対し、都道府県知事、市町村長は、期限を定めて、当該廃棄物の保管、収集、運搬又は処分の方法の変更その他必要な措置を命ずることができます（19条の3第1項）。また、処理基準に適合しない廃棄物の収集、運搬又は処分が行われた場合に生活環境の保全上支障が生じ、又は生ずるおそれがあると認められるときは、産業廃棄物については環境大臣又は知事が、一般廃棄物については、市町村長が、期限を定めて、処分者等にその支障の除去又は発生の防止のために必要な措置を命ずることができます（19条の4第1項、19条の5第1項）。

これは作為義務を命じているもので、**行政処分のうち下命（13頁）**に当たります。これらの措置命令を受けた者が自ら行わないときは、その命令が、代替的作為義務である場合には、**行政代執行（76頁）**が行われる場合もあります。代替的作為義務とは、不法投棄した廃棄物の撤去のように、他人が代わってなすことのできる行為を内容とする義務です。

6　公害防止（環境保全）協定

地方公共団体と企業の間で、公害の防止、環境の保全等を目的として締結される協定は、法令を補完し環境汚染の未然防止対策の有効な手段として活用されています。協定では、大気汚染、水質汚濁、騒音、悪臭等の公害全般にわたり、その防止対策について企業の責務を厳密に規定する傾向にあります。

なお、この協定は**行政契約（102頁）**の一つに位置付けることができますが、この協定には契約としての法的拘束力があると考えられています[265)]。あくまで

---

265)　名古屋地判昭和53年1月18日判例時報893号25頁、札幌地判昭和55年10月14日判例タイムズ428号145頁

も契約なので刑罰を科すことはできませんが、契約違反に対する違約金を規定することは可能だと考えられます。

地方税法

1　地方税法の趣旨

地方公共団体は、この法律の定めるところによって、地方税を賦課徴収することができるとされています（2条)。ただし、地方税の税目、課税客体、課税標準、税率その他賦課徴収については、地方公共団体の条例によらなければなりません（3条1項)。地方税法は準則法あるいは枠法であり、直接、課税の根拠となるのは地方公共団体の条例であると解されます[266)]。

神奈川県臨時特例企業税条例事件判決[267)]では、「租税の賦課については国民の税負担全体の程度や国と地方の間ないし普通地方公共団体相互間の財源の配分等の観点からの調整が必要であることに照らせば、普通地方公共団体が課すことができる租税の税目、課税客体、課税標準、税率その他の事項については、憲法上、租税法律主義（84条）の原則の下で、法律において地方自治の本旨を踏まえてその準則を定めることが予定されており、これらの事項について法律において準則が定められた場合には、普通地方公共団体の課税権は、これに従ってその範囲内で行使されなければならない」としています。

2　地方税の分類

地方税には、道府県が賦課する道府県税と市町村が賦課する市町村税とがあります。また、道府県税、市町村税ともに普通税と目的税とに分類することが

266）　金子宏「租税法（第24版）」弘文堂、2021年、112頁
267）　最判平成25年3月21日民集第67巻3号438頁

できます。

普通税は、税金の使いみちが特定されず、どのような事業の費用にも充てることができる税金のことです。目的税は、法律や条例によって税金の使途が特定されている税金です。たとえば、都市計画税は、都市計画事業に必要となる費用に充てるために課する税金です。

⑴ 道府県税

普通税	①道府県民税、②事業税、③地方消費税、④不動産取得税、⑤道府県たばこ税、⑥ゴルフ場利用税、⑦自動車取得税、⑧軽油取引税、⑨自動車税、⑩鉱区税
目的税	①狩猟税、②水利地益税

⑵ 市町村税

普通税	①市町村民税、②固定資産税、③軽自動車税、④市町村たばこ税、⑤鉱産税、⑥特別土地保有税
目的税	①都市計画税、②水利地益税、③共同施設税、④宅地開発税、⑤国民健康保険税（地方公共団体によっては、保険税ではなく保険料として徴収する場合もある。）、⑥入湯税（市町村の区域内で温泉に入浴する人に課税）、⑦事業所税（人口30万人以上の都市が一定の規模以上の事業所に課税）

なお、地方税法１条２項の規定により、道府県に関する規定は都に、市町村に関する規定は特別区に準用するとされ、それぞれ同様の課税がなされています。

3 税額の確定方法

税額の確定方法としては、申告納税方式と賦課課税方式とがあります。申告納税方式は、自分で納めるべき金額を計算して、申告、納税する方法です。申告納税方式の税金は、法人税や所得税、消費税、相続税の他、法人県民税や法人市民税などがあります。これに対して、国や地方公共団体が納めるべき金額を計算し納税者に通知する方式を賦課課税方式といいます。賦課課税方式の税金は、国税では加算税（申告義務が適正に履行されない場合に課される税等）や過怠税（印紙税を正しく納付しなかった場合に課せられる税）、地方税では固定資産税や不動産取得税、自動車税、個人住民税、個人事業税などがあります。

4　租税に関する手続

ここでは、地方税の例として市町村民税を取り上げて説明することにしましょう。

(1)　申告

1月1日現在、市町村の区域に住所を有する者は、個人住民税の申告をしなければなりません（317条の2第1項）。ただし、一つの事業者からのみ給与の支払いを受けている者は申告が免除されています（317条の2第1項）。また、所得税の確定申告書を提出した場合には、個人住民税の申告書が提出されたものとみなされます（317条の3第1項）。この申告書の提出は**行政調査（90頁）**の一種です。申告を行わなかった場合には市町村の税条例により過料を科するとされている（317条の5）ため、**間接強制調査（91頁）**だといえます。

(2)　賦課決定

市町村民税は、市町村が納税義務者から提出された申告書又は給与支払者から提出される給与支払報告書等の課税資料を基に税額を計算し、これを納税通知書により納税者に通知すること（賦課決定）によって課税を行います。

賦課決定により対象者には納税義務が発生することになるため、賦課決定は**下命（13頁）**という**行政処分（2頁）**に当たります。賦課決定の効力を争う場合には、**審査請求（156頁）**又は**取消訴訟（183頁）**によることになります。ただし、取消訴訟を行うためには、審査請求に対する裁決を経る必要があります（地方税法19条の12、**審査請求前置主義（163頁）**）。

5 徴収

賦課された個人住民税は、一般的に、給与所得者等については特別徴収（給与支払者が納税義務者に代わり給与から個人住民税を差し引き納入する制度）の方法により、それ以外の者は普通徴収（徴税吏員が納税通知書を当該納税者に交付することによって地方税を徴収する制度）により徴収されます（319条、321条の３）。なお、徴税吏員とは、知事又は市町村長及び知事又は市町村長から委任を受けた職員です（１条１項３号）。

6 市町村民税に関する調査

市町村の徴税吏員は、市町村民税の賦課徴収に関する調査のために必要がある場合、納税義務者等に質問することができます。さらに、納税義務者等の事業に関する帳簿書類等の物件を検査し、当該物件の提示、提出を求めることができます（298条）。この検査等を拒んだ場合は１年以下の懲役又は50万円以下の罰金に処されます（299条）。そのため、これらはいわゆる**間接強制調査（91頁）**に位置付けることができます。

7 市町村民税に関する滞納処分

⑴ 督促

納税者等が納期限までに市町村民税を完納しない場合、市町村の徴税吏員は納期限後20日以内に督促状を発しなければなりません（329条１項）。この督促状を発する行為は、行政処分の**通知（17頁）**に当たり、これにより、その後の**強制徴収（79頁）**を適法に行うことができることになります。

⑵ 滞納処分

市町村民税に係る滞納者が、督促状を発した日から起算して10日を経過した日までに完納しないとき等は、市町村の徴税吏員は当該市町村民税につき、滞納者の財産を差し押えなければなりません（331条１項）。差押えた後の手続について同条6項の規定により国税徴収法に規定する滞納処分の例によるとされており、訴訟手続等を経ずに**強制徴収（79頁）**を行うことができます。このように市町村民税の賦課は、**自力執行力（23頁）**を有するのです。

8　行政手続法の適用除外

地方税の賦課決定等は、法令に基づき特定の者を名あて人として直接に義務を課すことになるため、行政手続法に規定する**不利益処分（57頁）**に当たります（2条4項）。しかし、地方税法18条の4において、地方税に関する法令の規定による処分その他公権力の行使に当たる行為については、行政手続法の**不利益処分（57頁）**に関する規定の適用が除外されています。そのため、**処分基準の設定（57頁）**や**意見陳述手続（58頁）**は必要ありません。なお、租税以外の金銭の納付を命じる処分等については、行政手続法において意見陳述手続に関する規定が適用除外とされています（行政手続法13条2項）。

9　法定外税

地方公共団体は、地方税法に定める税目（法定税）以外に、条例により税目を新設することができます。これを「法定外税」といいます。法定外税の新設又は変更をしようとする場合においては、あらかじめ、総務大臣に協議し、その同意を得なければなりません（259条、399条、731条）。この総務大臣の同意は、法定外税を定める条例の効力を完成させるための要件とされているため、地方自治法245条に規定する普通地方公共団体に対する国の関与のうち**認可（15頁）**に当たると考えられます。なお、この同意が行われなかった場合は、地方公共団体は**機関訴訟（273頁）**を提起することができます（地方自治法251条の5）。

都市計画法

1　都市計画法の趣旨

都市計画法１条には、都市計画の内容及びその決定手続、都市計画制限、都市計画事業等を定めることにより、都市の健全な発展と秩序ある整備を図り、もって国土の均衡ある発展と公共の福祉の増進に寄与することを目的とすることが規定されています。

同法に基づき土地利用、都市施設、市街地開発事業等に関する都市計画が定められ、まちづくりが計画的に進められます。また、開発許可制度によって無秩序な都市開発が防止されています。

2　計画決定主体

都市計画法では、①都市計画区域の整備、開発及び保全の方針に関する都市計画（都市計画区域マスタープラン)、②区域区分に関する都市計画、③都市再開発方針等に関する都市計画等、都道府県が定める都市計画を制限的に列挙した上で、その他の都市計画は市町村が定めることとしています（15条１項)。いわゆる市町村優先の原則が採られています。市町村が定める都市計画としては、たとえば用途地域、景観地区等の地域地区計画や市町村道、駐車場等の都市施設に関する都市計画等があります。

3　都市計画区域と市街化区域・市街化調整区域

都市計画を定めるに当たっては、都市の市街地から郊外に至るまで、人や物の動き、都市の発展を見通し、地形などからみて、一体の都市として捉える必要がある区域を「都市計画区域」として指定します。

4　都市計画制度の全体構造

まちづくりのための建築・土地利用規制は、行政計画の一種である都市計画に基づいて進められます。この都市計画には、①土地利用に関して用途地域や市街化・市街化調整区域を定める計画、②道路等の交通施設、公園等の公共空地施設、電気等の供給施設等の都市施設の整備等を定める計画、③土地区画整理等の市街地開発事業について定める計画があります。

図表7-1　都市計画制度の全体構成

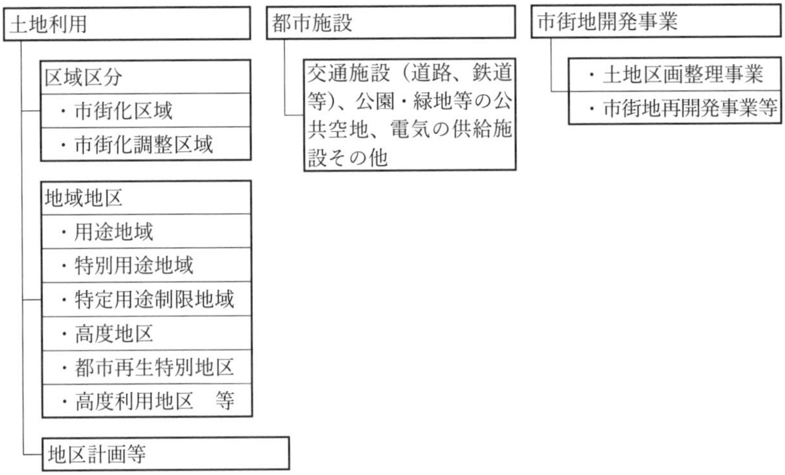

(1)　土地利用の制限を定める都市計画

この都市計画を決定することにより、それぞれの地域の特性に応じて土地利用に関する規制がかかることになります。

①　市街化区域と市街化調整区域

都市計画区域について無秩序な市街化を防止し、計画的な市街化を図るため必要があるときは、都市計画に、市街化区域と市街化調整区域との区分を定めることができます。（７条１項）。市街化区域は、すでに市街地を形成している区域及びおおむね10年以内に優先的かつ計画的に市街化を図るべき区域（同条２項）で、市街化調整区域は、市街化を抑制すべき区域（同条３項）です。

②　地域地区

地域地区とは、土地を利用目的によって区分し、建築物や土地の区画形質の変更等について必要な制限を課すことにより、土地の合理的な利用を誘導するために定めるものです。都市計画区域において、用途地域、特別用途地区等の21種類の地域地区を定めることができます（８条１項）。また、準都市計画区域では、この21種類の地域地区のうち、用途地域、特別用途地区、特定用途制限地域、高度地区、景観地区、風致地区、緑地保全地域及び伝統的建造物群保存地区の８種類の地域地区を定めることができます（同条２項）。

このうち「用途地域」は、13の地域に区分し地域ごとに建築物の用途や容積率等を規制するもので（９条）、地域地区の中で最も基本的なものです。住居、商業、工業等の似た施設が集まっていると、それぞれにあった環境が守られ、効率的な活動を行うことができます。しかし、種類の異なる土地利用が混じっていると、互いの生活環境や業務の利便が悪くなります。たとえば、住宅系の地域に商業施設や工場などが建築されれば、静かで安全な生活が侵害されることになりかねません。そのような事態を防ぎ、人々の快適な暮らしを守るために用途地域が定められ、地域ごとに建物の用途等が制限されています。

図表7-2　用途地域による用途等の制限

第一種 低層住居専用地域	低層住宅のための地域。小規模な店舗や事務所を兼ねた住宅、小中学校等の建築が可能
第二種 低層住居専用地域	主に低層住宅のための地域。小中学校などのほか、150㎡までの一定の店舗等の建築が可能
第一種 中高層住居専用地域	中高層住宅のための地域。病院、大学、500㎡までの一定の店舗等の建築が可能
第二種 中高層住居専用地域	主に中高層住宅のための地域。病院、大学などのほか、1,500㎡までの一定の店舗や事務所など必要な利便施設の建築が可能

第一種住居地域	住居の環境を守るための地域。3,000㎡までの店舗、事務所、ホテル等の建築が可能
第二種住居地域	主に住居の環境を守るための地域。店舗、事務所、ホテル、カラオケボックス等の建築が可能
準住居地域	道路の沿道において、自動車関連施設などの立地と、これと調和した住居の環境を保護するための地域
田園住居地域	農業の利便の増進を図りつつ、これと調和した低層住宅の良好な住環境を保護するための地域。住宅、小中学校、保育所等及び農業用施設等の建築が可能。農地での開発や建築等に制限がかかる
近隣商業地域	まわりの住民が日用品の買物などをするための地域。住宅や店舗のほかに小規模の工場の建築も可能
商業地域	銀行、映画館、飲食店、百貨店などが集まる地域。住宅や小規模の工場等の建築も可能
準工業地域	主に軽工業の工場やサービス施設などが立地する地域。危険性、環境悪化が大きい工場のほかは、ほとんどが建築可能
工業地域	どんな工場でも建てられる地域。住宅や店舗は建てられるが、学校、病院、ホテル等は建築不可
工業専用地域	工場のための地域。どんな工場でも建てられるが、住宅、店舗、学校、病院、ホテル等は建築不可

用途地域が建築物の用途等を全国一律に規定するのに対し、「特別用途地区」は地方の特性や課題に応じて、特定の用途の利便の増進又は環境の保護等を図るため、より地域的かつ詳細な用途の制限等を用途地域を補完して定めるものです。地方公共団体が定める条例で特定の用途について規制の強化又は緩和を行います。

この他にも、地域ごとの土地利用の目的により必要に応じて、特定用途制限地域、高度地区、高度利用地区、防火地域・準防火地域、景観地区、風致地区、臨港地区、伝統的建造物群保存地区等が定められています。

⑵　都市計画事業を定める都市計画

都市計画事業には、①都市計画施設の整備に関する事業と②市街地開発事業の２つがあります。

① 都市計画施設の整備に関する事業

都市施設とは、都市での諸活動を支え、生活に必要な都市の骨組みを形作る施設で都市計画に定めることができるものをいいます。都市施設として都市計画に定めることができるものには、交通施設（道路、鉄道、駐車場など)、公共空地（公園、緑地など)、供給・処理施設（上水道、下水道、ごみ焼却場など)、水路（河川、運河など)、教育文化施設（学校、図書館、研究施設など)、医療・社会福祉施設（病院、保育所など）などがあります（11条1項)。

都市計画に定められた都市施設のことを「都市計画施設」といいます。都市計画施設の区域内では、将来の事業が円滑に実施できるよう、建築規制が課されます。

② 市街地開発事業

市街地開発事業とは、一定の区域を区切って、その区域内で公共施設の整備と宅地の開発を総合的な計画に基づいて一体的に行うものです。都市計画法では、以下の６種類を市街地開発事業として規定しています。

図表7-3 市街地開発事業の分類

土地区画整理事業	都市計画区域内でエリアを区切り、そのエリア内で公共施設（道路、公園、下水道等）の整備改善や、宅地の利用増進を図る事業
新住宅市街地開発事業	人口集中が著しい市街地の周辺地域で、健全な住宅市街地の開発や居住環境の良好な住宅地の大規模供給を図る事業
工業団地造成事業	既成市街地への産業や人口の集中を抑制するために、首都圏の近郊整備地帯で計画的に市街地を整備したり、都市開発区域を工業都市として発展させるための事業
市街地再開発事業	低層の木造建築物が密集しているなど、災害の危険性がある地区で、細分化した土地を集約して不燃化、中高層化した共同建築物（ビル化）として建築し直すと同時に、公共施設を整備する事業
新都市基盤整備事業	新都市の基盤（道路、鉄道、公園、下水道等の施設）を大都市の周辺部で整備することにより、大都市への人口集中の緩和と住宅地の供給を行う事業

住宅街区整備事業	大都市における住宅や宅地の大量供給と良好な住宅街区の形成や市街化区域内の農地や空地を活用、集約化し、公共施設・宅地基盤等を整備する事業

③　都市計画事業の手続

❶　告示

国土交通大臣又は都道府県知事は、都市計画事業の認可又は承認をしたときは、遅滞なく、施行者の名称、都市計画事業の種類、事業施行期間及び事業地を告示しなければなりません（62条1項）。

❷　施行者

都市計画事業は、第一義的に市町村が施行者です。市町村が施行することが困難又は不適当な場合その他特別な事情がある場合、都道府県が都市計画事業を施行します。また、電気、ガス、鉄道事業等の施設については、民間事業者が施行者となることもあります（59条）。

❸　事業認可

都市計画事業を実施するには、施行者は都市計画事業の**認可（15頁）**を受けなければなりません。この認可は、一般的に道府県が行いますが、都道府県が事業を行う場合には国土交通大臣が行います。なお、国の機関は、国土交通大臣の承認を受けて、国の利害に重大な関係を有する都市計画事業を施行することができます（59条）。

❹　建築等の制限

都市計画事業認可の告示があった後は、事業地内において都市計画事業の施行の障害となるおそれがある土地の形質の変更、建築物の建築等、あるいは移動の容易でない物件の設置、堆積について制限がなされ、これらの行為を行うとする者は都道府県知事等の**許可（14頁）**を受けなければなりません（65条1項）。

また、都市計画事業については、これを土地収用法における収用対象事業に該当するものとみなされます（69条）。これにより施行者に収用権が付与され、土地収用法に基づく**土地収用**（**263頁**）が可能になります。

5 開発許可制度

開発許可は、都市計画で定められる市街化区域及び市街化調整区域の区域区分の実効を確保するとともに、一定の土地の造成に対するチェックを行うことにより、新たに開発される市街地の環境の保全、災害の防止、利便の増進を図るために設けられた都市計画法上の制度です。行政法学上の**許可**（**14頁**）に当たります。無許可で開発行為をした者は、50万円以下の**罰金**（**82頁**）に処されるとされており（92条）、これにより制度の**実効性**（**82頁**）を確保しています。

なお、開発許可における許可権者（**行政庁**（**43頁**））は、知事、政令指定都市の市長、中核市の市長です（29条）。

(1) 開発行為の定義

許可を要する開発行為とは、主として、①建築物の建築、②第１種特定工作物（コンクリートプラント等）の建設、③第２種特定工作物（ゴルフコース等）の建設を目的とした「土地の区画形質の変更」をいいます（４条12項）。

なお、図書館、公民館等の公益上必要な建築物のうち周辺の土地利用上支障がないものの建築のためのもの、土地区画整理事業等の施行として行うもの等については、開発許可は不要とされています。

(2) 開発許可基準

開発許可の基準としては、①技術基準と②立地基準が規定されており、この２つの基準を満たす場合に許可が得られることになります。

① 技術基準（33条）

道路・公園・給排水施設等の確保、防災上の措置等に関する基準。なお、地方公共団体の条例で、一定の強化又は緩和、最低敷地規模に関する制限の付加が可能です。

②　立地基準（34条）

市街化調整区域にのみ適用されます。市街化を抑制すべき区域という市街化調整区域の性格から、許可できる開発行為の類型を限定しているものです。

例

- 周辺居住者の利用の用に供する公益上必要な施設又は日用品店舗等日常生活に必要な施設の用に供する目的で行う開発行為（同条１号）
- 農林水産物の処理、貯蔵、加工のための施設の用に供する目的で行う開発行為（同条４号）

⑶　開発許可を受けた土地における建築等の制限（42条）

何人も、開発許可を受けた開発区域内においては、開発行為に関する工事が完了した旨の公告があった後は、当該開発許可に係る予定建築物等以外の建築物又はコンクリートプラント等の特定工作物を新築し、又は新設することはできません。また、既存の建築物を改築し、又はその用途を変更して当該開発許可に係る予定の建築物以外の建築物とすることもできません。

⑷　建築等の制限（43条）

市街化調整区域のうち、開発許可を受けた土地以外の土地においては、開発許可権者の**許可**（**14頁**）を受けなければ一定の建築行為をすることはできません。

6　完結型・非完結型都市計画と取消訴訟

利用制限等を定める都市計画は、その計画に基づき具体的事業等が予定されていないため「完結型都市計画」といわれます。一方、都市計画事業を定める都市計画は、後に事業が継続するため「非完結型都市計画」といわれます。判例は、都市計画に関する取消訴訟の可否については、非完結型行政計画と完結型行政計画とでそれぞれ異なる判断を示しています（**８頁**）。

図表7-4　完結型都市計画と非完結型都市計画

分類	都市計画の種類		都市計画決定後の事業
完結型計画 私人による土地利用のあり方を規制するが、行政による事業の展開は予定されていない。用途地域、地区計画の指定など	都市計画決定（用途地域指定等） ⇒不特定多数の者に対する一般的抽象的な制約	➡	事業等は実施されない
非完結型計画 都市計画事業を実施するための計画。事業の円滑な実施のために計画段階でも土地利用が制限される	都市計画決定（土地区画整理事業計画決定等） ⇒後続する事業の円滑な実施に向けた具体的な制約	➡	都市計画事業（土地区画整理事業等）を実施する

生活保護法

1　生活保護法の趣旨

日本国憲法25条１項では「すべて国民は、健康で文化的な最低限度の生活を営む権利を有する」と、２項では「国は、すべての生活部面について、社会福祉、社会保障及び公衆衛生の向上及び増進に努めなければならない」と規定しています。この規定を受けて生活保護法１条では、「この法律は、日本国憲法第25条に規定する理念に基き、国が生活に困窮するすべての国民に対し、その困窮の程度に応じ、必要な保護を行い、その最低限度の生活を保障するとともに、その自立を助長することを目的とする」と規定しています。一方、生活保護を受ける者は、収入以外の資産は最低限度の生活維持のために必要である場合にのみ保有が認められ、その限度を超える場合には原則的に処分し生活費に充てなければならないとされます（４条１項）。

2 保護の種類

保護には、①生活扶助、②教育扶助、③住宅扶助、④医療扶助、⑤介護扶助、⑥出産扶助、⑦生業扶助、⑧葬祭扶助があり（11条)、日常生活を送る上で必要となる食費や住居費、病気の治療費などについて、必要な限度で支給されています。このうち、主要な生活保護の給付である生活扶助は、衣食その他日常生活の需要を満たすために必要なもの及び移送に関する給付です（12条)。

3 保護の実施機関

都道府県知事、市長及び福祉事務所を管理する町村長（以下「知事等」といいます。）は、所管区域内に居住地を有する要保護者に対して、保護を決定し、かつ、実施しなければなりません（19条１項)。生活保護に関する事務は、生存権（日本国憲法25条）に関するものであり、本来的に国が行うべき事務であるため、知事等は法定受託事務として事務を処理することになります（84条の５)。

なお、この知事等の権限は、多くの場合、19条５項の規定に基づき社会福祉事務所長に**委任（48頁）**されています。

4 保護の基準

保護は、厚生労働大臣の定める基準により算定した要保護者の需要に基づき、その者の金銭又は物品で満たすことのできない不足分を補う程度において行われます（８条１項)。厚生労働大臣の定める基準は、法律の具体的な委任に基づき私人の権利に関する規範を定めるもので、**委任命令（40頁）**に当たります。

5 保護の方法と手続

(1) 給付の内容

生活扶助は、「被保護者の居宅において行う」、つまり金銭給付が原則とされています（30条１項)。ただし、居宅における扶助では保護の目的を達しがたいとき、又は被保護者が希望したときは、被保護者に対して救護施設、更生施設等への入所等による給付を行うことができます（同項ただし書)。この「保護の目的を達しがたいとき」の判断に関しては、保護の実施機関が一定の**裁量（30頁）**を持つことになります。

⑵　申請保護の原則

生活保護は、要保護者、その扶養義務者又はその他の同居の親族の申請に基いて開始されます。ただし、要保護者が急迫した状況にあるときは、保護の申請がなくても必要な保護を行うことができます（７条)。保護の実施機関は、申請があったときは、保護の要否、種類、程度及び方法を決定し、理由を付した上で、申請者に対して書面で通知しなければなりません（24条３項、４項)。なお、地方公共団体は、一般的に、生活保護の申請の前に相談をすることを求めています。これは、**行政指導（61頁）**に当たるため、申請者に対して相談を義務付けることはできません。

一方、保護の決定は、**行政処分（２頁）**に当たると解されます。**申請に基づく処分（54頁）**であるため、行政手続法に基づき**審査基準の設定、公表（55頁）**が義務付けられます。また、申請を拒否する場合には、**理由の提示（56頁）**が必要です。

⑶　保護に関する調査

保護の実施機関は、保護の決定等のため必要があると認めるときは、要保護者の資産及び収入の状況、健康状態その他の事項を調査するために、要保護者に対して報告を求め、又は職員に当該要保護者の居住の場所に立ち入り資産等の事項を調査させることができます。また、要保護者に対して、保護の実施機関の指定する医師、歯科医師の検診を受けるべき旨を命ずることができます（28条１項)。要保護者が求められた報告をしないこと、虚偽報告、立入調査の拒否・妨害・忌避等を行ったときは、保護開始申請の却下、保護廃止等をすることができるとされているため（同条５項)、これらの調査は**間接強制調査（91頁）**ということができます。

6　被保護者の義務

保護の実施機関は、被保護者に対して、生活の維持、向上その他保護の目的達成に必要な指導又は指示をすることができます（27条1項）。被保護者は、この指導又は指示に従わなければなりません（62条1項）。

この指示について「指示違反を理由に被保護者に不利益処分を課す場合には、被保護者の保護の必要性にも十分配慮する必要があり、特に保護の廃止処分は、被保護者の最低限度の生活の保障を奪う重大な処分であるから、違反行為に至る経緯や違反行為の内容等を総合的に考慮し、違反の程度が右処分に相当するような重大なものであることが必要であって、それに至らない程度の違反行為については、何らかの処分が必要な場合でも、保護の変更や停止などのより軽い処分を選択すべきである」とする裁判例があります[268)]。ある行政目的を達成しようとするとき、より規制の程度が軽い手段を用いるべきとする**比例原則（37頁）**に基づく考え方ということができます。

被保護者が指導、指示に従わなかった場合、保護の実施機関は、保護の変更、停止又は廃止をすることができます（同条3項）。このように指導又は指示に従わないことによって、不利益を受ける可能性があるため、この指導又は指示について「本件指導指示の内容は、本件預貯金中45万7000円について弔慰の目的以外の支出を禁止するものであると認められるから、抽象的努力義務を定めたにすぎないとは到底いえない。（略）本件指導指示は原告の法律上の地位に直接に影響を及ぼす行政処分ということができる」とした裁判例もあります[269)]。つまり、この指導又は指示は、**下命（13頁）**に当たると解されています。

7　費用の返還

不実の申請その他不正な手段により保護を受けた者があるときは、保護費を支弁した都道府県知事又は市町村長は、費用の額の全部又は一部及びその額に

268）　福岡地判平成10年5月26日判例タイムズ990号157頁
269）　秋田地判平成5年4月23日行政事件裁判例集44巻4・5号325頁

100分の40を乗じて得た額以下の金額を、その者から徴収することができます(78条1項)。この徴収金は、**強制徴収(79頁)**の対象となります(同条4項、77条の2第2項)。

また、急迫の場合等に、資力があるにもかかわらず保護を受けたときは、被保護者はその受けた保護金品に相当する金額の範囲内において保護の実施機関の定める額を、保護費を支弁した都道府県又は市町村に対して、すみやかに、返還しなければなりません(63条)。この返還金は、強制徴収の対象とならないため、強制執行を行うためには一般の民事債権と同様に民事訴訟等の手続が必要です。

8 不服申立て(審査庁)

生活保護に関する事務は法定受託事務であるため、**審査請求(156頁)**に関しては地方自治法において特則が定められており、知事その他の都道府県の執行機関の処分については所管大臣(厚生労働大臣)、市町村長その他の市町村の執行機関の処分については都道府県知事に対して行うことになります(地方自治法255条の2)。また、生活保護法では、市町村長が保護の決定及び実施に関する事務の全部又は一部をその管理に属する行政庁(社会福祉事務所長)に委任した場合も、当該事務に関する処分についての審査請求は知事に対してするものとされています(64条)。

また、市町村長がした保護の決定及び実施に関する処分等に係る審査請求についての都道府県知事の裁決等に不服がある者は、厚生労働大臣に対して**再審査請求(175頁)**をすることができます(66条)。

なお、保護申請に対する却下の取消を求める訴訟(**取消訴訟(183頁)**)や保護開始決定の義務付けを求める訴訟(**義務付け訴訟(220頁)**)を提起することが可能です。ただし、生活保護法の規定に基づき保護の実施機関がした処分の取消しの訴えは、当該処分についての審査請求に対する裁決を経た後でなければ、提起することができません(69条。**審査請求前置主義(163頁)**)。

消防法

1　消防法の趣旨

消防法は、火災を予防、警戒及び鎮圧することによって国民の生命、身体及び財産を火災から保護することなどを目的とする法律です（1条）。火災の予防、危険物、火災の警戒、消火の活動、火災の調査、救急業務等に関して規定しています。ここでは、火災の予防、危険物及び消火活動に関する主な規定を見ていきましょう。

2　火災の予防

(1)　予防のための命令

消防長、消防署長その他の消防吏員は、屋外において火災の予防に危険であると認める行為者等に対して、火遊び、喫煙、たき火、火を使用する設備の使用等の禁止、停止等あるいはこれらの行為を行う場合の消火準備等を行うことを命ずることができます（3条1項）。

この禁止、停止は、住民に対し一定の不作為義務を命ずることであり、行政処分のうち**禁止**（**13頁**）に当たります。また、消火準備等を行うことを命ずることは、相手方に対して一定の作為を命ずることであり、行政処分のうち**下命**（**13頁**）に当たります。いずれも行政手続法上の**不利益処分**（**57頁**）に当たるため、**処分基準の設定**（**58頁**）、**意見陳述の機会の保障**（**59頁**。行政手続法13条1項）が必要となります。ただし、公益上、緊急に不利益処分をする必要があるため、意見陳述のための手続を執ることができないときは、意見陳述のための手続をとる必要はありません（同法13条2項)。一般的に消防法3条1項の規定による命令を行う場合は、火災の予防に危険であると認める場合に行うものであるため、意見陳述のための手続を執る時間的余裕はないと思われます。

なお、この命令は、消防長、消防署長のみならず、その他の消防吏員も行うことができると規定されています。したがって、消防長、消防署長以外の消防吏員がこの命令を行う場合には、その消防吏員が当該行政処分の**行政庁（46頁）**となります。

⑵ 即時強制

消防長又は消防署長は、火災の予防に危険であると認める物件等の所有者、管理者又は占有者で権原を有するものを確知することができず⑴で説明した命令を行うことができないときは、所有者等の負担において、消防職員に、危険物又は放置された燃焼のおそれのある物件の除去等の措置をとらせることができます（３条２項)。これは、義務を課すことなく直ちに国民の財産に対して実力を行使するもので、**即時強制（80頁）**に当たります。

⑶ 行政代執行

消防長又は消防署長は、⑴により必要な措置を命じた場合、その措置を命ぜられた者がその措置を履行しないとき、履行しても十分でないとき等は、**行政代執行法（76頁）**の定めるところに従い、当該消防職員又は第三者にその措置をとらせることができます（行政代執行法２条、３条)。

⑷ 行政調査

消防長又は消防署長は、火災予防のために必要があるときは、関係者に対して資料の提出を命じ、若しくは報告を求め、又は当該消防職員にあらゆる仕事場、工場等の関係のある場所に立ち入って、消防対象物の位置、構造、設備及び管理の状況を検査させ、あるいは関係のある者に質問させることができます（４条１項)。この資料提出命令を拒んだり、虚偽の報告をした場合、あるいは立入り等を拒んだ場合には、30万円以下の罰金又は拘留に処せられるため（44条)、この調査は**間接強制調査（91頁）**に位置付けられます。

⑸ 改修命令等

消防長又は消防署長は、防火対象物の位置、構造、設備又は管理の状況について、火災の予防に危険であると認める場合等は、所有者等の権原を有する者に対し、防火対象物の改修、移転、除去等の措置をなすべきことを命ずることができます（5条1項)。この命令は名あて人に対し一定の作為義務を命ずるもので、**下命（13頁）**に当たります。この命令に違反した者は、2年以下の懲役又は200万円以下の罰金に処されます（39条の3の2)。命令の実効性確保の方法として、**行政刑罰（82頁）**が規定されているのです。

また、命令を受けた者が従わない場合には、消防長又は消防署長は、防火対象物の使用の禁止、停止又は制限を命ずることができます（5条の2第1項)。この命令に違反した者は、3年以下の懲役又は300万円以下の罰金に処されることがあります（39条の2の2)。

なお、この改修命令等及び使用禁止命令についての審査請求の期限は、**行政不服審査法（156頁）**の特則として、命令を受けた日の翌日から起算して30日とされています（5条の4)。また、この審査請求に対する裁決の取消しの訴えの出訴期間は、**行政事件訴訟法（180頁）**の特則として、その命令又は裁決を受けた日から30日とされています（6条)。

3　危険物

(1)　許可

危険物の製造所、貯蔵所又は取扱所（製造所等）を設置しようとする者は、製造所等の区分に応じて市町村長、都道府県知事又は総務大臣（以下、危険物の説明において「市町村長等」といいます）の許可を受けなければなりません（11条1項)。許可の申請があった場合、製造所等の位置、構造及び設備が技術上の基準に適合し、かつ、当該製造所等においてする危険物の貯蔵又は取扱いが公共の安全の維持又は災害の発生の防止に支障を及ぼすおそれがないときは、許可を与えなければなりません（同条2項)。この許可について市町村長等に**裁量（30頁）**はなく、羈束行為（法律等が要件を一義的明確に規定しており裁量の余地のない行為）であるといえます。

(2)　監督処分

①　命令

市町村長等は、製造所等における危険物の貯蔵又は取扱いが、政令で定める技術上の基準に違反していると認めるときは、所有者、管理者又は占有者（以下、危険物の説明において「所用者等」といいます）に対し、技術上の基準に従って危険物を貯蔵し、又は取り扱うべきことを命ずることができます（11条の５）。

これらの命令は、行政処分のうち**下命（13頁）**に分類されます。行政手続法上の**不利益処分（57頁）**に当たるため、処分基準等の設定等が必要になります。

②　市町村長等の命令

市町村長等は、以下の命令を行うことができます。

❶　製造所等の所有者等が、許可を受けずに製造所等の位置、構造又は設備を変更したとき等は、当該製造所等について、許可を取り消し、又は期間を定めてその使用の停止を命ずること（12条の２第１項）。

❷　製造所等の所有者等が、11条の５の規定に基づく命令に従わなかった場合等は、当該製造所等について、期間を定めてその使用の停止を命ずること（同条２項）。

❸　公共の安全の維持又は災害の発生の防止のため緊急の必要があると認めるときは、製造所等の所有者等に対し、当該製造所等の使用を一時停止すべきことを命じ、又はその使用を制限すること（12条の３）。

これらの命令に違反した者は、６月以下の懲役又は50万円以下の罰金に処するとされています（42条４号、５号）。これにより、これらの命令の**実効性確保（82頁）**を図っています。

③　届出

製造所等の所有者等は、当該製造所等の用途を廃止したときは、遅滞なくその旨を市町村長等に届け出なければなりません（12条の６）。この届出については、行政手続法の届出に関する規定が適用されます**（66頁）**。この届出を怠った者は30万円以下の罰金又は拘留に処するとされていることから（44条８号）、この届出は**間接強制調査（91頁）**に分類できます。

4 消火活動

消防吏員は、消火・延焼の防止又は人命の救助のために必要があるときは、火災が発生しようとしている、あるいは発生した消防対象物及びその土地を使用し、処分し又はその使用を制限することができます（29条1項）。このように消防吏員は、行政目的実現のために実力を行使することができるため、行政法学上の**執行機関（47頁）**に当たります。

また、消防長又は消防署長は、火勢、気象の状況その他周囲の事情から合理的に判断して延焼防止のためやむを得ないと認めるときに、延焼のおそれがある消防対象物及びその土地について、使用、破壊等の処分又は使用制限をすることができます（同条2項）。

さらに、消防長又は消防署長は、消火・延焼の防止又は人命の救助のために緊急の必要があるときは、火災が発生しようとしていない、あるいは延焼のおそれがない消防対象物及び土地であっても、使用、破壊等の処分又は使用制限をすることができます。この場合は、損害を受けた者からその損失の補償の要求があるときは、時価により、**損失補償（260頁）**しなければなりません（同条3項）。1項及び2項の場合は、その建物自体に火災が発生していたり、あるいは延焼のおそれがあるために、その建物を破壊等した場合であっても損失補償は認められませんが、3項の場合には延焼のおそれのない建物の破壊等を行うため、損失補償が必要とされています。

なお、29条各項の規定に基づき、消防対象物及びその土地について使用、破壊等の処分又は使用制限を行う際には、あらかじめ所有者等に法的義務を課すことなく、直ちに国民の財産に対して実力を行使するものであるため、**即時強制（80頁）**に当たります。

食品衛生法

1 食品衛生法の趣旨

食品衛生法は、食品の安全性の確保のために公衆衛生の見地から必要な規制等を講ずることにより、飲食に起因する衛生上の危害の発生を防止して、国民の健康の保護を図ることを目的としています（1条）。

ここでは、この法律の中で、営業許可に関する規定を中心に見ていきましょう。

2 販売等の禁止

腐敗している物、有毒な物質が含まれる物等は、原則として、販売、製造、輸入等をすることは禁止されています（6条）。行政機関が特定の名あて人に対し一定の不作為義務を命ずることは禁止という行政処分に位置付けられますが、この販売等の禁止は法律の規定によって、販売しない等の不作為義務を広く一般に課すものです。

なお、これに違反した者は、3年以下の懲役又は300万円以下の罰金に処されます（81条）。この**行政刑罰（82頁）**により、禁止の実効性を確保しています。

3 営業許可

飲食店、菓子製造業、乳処理業、乳類販売業等を営もうとする者は、都道府県知事（保健所を設置している市の場合は市長）の**許可（14頁）**を受けなければなりません（55条1項）。これに違反して無許可で営業した者は、2年以下の懲役又は200万円以下の罰金に処されます（82条）。許可制における**実行性確保（82頁）**の手段として、**行政刑罰（82頁）**が規定されています。

営業許可申請があった場合、知事等は、その営業の施設が知事の定める施設基準に適合すると認めるときは、許可をしなければなりません。ただし、その者が、営業許可を取り消され取消しの日から起算して２年を経過しない者等の場合には許可を与えないことができます（55条２項）。この範囲内で知事等の**行政裁量（30頁）**が認められています。

なお、知事等は、この許可に５年を下らない有効期間その他の必要な条件を付けることができるとされています（同条３項）。法律上は、「条件」と規定されていますが、行政法学上の**附款（18頁）**に当たります。有効期間を定めた場合には、終期を定めた**期限（19頁）**を付した許可を行ったことになります。

4　許可営業者の地位の承継

営業許可を受けた者について相続、合併等があったときは、相続人、合併後存続する法人等は、許可営業者の地位を承継するとされています（56条１項）。地位を承継した者は、遅滞なく、その事実を証する書面を添えて、その旨を知事等に届け出なければなりません（同条２項）。飲食店等の営業は、食品衛生法の制定により原則的に禁止され、許可を受けることによってこの禁止が解除されます。営業許可を受けた者について相続、合併等があった場合にも禁止が解除された状態は継続しますが、知事等として営業者の情報を収集するために届出を求めているのです。そのため、この届出は**行政調査（90頁）**の１つといえます。

この届出は、行政手続法上の**届出（65頁）**に当たるため、届出書が法令に定められた届出の形式上の要件に適合している場合は、提出先である機関の事務所に到達したときに届出義務が履行されたことになります（行政手続法37条）。

5　報告の徴取等

知事等は、必要があると認めるときは、営業者その他の関係者から必要な報告を求めることができます。また、職員に営業の場所、事務所、倉庫その他の場所に臨検し、営業上使用する食品等を検査させ、又は試験の用に供するのに必要な限度で営業上使用する食品等を無償で収去させることができます（28条１項）。報告や臨検等を拒んだ者、虚偽の報告等は、50万円以下の罰金に処されます（85条）。このため、この報告の徴取等は、**間接強制調査**（**91頁**）ということができます。

6 営業許可の取消等

知事等は、販売等が禁止されている物を販売した場合、営業許可に付された条件（附款）に違反した場合等は、営業許可の取り消し、営業の禁止、又は期間を定めた営業の停止をすることができます（60条１項）。

新聞記事等で目にする飲食店で食中毒等が発生した場合の営業禁止処分は、６条の規定で禁止されている腐敗している物、有毒な物質が含まれる物等を販売したとして60条の規定により行われるものです。

なお、営業許可の取消は、後発的事由により行政処分である許可の効力を失わせるものであり、講学上の**撤回**（**85頁**）に当たります。

この取消、禁止及び停止は、行政手続法上の不利益処分に当たるため、対象となるべき者に**意見陳述手続**（**58頁**）を保障しなければなりません。ただし、公益上、緊急に不利益処分をする必要があるときなどは、意見陳述のための手続を執る必要はありません（行政手続法13条２項）。そのため、飲食店等で食中毒が発生した場合、公益上、緊急に不利益処分をする必要があるとして、意見陳述手続が行われない場合も多いのではないでしょうか。

おわりに

行政法は、行政法総論と行政法各論という分類がなされることがあります。ただし、某大手ECサイトで「行政法総論」と検索すると多くの図書がヒットしますが、「行政法各論」でヒットするのは非常に少数で、さらに、最近、刊行されたものはほとんどありません。

そもそも行政法総論と行政法各論とは、いったいどのような内容なのでしょうか。行政法総論とは、行政の各分野に共通の法理論を取り扱うもので、たとえば行政処分の概念や効果、あるいは行政裁量のような、各行政分野に共通の内容を学びます。一方、行政法各論は税法、生活保護法、大気汚染防止法等のような個別行政分野に関することを内容とします。行政法各論が書籍で取り上げられることが減った要因には様々なものがあると思いますが、行政法各論で取り上げられてきた個別の法律が、それぞれ独立した書籍として取り上げられるようになったことや、個別行政法分野ごとに異なる点が多く行政法各論として一つの範疇にまとめることが難しくなったことなどが挙げられると思います。

行政法の中心ともいうべき行政法総論の大きな特徴として、その根拠となる具体的な法律が存在しないことです。民法や刑法等多くの法律分野には、一般的に個別具体的な法律が存在し、それに基づき法解釈等が行われますが、行政法総論にはそのような具体的な法律がないのです。そのため、行政法総論を解説する場合には、どうしても抽象的な説明になりがちで、学ぶ側も理解がしにくいのが実情です。

これに対して、行政法各論は、個別行政分野に関する法律を学ぶもので、一般的に具体的な法律の解釈を行うことになります。本書の中心的な読者である自治体職員のみなさんは、個別行政分野について担当されていることが多く、皆さんの仕事に関連する具体的な法律を日常的に解釈、運用している人も多いと思います。

ところで、行政法総論と行政法各論について、それぞれ別のもののような説明をしてきましたが、行政法各論に位置付けられる各種法律は、実際には行政法総論と深くかかわっています。行政法総論で取り上げられる行政法の一般的な論理を踏まえて法律が制定されているため、行政法総論と行政法各論とは別のもののようであって、実は密接にかかわっているのです。そのため、行政事務に携わっているみなさんは、行政法を学んだことがない人であっても知らず知らずのうちに、行政法総論の様々な論理にかかわっていることが多いのです。

そこで私は、みなさんが日頃関わっている法律について、行政法総論とリンクさせて理解してもらえば、より簡単に行政法が理解できるのではないかと考えました。そして本書が誕生したのです。

本書は、私にとりまして11冊目の単著となりますが、そのほとんどを第一法規株式会社から出版していただいています。特に同社制作局編集第二部の梅牧文彦さんには、これまで多くの著書をご担当いただいておりますが、また今回も企画段階から各種調整も含めて大変お世話になりました。

本書の出版に当たりましては、梅牧さんのほか、編集第二部の小野寺佳奈子さんと西尾祐飛さんに大変お世話になりました。三人の方のご協力がなければ本書が日の目を見ることはありませんでした。厚くお礼を申し上げます。

最後に私事にわたりますが、いつも私の執筆、研究活動を支えてくれている妻・早苗、長男・葵、次男・蓮、そして父・莞爾、母・清子に感謝の言葉を贈りたいと思います。

著者紹介

松村　享（まつむら　すすむ）

名古屋学院大学法学部教授
日本公法学会所属、日本地方自治学会所属、地方行政実務学会所属

同志社大学法学部法律学科卒業、三重県四日市市役所入庁。総務部総務課長、総務部次長、総務部理事、会計管理者を経て、2018年４月から名古屋学院大学法学部教授として行政法、地方自治法等を担当している。また、市町村職員中央研修所、全国市町村国際文化研修所、消防大学校等において自治体職員向けの研修の講師を多数務めている。
著書に「新版 地方公務員のための法律入門」（ナカニシヤ出版、2022年）、「自治体職員のための 判例の読み方・活かし方」（第一法規、2021年）、「自治体職員のための情報公開事務ハンドブック 改訂版」（第一法規、2021年）、「改正民法対応版 自治体職員のための契約事務ハンドブック」（第一法規、2019年）などがある。その他に論稿多数。

サービス・インフォメーション

通話無料

①商品に関するご照会・お申込みのご依頼
TEL 0120(203)694／FAX 0120(302)640
②ご住所・ご名義等各種変更のご連絡
TEL 0120(203)696／FAX 0120(202)974
③請求・お支払いに関するご照会・ご要望
TEL 0120(203)695／FAX 0120(202)973

●フリーダイヤル（TEL）の受付時間は、土・日・祝日を除く
9:00～17:30です。
●FAXは24時間受け付けておりますので、あわせてご利用ください。

日々の仕事とつなげて理解する行政法
―適正な対応を求められる自治体職員のために―

2024年７月10日　初版発行

著　者　　松　村　　享

発行者　　田　中　英　弥

発行所　　第一法規株式会社
〒107-8560　東京都港区南青山2-11-17
ホームページ　https://www.daiichihoki.co.jp/

仕事と行政法　ISBN 978-4-474-01035-2　C0032（5）